湖北省教育厅科学研究计划资助项目"新阶段湖北省中国农村土地延包问题的战略解构及路径研究"（Q20221316）；

湖北省教育厅哲学社会科学研究重点项目"湖北耕地'非农化'与'非粮化'的空间分布、影响评估与遏制对策研究"（22D036）；

长江大学社会科学基金重点项目"进城落户农民耕地利用效率、延包方案与产权细化研究"（2022csz01）；

湖北省重点横向项目"高素质农民培育研究"（341012023009）。

中国非正式农地流转市场：

形成及影响

姚　志◎著

ZHONGGUO FEIZHENGSHI
NONGDI LIUZHUAN SHICHANG:
XINGCHENG JI YINGXIANG

中国财经出版传媒集团

经济科学出版社
Economic Science Press

图书在版编目（CIP）数据

中国非正式农地流转市场：形成及影响/姚志著
. -- 北京：经济科学出版社，2023.8
ISBN 978 - 7 - 5218 - 5028 - 4

Ⅰ.①中…　Ⅱ.①姚…　Ⅲ.①农业用地 - 土地流转 -
研究 - 中国　Ⅳ.①F321.1

中国国家版本馆 CIP 数据核字（2023）第 153367 号

责任编辑：汪武静
责任校对：徐　昕
责任印制：邱　天

中国非正式农地流转市场：形成及影响
姚　志　著
经济科学出版社出版、发行　新华书店经销
社址：北京市海淀区阜成路甲 28 号　邮编：100142
总编部电话：010 - 88191217　发行部电话：010 - 88191522
网址：www. esp. com. cn
电子邮箱：esp@ esp. com. cn
天猫网店：经济科学出版社旗舰店
网址：http://jjkxcbs. tmall. com
固安华明印业有限公司印装
710 × 1000　16 开　19 印张　300000 字
2023 年 8 月第 1 版　2023 年 8 月第 1 次印刷
ISBN 978 - 7 - 5218 - 5028 - 4　定价：78.00 元
（图书出现印装问题，本社负责调换。电话：010 - 88191545）
（版权所有　侵权必究　打击盗版　举报热线：010 - 88191661
QQ：2242791300　营销中心电话：010 - 88191537
电子邮箱：dbts@ esp. com. cn）

前言
PREFACE

  土地制度是一个国家最为重要的生产关系安排，是一切农村制度中最为基础的制度。完善土地制度对于推进中国农业适度规模经营、保障国家粮食安全以及促进乡村振兴等都具有十分重要的意义。20世纪90年代以来，随着中国农地流转政策法律的逐步"开禁"，农村土地流转面积的逐步扩大标志着中国农业规模经营正式推进。2008年农村土地确权颁证试点后，中央政府开始大力鼓励承包地流转，规模经营面积开始大幅增加，从2008年的1.088亿亩以年均3%的速率增加到2018年的5.390亿亩，约占总耕地面积的37.00%。土地的规模经营带动了各类新型农业经营主体和服务主体的快速发展，总量超过了300万家，[①] 已经成为推动现代农业发展的重要力量。不仅如此，规模化、农业机械化与农业科技水平等的不断提升促使了中国粮食生产取得了巨大成绩和带动了农民收入的持续增长。

  尽管经过长达30多年推动规模经营的努力，中国土地分散化、细碎化的农业经营格局仍然没有发生本质性的改观。更为重要的是，发生在亲友邻里间并采取"人情租、短期契约与口头协议"的非正式农地流转行为大量存在，已是不争的事实，影响了土地资源的市场配置。然而，已有相关的文献仅仅是简单提及非正式农地流转行为，并未进行系统性分析和估计其可能带来的影响，为本书提供了借鉴的同时也给予了拓展的空间。那么，中国农村非正式农地流转形成的经济

---

  ① 资料来源：《农村经营管理情况统计总报告》。

学机理是什么？非正式农地流转的存在又将会对生产和农业可持续产生什么样的影响？围绕这一核心问题，本书重点探究了非正式农地流转形成的宏微观机理，运用赫克曼（Heckman）两步法模型与内生转换回归（ESR）模型，采用 2013 年中国居民收入调查数据（Chinese household income project，CHIP）微观数据对影响非正式农地流转行为的重要因素进行了验证与估计，并采用 Probit 与 Tobit 模型与 2017～2018 两年的地块混合截面数据，针对非正式农地流转对土地生产率、耕地质量保护的影响进行了估计。本书的主要研究结论如下：

第一，中国非正式农地流转普遍存在，不容忽视。本书在概念界定部分，率先将非正式农地流转定义为包含零租金流转和人情租流转、签订口头协议或者无协议、无固定期限的民间土地流转交易行为。对 CHIP2013 微观数据的统计得出：中部省份的非正式农地流转占比最大为 48.50%，西部为 38.0%，经济发展水平最高的东部省份占比最低，但平均也达到了 30.96%。2014 年调研的 14 个样本省（区、市）均发生了较大比例的非正式流转，湖南省和山西省分别高达 82.65% 与 71.18%，最低的为江苏省，仅仅为 9.80%；值得注意的是，重庆市与四川省的非正式流转率分别高达 61.24% 与 41.16%。

第二，非正式农地流转的形成并不具备偶然性，而是在中国情景下的宏观背景与微观机制共同作用下的必然结果。宏观原因：在产业时代背景下，以农为生的格局嬗变是低租金流转的开端；在城乡中国格局中，农业剩余劳动力的产业转移并不再"以地为生"是人情租流转的基础；在熟人社会网络中，人情网络与口头合约一定程度上降低了农地流转交易费用；在特色的农地制度框架内，受限制的农地产权制度约束助推了非正式短期流转交易行为。微观机理：①交易费用视角：如果当地农地流转市场欠发育，流转的交易成本十分高昂，那么更可能会促使人情租流转面积的增加。②效用函数视角：当人情租流转收益的边际效用大于货币租金的边际效用时，农户将选择非正式农地流转市场上的人情租流转。③风险损失视角：当农户更加关心土地的产权稳定、被征用预期收益、失业保障、农地地力可持续以及维系社会关系等"隐性收益"时，往往会放弃货币租流转机会，而选择非正式流转。④契约博弈视角：更看重货币租金之外的其他隐性收益的农户，往往会选择签订非正式口头契约。

第三，熟人社会中的"人情"是维系人情租土地流转的纽带，而货币租土地流转关系的缔结是"货币"。生病负债的农户更容易发生人情租流转行为。养老保险正向显著影响人情租流转选择与结果。医疗保险不影响农户是否选择农地流转，但负向影响人情租流转；保持地力投资对人情租、货币租流转分别产生正向、负向影响。当地租每提高1%，则人情租、货币租流转分别提高 −1.80% 与 1.47%。是否确权正向显著影响农户选择货币租流转形式，与未确权的农户相比，确权后的货币租流转率增加了约3.8%，即农地确权有利于农地流转的正式化。

第四，租金形态和契约期限显著影响了土地生产率。相比于采取人情租流转的地块，签订货币租流转的地块能促进土地生产率提升；当租金形态变量提高1个标准差，则转入地块生产率提高0.077个标准差，即提高3.84%。签订长期契约能显著提高地块生产率，相比短期契约，签订长期契约的规模户能使得转入地块生产率提升7.5% ~ 9.6%。无论地块的属性如何，长期契约在提高地块的生产率方面均优于短期契约。农地流转利于提高地块层面的土地生产率。规模经营与地块生产率之间存在着倒"U"形关系；这说明在经营规模与土地生产率之间的"反向关系"在倒"U"形的下降阶段也是存在的。

第五，契约期限与租金形态显著影响耕地的养分平衡和有机质提增。在农地流转市场中，选择货币租和长期流转协议，能够降低转入地块的复合配方肥用量，有利于保护耕地地力可持续。相比签订3年以内的短期交易契约，签订3年以上的长期契约能够使得农户在单位面积的地块上少施用复合配方肥 3.037~4.394 千克/亩。农地流转交易中签订长期契约和货币租有利于提高转入户在转入地块的有机肥施用，能够提升土壤有机质含量。转入地块签订的流转时限越长，越有利于农户增加自家承包地地块的秸秆还田量；这说明，农地产权归属越清晰越有利于耕地质量保护。此外，短期内，确权颁证对耕地养分平衡和有机质提升并未产生明显的积极影响。

基于上述结论，本书给出以下几点政策建议：第一，正确认识与理性对待中国非正式农地流转的存在性与普遍性。针对农地流转价格偏离问题：以县域单位成立流转市场价格指导中心、建设流转网络平台，实现当地流转市场信息实时网络共享，逐步形成均衡市场价格，完善农地租赁市场。针对市场合约与交易期限问题：可以通过完善补贴制度，依据不同的契约时长制定不同的"补贴梯度"，以鼓励农户之间在进行土地流转交易时签订长期契约，促进契约长期化。第二，可以探索建立村级农地交易中心，成立承包地经营权的抵押贷款专柜，提供农地流转服务，提高熟人社会中农地交易的市场化程度，推动非正式农地市场逐步转型，最终实现"人情租"换"货币租"。第三，建立一套农地长期投资效果评估体系和逐步形成动态实时地力肥力观测数据库以及评价监督体系，并完善地力危害惩罚机制；最终形成一套包含"长期契约→补贴奖励→长期投资→地力评估"地力可持续政策体系。

目 录
CONTENTS

第 1 章

导　　论

本章的核心内容旨在解释"为什么要研究非正式农地流转市场？现实意义与理论意义在哪？研究的思路又如何？研究的主要内容是什么？如何去研究？研究可能的边际贡献是什么？还存在哪些可以改善的空间？"本章就这些问题进行了解答，包括就"非正式农地流转市场"的研究背景、研究意义（理论价值与现实作用）、研究的主要内容（三大部分：理论、政策与现实、实证部分）、研究的主要方法、技术路线等一一进行了介绍，并对本书可能的创新之处和仍然存在的不足之处给予了总结归纳。

1.1　研究背景

民以食为天，食以粮为先，粮以土为基。土地是全人类社会安身立命的根本，也是"一切生产和一切存在的根源"（马克思，1972），是农业生产最不可或缺的基本要素，为全世界人民提供了基本的食物，保障着全世界农民的基本生活。不可否认的事实是，无数历史经验教训启示我们，土地问题一直以来都是中国最根本、最重要的问题。在改革开放之初，为变革当时农村落后的生产关系和推进生产力的发展，基于中央政府在安徽小岗村的成功案例，在全国范围内大幅度进行农地制度变革，实施了具有中国特色的家庭联产承包责任制度，对于调动农民积极性，促进农村经济的快速发展做出了巨大的贡献（Lin，1992）。农地权利的重构对农业生产经营者不仅产生了有效的激励，极大地提高了农业生产率，也促进了中国农业产业的快速增长（Lin，1992；Gaynor and Putterman，2004；Deininger and Jin，2003），而且也使集体所有制度下的农村剩余劳动力显化，并通过农村廉价劳动力乡城转移、产业转移实现了城市工业和城镇化的快速发展（Binswanger et al.，1993）。中国土地制度的变革与经济的快速发展，帮助了5亿多人摆脱了贫困，是一项"历史性的伟大成就"（世界银行和国务院发展研究中心联合课题组，2013）。改革开放以来的四十多年，中国经济几乎以年均10%的高增长速率快速腾飞，按总量已成为全球第二大经济体。

然而，到了2010年以后，中国的经济出现了明显的趋势性回落，经济发展持续放缓。从土地与增长的关系来看，土地的发动机功能减弱，继续依靠土地宽松供应促增长的方式已一去不复返（刘守英与王一鸽，2018；姚志与郑志浩，2019）。不仅如此，家庭联产承包责任制为保证承包起点公平而实行按家庭人口数量平均分配的办法，虽然保障了公平却忽视了效率。正因为不同农户之间存在较大的农业生产效率差别，才会导致土地要素配置效率低的问题（Adamopoulos and Restuccia，2014），也制约了中国农业生产进一步向规模化、现代化的方向发展。在特色农地制度下，绝大多数农村的土地在自然村庄甚至在生产小组内推行"按人口数量分配"，虽然均分可能会降低分配成本，也能在一定程度上避免土地的多次再分配而带来的效率损失（姚洋，2000），但是也必然导致了细碎化问题（许庆与章元，2005）。不仅如此，普通的小农户很难发展并壮大规模，黄宗智（2000a，2000b）给出了理由：传统农户维持生计的办法只能结合参与过密的农业劳动和从事农工互补的手工业，而这会进一步导致乡村经济的"内卷化"和"没有发展的增长"，使得农业和农民现代化进程变得十分困难。总而言之，在新型专业农业经营主体出现之前，小而分散的传统小农经济已经陷入了"精耕细作的路径依赖"循环中（匡远配与陆钰凤，2018），还存在着多种缺陷：如规模不经济、高生产成本、低商品化率、低经营收益等问题（钟甫宁与王兴稳，2010）。

政府与理论界都寄希望于通过变革农地产权制度、完善农村租赁市场、强化农地流转来破解土地经营的细碎化难题。国际上的已有经验表明，即使在其他市场不完备的情况下，例如劳动力、信贷和保险市场，一个功能完备的农村土地租赁市场应该具有多种优势（或产生积极效果），譬如优化土地要素配置与提高配置效率（Hayami et al.，1990；Hayami and Otsuka，1994；Binswanger et al.，1993），以及促使农户的整体福利水平提升和在交易过程中保障公平等方面（Deininger and Jin，2005；Chamberlin and Ricker – Gilbert，2016）。事实上，钱忠好（2003）的研究就指出，中国农村土地资源的优化配置必须要、必然要依靠交易市场的完善以及其功能的充分发挥。随着全球经济的快速发展，土地租赁市场也已经在全球诸多发展中国家（尤其是亚洲国家）普遍发展、大量存在，这也引起了学术界的广泛关注，此后产出了一系列的文献，丰富了理论体系。总体来讲，已有文献重点围绕以下几个方面进行了探索，包括探讨各国农村土地流转交易市场的发育潜力与交易合约达成的条件以及选择原理（Hayami and Otsuka，1994；Deininger and Jin，2005），也涵盖了租赁导致的地权（土地使用权）稳定性变化进而对农地投资的影响（Li et al.，1992；Jacoby et al.，2002；Otsuka et al.，2003；田传浩和贾生华，2004），甚至还讨论了在面临不同区域自然、制度和经济环境下的土地租赁市场的效果与作用差异等。已有文献多用以识别和研究已经发生了货币租流转行为的农地市场，然而就中国来讲，在熟人社会视域下，村庄的土地租赁往往更偏好于寻求亲友、邻居、朋友成为交易对象（俞海等，2003；Brandt et al.，2002；李庆海等，2012），也即是农地流转中蕴藏了大量以"人情"交换而不是货币交换为内容的"人情租"流转（王亚楠等，2015；纪月清等，2017；陈奕山，2018），因其流转双方具有长期交往关系而凸显出"隐蔽性强、交易费用低"的特征（费孝通，1985；翟学伟，2004）。

问题的严重性在于，发生在亲友间并多采取"零租金"或"人情租"等非正式农地流转行为大量存在（叶剑平等，2006；黄季焜等，2012；王亚楠等，2015；王亚辉等，2018），且在中国农村土地租赁市场中占主导地位（罗必良，2014）。显然，这缩小了交易对象的可能范围，排斥了那些在农业生产中表现得更为高效的潜在的经营主体进入，相对来讲，低效的农户拥有土地资源就会导致配置效率损失。基于此，可以说人情租农地流转市场的选择主体较为单一、范围也十分窄小（多受限于村庄内部），罗必良（2014）的研究认为，这抑制了正式货币租流转市场的正常发育与规范化，因此在不考虑如社会化服务、股份制等其他方式的替代作用下，近几年来全国整体的农地流转率几乎停滞（姚志，2019）。

综上所述，以上文献虽然采用了不同类型的数据库进行统计分析后，均指出了"人情租"等形式的非正式流转现象的真实存在，但浅尝辄止，缺乏深入探讨。因此，本章尝试着探索农地流转市场中的非正式流转行为，解释行为背后的经济学机理，统计非正式农地流转农户行为群体特征，描述中国非正式农地流转的区域空间分布，估计非正式农地流转行为下对生产与耕地保护的影响，以及探析政府如何对待当前我国农地租赁市场上的非正式行为等。这对于更加准确地掌握现实中农地租赁市场发展与动向，为完善中国农地租赁市场、推进适度规模经营、保障国家粮食安全、实现农业现代化建言献策，具有重要的现实指导意义。

1.2　研究意义

1.2.1　现实意义

（1）清晰认识非正式流转行为与规范农地市场租赁行为

第一，清晰认识非正式流转行为。当前中国农村土地租赁市场显现出了较强的"非正式性"：一是流转租赁价格出现了大量的无偿化、人情租、零租金现象；二是口头协议在交易契约形式中比例较大；三是交易期限短且不固定。在农地流转市场价格方面：黄季焜等（2012）对河北、陕西、辽宁、浙江、四川、湖北六个粮食大省早期调研得到的 2000 户微观数据显示，2008 年无偿流转的比重高达 61.05%。叶剑平等（2010）扩大了调查范围，对全国 17 个省份 1656 个村和 1773 户农户的统计结果为，平均每个省份属于非正式农地流转的占比为 38.6%。近年来，钱忠好与冀县卿（2016）对江苏、广西、湖北和黑龙江四省数据分析表明，也有超过 1/3 以上的属于"零租金"流转。少量几个省份或许无法完全反映全中国的非正式流转现况，因此王亚辉等（2018）对来自农业农村部农村固定观察点的 169511 个农户数据（时间是 2003~2013 年）进行了描述性统计后发现：属于非正式农地流转的零租金流转比例超过了 50%。以上研究者都关注到了中国农地流转中无偿的租赁价格问题，尽管由于概念界定与样本量不同导致结果存在一定的差异，但仍然凸显了农村土地流转租赁价格"扭曲"问题的严重性，不容忽视。在市场合约与交易期限方面：无论是早期的调查（钟涨宝与汪萍，2003；叶剑平等，2006；洪名勇，2009），还是近几年来的一些最新研究均显示，发生在农户之间且选择口头契约与短期交易的比例仍然很高，占到 60% 以上（何欣等，2016；邹宝玲等，2016；钱忠好与冀县卿，2016；钱龙与洪名勇，2018），必然已经对中国农地流转市场产生了重要影响。

第二，规范农地市场租赁行为。非正式流转市场上的口头约定、短期交易和无偿流转行为是导致大量流转纠纷、长期投资缺乏危害地力、租赁价格扭曲、阻碍规模经营等重大问题长期得不到解决的根源，也与政府和学界所提倡与主张的"租赁价格市场化、契约形式书面化[①]、交易期限长期化"的导向背道而驰（钱龙与洪名勇，2018）。显然，如何规范非正式流转市场，已经成为一个刻不容缓的经济与社会问题，直接关系到现代农业的规模经营与可持续发展。土地经营权的自由自愿流转（非政府强制）事实上是高度的市场行为，其形成带有"自发性"，一些村庄也有交易场所，因此可以称为农村土地租赁（或者交易）市场。但是，现实中农地流转却存在诸多不规范的行为与问题，诸如村干部参与往往增加了交易成本，而不是提供无偿的流转服务，为了规避交易成本，非正式农地流转大量发育，主要包括民间私下进行的土地租赁和交易，通常不会签订书面交易契约合同，仅仅以个人

---

① 参见农业农村部出台的《农村土地经营权流转管理办法》的第十七条，"承包方流转土地经营权，应当与受让方在协商一致的基础上签订书面流转合同，并向发包方备案"，该办法于 2021 年 3 月 1 日起施行。

声誉和友好的邻里关系达成不具有法定效力的口头协议，在流转纠纷发生后，往往很难处理，也影响了资源配置效率（盖庆恩等，2017）。当前中国农村土地流转市场一直存在较大比例的零租金、人情租金流转、无固定期限、无书面合约与无合约等非正式农地流转行为。因此，规范中国农村农地流转市场、推进正式农地交易市场形成与完善，已经成为当前中国政府的重要政策目标。

基于此，本章的重要现实意义之一：所得结论与政策建议有利于清晰认识中国非正式流转市场与规范农地流转市场的租赁行为。

（2）减少流转承包纠纷与维护农民的合法利益

第一，减少承包与流转纠纷。土地纠纷中占比最大就是经营权流转纠纷（谢玲红等，2019）。有学者对北京市的土地流转纠纷进行了研究，发现流转纠纷数量在逐年下降，数据显示 2009 年北京市因土地流转发生纠纷事件高达 873 件，到 2016 年已经下降到 473 件；从发生比率来讲，2009～2016年，北京市农流转纠纷占总的土地纠纷的比率实现了从 77.0% 到 59.2% 的大幅度下降，7 年间下降了 17.8 个百分点；但土地流转承包纠纷仍然在相关土地纠纷中占据主导地位（谢玲红等，2019）。就全国范围来讲，2013～2015 年连续三年的调查数据显示，流转纠纷发生率分别 7.20%、7.97% 和 9.35%，均低于 10%。如果以 2.3 亿多农户作为基数进行推算，夏英等（2018）的推算结果显示纠纷数量为 1656 万～2150.5 万件不等。可谓纠纷数量庞大、类型多样，也牵涉到农民的根本利益（曲颂等，2018）。为此，中国政府为了解决土地流转纠纷问题，于 2013～2019 年，在全国范围内快速推进承包地的确权登记颁证。确权的政策目标是：明晰农地产权、实现"三权（承包权、经营权、所有权）分置"，用法律凭证的形式保护农民利益，用清晰产权的方式解决部分土地流转交易市场上的纠纷问题。理论上来讲，在农地确权之后，农地产权更加清晰，为维护农民的各项合法权益和保障农民收益等方面均提供强有力的原始法律凭证，显然也有利于缓解非正式农地流转上容易出现的土地交易纠纷问题，一定程度上能够推进流转市场的规范化。

第二，维护农民的合法利益。土地是农业生产最基本的物质资料，也仍然是现阶段大多数中国农民的生存资料，可以说依旧是绝大多数农民的"命根子"，仍然具有生存保障、就业养老等重要功能。2020 年初暴发的新冠疫情，使得无法外出就业的大批农民工，仍然要依靠和依赖农村土地、保障就业。农村承包地一经确权，土地就被赋予了物权，可以说农民就是其承包地的物权权利人，可以依法进行经营与利用，进而取得合法收益。土地流转、出租、入股等都为外出务工的农民提供了收益的机会，而土地证书却是其获得收益的"法律凭证"。现实中，部分外出农户选择非正式农地流转，将农地免费无偿地流转给亲朋邻里，如果流转年限过于长久，很可能会出现产权、边界等纠纷，不利于交易双方。确权后，一定程度上能规范农民的农地流转行为，推进正式农地流转市场发育，维护农民利益不受损。

鉴于此，本章的重要现实意义之二：所得结论与政策建议有助于减少农民在承包经营过程中的纠纷，进而维护农民的根本利益。

（3）稳定人地关系与提高土地肥力

第一，稳定人地关系。理论上来讲，农村土地确权后，稳定的农地产权有利于固化农民与土地之间的关系。2019 年，中共中央、国务院关于保持土地承包关系稳定并长久不变的意见的出台，核心内容是稳定土地承包关系并长久不变，在二轮承包即将到期之前及时提出了"再延长 30 年"的承包方案与总体部署。该政策不仅有利于巩固和完善中国农村基本经营制度，而且有利于促进中国特色现代化农业的发展，还有利于实施乡村振兴战略与保障社会的和谐与稳定。农村土地经过确权之后，土地虽然还是资源和要素，却又可以理解为是农民的资产，因为农户被赋予了收益和抵押贷款权，农民可以依法处置自己的承包地使用权或者经营权，无论是流转、征用、集体公益事业占用等都必须经过农户本人知晓与同意，都必须"尊重农民意愿"。当前中国农村人地不匹配的矛盾十分复杂，人和地的关系导致了中国农业生产中普遍存在不规范的经营方式，耕地肥力的持续下降，将威胁到中国的粮食安全（土地产出数量）、食物安全（土地产出质量）和生态安全（土地产出的持续性）。虽然人情租流转行为一定程度上可以缓解这种不匹配的现实矛盾，但是人情租履约双方与土地的关系并不稳定，尤其是选择人情租形式的转入方通常容易因为双方人际关系变化而失去农地的经营权。因此，本章对非正式农地流转及其影响的研究有助于国家政策的实施，有利于稳定人地关系。

第二，提高土地肥力。近些年来，中国耕地质量的普遍下降已是不争的事实，严重影响到了土地的粮食产出能力和农产品的质量。2008 年，中国农村的低产农田占比高达 32%，中产的农田占比也达到了 38%，然而高产的农田仅仅占 1/3（陈锡文等，2018）。根据 2012 年农业农村部进行的全国性的耕地地力调查结果，发现达到 1~3 等地（等级越高地力越好）的面积仅仅只有 4.98 亿亩，仅占全国总耕地面积的 27.3%；属于 4~6 等地的面积仅为 8.18 亿亩，约占到 44.8%；7~10 等地的面积高达 5.10 亿亩，占比达 27.9%（郭小燕，2020）。以东北的 4.8 亿亩黑土地为例，曾被公认是世界上最肥沃的土壤之一，现今有机质含量不足 2.2%（原含量为 5%），土壤的厚度仅为 20~30 厘米（陈锡文等，2018）。不仅如此，土地的面源污染也日益凸显。土壤污染带来的是有害物质会被农作物吸取，进而通过农产品直接或者间接进入人体体内（如超标的农药残留量），从而引发各种各样的疾病，危害全国人民的身体健康。据不完全统计，中国每年有超过 1200 万吨的粮食被重金属污染，造成的经济损失总额则高达 200 亿元（陈锡文等，2018）。基于此，减轻面源污染、提高全国土壤肥力已经成为未来中国实现粮食安全、食品安全的重中之重。

鉴于此，本章的重要现实意义之三：所得结论与政策建议有助于稳定非正式农地转入方与土地经营权之间的"人地关系"与提高土地地力。

1.2.2　理论意义

如果以租金的类型进行分类，当前中国农村土地流转市场中演化出了货币租、实物租、零租金、人情租四种形态，已有文献重在关注正式的货币租形态下的农地经营权流转。显然，仅仅指出非正式农地流转现象、忽视非正式农地流转的中国农地租赁市场的相关研究是片面的、不完整的。

因此，本章研究的学术意义主要表现在：

首先，在厘清非正式农地流转下的农户群体行为特征的基础之上，并把实物租流转、零租金、人情租纳入统一的租金理论分析框架，重点阐释非正式农地流转形成的经济学机理、农户行为背后出发动机，以期望从两类租金形态的视角全面分析与刻画中国非正式农地流转租赁市场的价格形成机理，有利于对农村农地租赁市场达成统一完整而深刻的认识。

其次，虽然随着农地确权工作的结束，农民对承包地的经营权更为清晰，但因强化了农民产权意识而大幅提升了土地资产的价值，一定程度上提高了流转市场地租（程令国等，2016；罗必良，2017；朱文珏与罗必良，2018）。按照"理性经济人"追求利润最大化的目标，在农地流转价格与土地资产价值（待估价值）提升已成事实的背景下，探析农户在农地流转市场中发生不收取货币租的非正式农地流转行为的原因，有利于更加准确地掌握现实中农地租赁市场发展与动向。

最后，对非正式农地流转不同流转方式（零租金流转、人情租流转、实物租流转）产生的后果进行研究：从非正式流转行为的租金形式与契约期限的视角入手，探析该行为下对农户生产效率、耕地质量保护的影响，重点实证分析契约期限长短与不同租金形态对土地生产率和耕地质量保护行为的影响差异，以形成规范、有序、公开、合法、正式与统一的农地流转格局，为实现土地的规模经营建言献策。

1.3　研究内容

在给出本章的主要研究内容之前，依据"是什么→为什么→产生什么后果"的主题思路，有必要率先提出本章所关注的几个核心问题：

问题一，中国非正式农地流转存在的背景（现实背景和政策背景）是什么？

问题二，中国非正式农地流转的现实状况、群体特征与地域分布又如何？

问题三，随着农地确权，租金大幅上涨已成事实，非正式农地流转行为为什么仍然大量存在？为什么"低价"的非正式流转行为与货币"高租金"

流转行为在中国农地租赁市场同时并存？非正式农地流转上"价格"与"均衡"原理是什么？

问题四，非正式农地流转与正式的货币租流转市场在土地生产率、农业生产率存在哪些差异？差异会带来什么样的后果？其对耕地质量保护的影响又是什么？

问题五，国家政策应该如何对待采取非正式农地流转的农户流转行为？

具体来看，本章围绕着非正式农地流转"是什么、为什么、将会产生什么样的后果"的主线，主要内容可以概括为三个部分：

第一部分包括理论和文献，与第二章内容相对应；第二部分是背景部分，主要包括政策背景和现实背景两个章节的内容，分别对应于第三章、第四章内容；第三部分为实证部分，主要包括机理的验证和产生的影响两个重要内容，而产生的影响部分又包括对土地生产率与耕地质量保护两个方面，分别对应于第五章、第六章、第七章内容。

1.3.1 第一部分：基本概念界定、相关的理论与文献综述

第一，概念界定。为清晰研究对象，分别对农地、耕地、承包地的概念进行了介绍，重在区分和聚焦研究对象。紧接着给出农地流转的具体概念，并有必要依次对农村土地流转中包含的不同模式如转包、入股、租赁、互换等进行区分，并重点对比分析了土地托管、社会化服务与农地流转之间差异与联系。紧接着，定义正式农地流转市场，将货币租流转、实物租流转行为归纳为其核心内容，并进行详细界定；然后将人情租农地流转、零租金流转行为归纳在非正式农地流转市场中，并进行定义。

第二，理论基础部分。此部分内容依次简单介绍了与后文"形成机理"部分相关的地租与契约理论、产权与博弈理论，并分别将其用来解释中国非正式农地流转行为相关的租赁形态、契约形式和契约期限。

第三，文献综述部分。针对国内外关于租金形态、契约形式与土地生产率、农地投资以及农地租赁市场发育等相关的已有国内外文献进行了归类、总结与评价，并指出了已有文献还可能存在的某些局限，进而找到本书的边

际贡献点。

1.3.2　第二部分：政策背景和现实背景

（1）内容一：中国农地经营权流转的政策演进与流转现实状况

内容一主要回答问题一和问题二，与文章中的第三章相对应。内容一主要对改革开放以来中国现阶段农地流转相关政策演进行归纳总结，以清晰政策演化路径、明晰政策背景，并分析了正式与非正式农地流转现状。因此，本部分主要内容可以分为三个部分。

一是有针对性地梳理了中国政府关于农地承包地流转的相关政策并总结了其阶段性特征。在对国家出台的相关文件进行的梳理中，重点关注农村土地产权改革、土地流转的目的和意义相关的政策表述，并进行了总结性分析。

二是进一步分析正式农地流转的现实状况。将历年的《中国农村经营管理统计年报》进行整理，并利用《中国农村统计年鉴》收集省级土地流转的宏观数据，然后对全国正式农地流转市场的发展历程、现实情况与空间分布等基础概况进行统计分析。

三是描述性分析非正式农地流转现况与地域分布。因为代表全国性的样本数据又能较好地体现出非正式农地流转的农户微观数据十分稀缺，在对比现有公开数据之后，最终选择包含了 14 个省份的 CHIP2013 和 CHIP2008 数据库，用该样本统计描述分析的结果大致反映出中国农村非正式农地流转的现实情况与空间分布。

（2）内容二：中国非正式农地流转的形成机理

内容二主要用以解释与回答问题三。任何事物的形成必然同时受到宏观微观环境的共同作用，中国非正式农地流转的形成也并不例外和偶然，而是在中国情景下所处的产业时代、二元城乡关系、熟人社会和特色的土地制度下的必然结果，更是微观农户主体在衡量自身利益最大化前提下做出的主动选择行为。在微观机理的阐释部分中，分别重点推导了一般性地租、人情租金、口头和短期契约的形成机理，并进行了深入分析。总之，本部分将重点分析中国非正式农地流转形成的宏观背景和微观机理，对应于文章中的第四章。

1.3.3 第三部分：实证部分

（1）核心内容一（机理验证）：非正式农地流转成因的数据验证

本部分的主要内容用以解释问题三：解释非正式农地流转中"人情租、零租金"现象为什么大量存在。第一步，运用农户生产决策理论，借鉴采用卡特和姚（Carter and Yao，2002）、戴宁格尔（Deininger et al.，2008）发展的农户理论模型，推导农户在土地上的三种生产决策模型：自我耕种、选择抛荒、农地流转。第二步，考虑运用地租理论、产权理论等构建了农户在选择"非正式农地流转市场"下，选择人情租流转、货币租流转等两种行为的理论框架，探析了非正式农地流转中各种形式下的"行为发生"机制。第三步，基于"人情"变量与风险损失因素视角，揭示人情租流转行为发生机理与对比分析人情租、货币租流转行为的存在机理和行为差异。拟将利用 2014 年开展调查的 CHIP2013 截面数据，采用赫克曼两步法（Heckman）和内生转换模型（ESR）进行数据验证。

（2）核心内容二（影响一）：非正式农地流转对土地生产率的影响分析

此部分用以回答问题四，重点探讨非正式农地流转行为（包括短期契约和人情租金形态）对转入农户的土地生产率产生了何种影响？理论上来讲，因为非正式农地流转具有"无期限、无合约、无货币租金"等特点，所以使得转入户无法拥有"稳定的经营权"，很可能导致转入农户的生产行为具有典型的"短期投资"特征，这会影响到农户对转入地块的投资行为进而影响到生产率。存在两种可能，一种是"掠夺式"经营，短期内大量投入"化肥、农药"等要素，以获得高产出，但也会"消耗榨干"转入地地块的土壤肥力，影响土地的可持续利用。另一种是采取"粗放式"的经营模式，广种薄收，由于亲缘关系而代为耕种与管理，也仅仅为了保持良田不荒芜规避被发包方收回的风险，则土地生产率偏低。但是，现实到底怎么样？有待于进行严谨的实证验证。

非正式农地流转最为重要的特征是租金形态和契约期限。那么，非正式的农地流转将会对生产率产生什么样的影响？若人情租流转状态下的土地生产率远远低于货币租流转，那么，如何规范农地流转市场也成为未来农业规模经营与现代化的重要内容。如果签订的短期流转契约下的土地生产率与长期契约没有太大差别，那么就要反思产权强化背景下的土地稳定性在"受到限制"和"被约束"的情况下如何影响农户的农地投资，也就需要为"产权稳定与效率提升"的产权理论在中国的农地改革实践应用中的发生条件与约束机制寻找新的证据。在土地生产率相关的研究中，相比于传统使用农户数据进行的研究，地块数据能够控制一些如"肥力、坡度、距离"等自然因素而更具优势，基于此，本部分拟采用 2017~2018 年的地块调查数据（混合截面），借用譬如普通最小二乘法（OLS）与两阶段最小二乘（2SLS）、概率模型（Probit）与截断回归（Tobit）、有限信息最大似然法（LIML）和工具变量法（IV）等计量方法，估计了租金形态、流转契约期限对土地生产率的产生影响，并进行了深入分析。

（3）核心内容二（影响二）：非正式农地流转对耕地质量保护的影响

本部分的主旨内容在于回答重要问题四：农户会关心租来的地块吗？相比普通的正式农地流转来讲，非正式的农地流转会对土地本身带来什么影响，又会对农户保护耕地质量的行为产生什么影响？耕地的经营者会区别对待转入地块和自家承包地块吗？针对不同类型的农地流转市场（正式农地流转市场和非正式农地流转），是人情租金流转有利于保护流转的耕地还是货币租流转？在实际的农地流转中，相比签订短期契约，签订长期契约真的有利于经营者保护耕地地力吗？本部分在运用博弈论的基础之上，阐释了人情租流转与货币租流转市场的农地投资博弈结果。基于 2017~2018 年对江西、湖南两省 891 块地块数据，拟将采用 OLS 模型、Tobit 模型、Probit 模型进行了实证检验。

1.4　研究方法

所采用的研究方法是按照具体研究内容以及变量定义进行选择的，将计量经济分析和描述统计法分析相结合应用于各章节中。由于每个具体章节的具体研究目标存在一定的差异，所选取的指标也不一致，因此必然会采取多种不同的计量方法进行研究。在此，仅简单介绍本章拟采用的几种主要的计量方法。

（1）Heckman 两步法

本方法主要运用在第 6 章实证中。非正式农地流转在整个农户的流转行为决策中也体现了分步决策过程。首先，决定是否要流转承包地；其次，要决定选择什么样的流转形式，如果按照租金形式进行分类来看，是选择人情租流转还是货币租流转。基于此，该部分研究的问题可以分为两步：一是依据前面理论分析出来的重要形成原因或者因素对农户是否选择承包地流出可能性的影响估计；二是对农户可能选择的农地流转形式——人情租流转（非正式）或货币租流转的影响。如果不分步直接估计农户对流转形式的选择的话，那么仅仅重视了重要因素对选择结果（哪种形式）的影响而忽视了"选择是否流转"，或者说忽视了农户的流转选择方程，这样可能是因为"注重结果而忽视选择"带来的样本偏误导致估计结果不准确。赫克曼（Heckman，1979）提出的两步法模型就是为了解决样本的"自选择"或者选择性偏误带来的模型出现的内生性问题，基于此，在参考已有文献的基础之上，本部分运用 Heckman 两步法进行回归分析。第一阶段，由于因变量"是否流转"为二值变量，因此采取 Probit 概率模型估计重要因素对于农户是否选择转出承包地的概率，求出逆米尔斯比率。第二阶段，利用农户选择不同形式（人情租或货币租）的不同样本，加入逆米尔斯比率进行线性回归估计，这样就一定程度上纠正了"样本选择性偏差"，最终获得无偏的结果。

（2）内生转换回归（ESR）模型

在后文第 6 章的实证分析中，还运用了近年来广为使用的内生转换回归（ESR）模型，以估计人情租与风险变量对农户选择不同的参与未参与农地流转以及流转形式选择（包括货币租与人情租）的影响。该方法有以下几方面的优势：第一，弥补了 Heckman 模型不能处理"不可观测"变量的缺陷，能够拟合参与和未参与土地流转的农户的影响因素方程，即选择是否流转的方程；第二，该方法既考虑了可观测因素和不可观测因素引起的选择偏差问题，又能一定程度上考虑了处理效应的异质性问题；第三，根据 ESR 模型的系数估计，可以计算农户分别在真实和假想状态下的差异，进行反事实分析与模拟。

（3）工具变量法（IV）

在第 7 章实证中，在估计是否参与农地流转对地块生产率的影响时，可能因为所谓的"双向因果"而导致的内生性问题（即一方面流转集中了土地，可能促使农户采取更为先进与现代化的技术与管理经验，进而提高了地块生产率，可能参与流转的农户本身就效率高）。为此，本章使用了"村级流转比例与农地是否进行了确权颁证"的交互项作为新的工具变量，可能是本章的一个亮点。村级流转比例的计算方法参考了马等（Ma et al.，2013）的做法，排除了该农户自身对村均值的影响。该工具变量的选取理由是同时满足外生性和与核心变量高度相关性（详见后文）。为保障结果的可靠性与稳健性，还同时使用了两阶段最小二乘（2SLS）与有限信息最大似然法（LIML）等方法进行估计。

（4）Probit 与 Tobit 模型

在后面第 8 章在研究租金形态、契约期限对耕地质量保护行为影响时，一些被解释变量属性为"二分变量"和"受到限制"变量，如因变量有机肥的"施用"和"未施用"属于二分变量，适宜采用 Probit 模型进行回归分析（Brandt et al.，2002；Deininger and Jin，2009）。通常情况下，在被解释变量的取值范围受到限制的情况下，属于归并数据（censored data），与断尾回归不同的是，归并数据一般适宜采用 Tobin（1958）提出的极大似然法（MLE）估计变量系数，也因此被称为 Tobit 回归模型，一经提出就被广泛应用，为此本章也采用了 Probit 模型与 Tobit 模型进行了回归分析。

1.5　技术路线

参与农地流转市场与购买社会化服务是农户家庭实现规模经营最为重要

的两条路径，然而，当下中国农村土地流转市场出现了"非正式"特性，本章重点在对其形成机理的探讨基础之上，分析非正式农地流转对地块生产率和耕地质量保护产生的影响，全书所遵循的研究思路如图 1 - 1 所示。

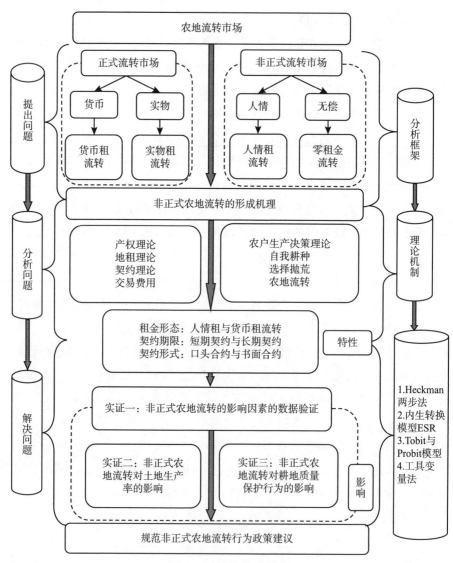

图 1 - 1　本书技术路线

1.6　可能的创新与不足

1.6.1　可能的创新之处

与历史相关文献相比，本章可能的边际贡献集中于以下几个方面。

第一，较为独特的研究视角。本章试图从中国土地流转市场中不同租金形式下的零租金、人情租与货币租视角开展研究农地流转。从已有文献来看，对于这类流转市场的不同特性的分类杂乱、定义模糊且内容交叉重叠，因此本书首要目标是将实物租、人情租、货币租的概念界定准确，并将人情租、短期契约以及无固定期限、口头契约等统归为非正式农地流转，将签订货币租、长期契约、书面协议定义为正式农地流转市场，纳入统一的分析框架，结合地租理论、产权理论、交易费用、契约理论与博弈论等在第 4 章进行了详细的理论推导，这可能是本章可能的边际创新点。

第二，研究内容可能存在的创新。相对而言，非正式农地流转，存在的非正式性流转行为由于具有隐蔽性而较少被学者所关注到。已有零星少量的文献，重在单独提出零租金的文献和解释人情租流转存在的原因，还未涉及非正式农地流转可能带来的影响，主要包括对"土地生产率"与"耕地质量"的影响。然而，生产率和耕地质量指标才是真正关乎于非正式农地流转"存在即合理"的重要解释，或存在的本质原因。

本章包括两大部分的研究内容：一是"机理"部分，二是"影响"部分。本书从宏微观视角，重点探究了非正式农地流转形成的宏微观机理，可能是本章的研究亮点之一。与已有研究相比，"影响"部分创新的思想是：从地块层面探讨不同土地租金形态下的生产率差异和对耕地质量保护的差异，探讨不同流转契约期限下的生产率差异和对耕地质量保护的差异。第 6 章实证中紧接着对机理分析得到的影响因素进行了验证，采用 CHIP2013 微观数据对影响非正式农地流转行为的重要因素进行了估计；第 7 章和第 8 章采用了 2017～2018 两年的地块混合截面数据，分别针对非正式农地流转对土地生产率、耕地质量保护的影响进行了估计。

第三，使用了地块层面的数据。本书第 7 章和第 8 章的实证中，重点区分了转入地块和自有承包地地块，采用了地块层面的数据进行了分析；该数据虽然样本量较小，但包含了同一转入户的自有最大承包地地块和转入最大地块的投入产出数据，该数据的获得十分不容易①；而基于该数据研究不同的契约期限、租金形态对生产率和耕地质量保护行为的影响差异，优势在于不仅可以控制农户个人特质带来的产出差异，更为重要的是通过地块的自然特征能够控制地块对产出的影响，所得出的研究结论对于推进非正式农地流转的规范化和实现土地或农业的规模经营有重要价值。

1.6.2 存在的不足之处

虽然本书有一定的边际贡献存在，但仍然存在以下不足：

第一，样本量受限、区域性较强、数据量偏小，仅研究了水稻产品，品种单一。受到经费的限制，本书最后两章实证部分数据虽然有 891 户农户，和来自 891 户的 891 块自有最大承包地块，但土地转入户仅仅为 288 户，也即是存在 228 块最大转入地块样本；契约期限和租金形态等变量均发生在转入户中，因此，后面的实证结果中样本量均较小；而且该调查数据仅仅只调查了湖南、江西两省和水稻品种，所得结论可能会因为其他大量省份的调查和农产品品种的更换而有所不同，可能不具有普适性。未采用 2015 年 1071 块地块调查数据进行研究的原因是，该数据仅仅只有第 6 章的相关的"投入产出"变量，而并不包含第 7 章所研究的"耕地质量保护"相关变量。此外，第一部分实证采用的 CHIP2013 数据库和第二、第三部分实证采取的调查地块数据的协调性和整体性也存在一定的问题，但在对比众多如中国劳动力动态调查（China labor-force dynamics survey，CLDS）、中国家庭

① 在此，特别鸣谢南京农业大学周力教授团队以及国家自然科学基金面上项目《基于实验经济的稻米镉污染农户治理行为及干预机制研究（编号为71773052）》课题组给予的数据支持。

动态跟踪调查（Chinese family panel studies，CFPS）等多个公开数据库后，确实无法找到比 CHIP2013 更为合适的数据，尤其是缺乏前面理论部分论证出的如产权风险、就业风险、养老保险、医疗保险、保持地力长期投资、亲朋好友信任度、生病负债、维系乡里社会网络关系（邻里帮工天数）等大多数重要变量，如果后续获得了更新的数据，我们也将在这个领域一直探索。

第二，计量方法的不足。本书后两部分的实证主要使用了普通最小二乘（OLS）和 Probit、Tobit 等较为简单的计量方法和模型，为此也进行了大量的稳健性检验。受限于调查问卷中更好工具变量的不可得，在估计农地流转对土地生产率影响部分也构造了"村级流转比例与农地是否进行了确权颁证的交互项"作为工具变量（IV），虽然通过了不可识别检验（underidentification test）和弱工具变量检验（weak instruments），但在以往的文献中少有体现，该工具变量能否完全地绝对满足"外生性"条件，仍值得进一步深入探讨。在研究耕地质量保护问题时，中国南方土地最为严重的重金属污染的指标并未纳入考察，源于问卷中缺乏衡量测算重金属污染的指标，针对这一问题，后续笔者将开展进一步专项调查研究。

1.7　本章小结

本章主要就"非正式农地流转市场"的研究背景、研究意义（理论价值与现实作用）、研究的主要内容、研究的主要方法、技术路线等一一进行了介绍，并对本书可能的创新之处和仍然存在的不足之处给予了总结归纳。本书的研究现实意义包括：清晰认识非正式流转行为与规范农地市场租赁行为，减少流转承包纠纷与维护农民的合法利益，稳定人地关系与提高土地地力；理论意义是实物租流转、零租金、人情租纳入统一的租金理论分析框架，重点阐释非正式农地流转形成的经济学机理、农户行为背后出发动机，以期望从两类租金形态的视角全面分析与刻画中国非正式农地流转租赁市场的价格形成机理，有利于对农村农地租赁市场达成统一完整而深刻的认识。

从非正式流转行为的租金形式与契约期限的视角入手，探析该行为下对农户生产效率、耕地质量保护的影响，重点实证分析契约期限长短与不同租金形态对土地生产率和耕地质量保护行为的影响差异，以形成规范、有序、公开、合法、正式与统一的农地流转格局。

概念界定与文献综述

　　本章的核心内容是探索非正式农地流转的形成机理及其影响。那么，什么是非正式农地流转？什么是农地？什么是耕地？耕地和承包地的区别在哪？针对相关问题，已有文献的研究进展到了哪里？为此，本章首先需要分别对农地、耕地与承包地的概念进行介绍与界定，紧接着再对农地流转的概念进行介绍，并重点对土地流转包含的出租、转包、转让、入股、租赁、互换等出让经营权的方式进行区分，还重点对比分析了农地流转、土地托管以及社会化服务的差异与联系。其次，定义了正式农地流转市场，将货币租流转、实物租流转行为归纳为其核心内容，并进行界定；然后将人情租流转、零租金流转行为归纳于非正式农地流转市场中，并进行定义。最后，针对国内外关于租金形态、契约形式与土地生产率、农地投资以及农地租赁市场发育等相关的已有重要文献，进行了分类总结，以发现可能还存在的某些局限，从而得出本书可能的边际贡献之处。

2.1　概念界定

2.1.1　农地、耕地与承包地

（1）农地

农地又称为农用地（农业用地），在农学等自然科学和农业经济学等多类科学都有涉及，不同学科有不同的概念界定，必然也会存在一定的差异。通常来讲，农地主要可以分为农业用地和农村土地两类。就中国历年的相关法律和重要文件而言，对农业用地和农村土地也给出了差异化的表述，需要统一概念界定。例如1998年8月29日修订通过的《中华人民共和国土地管理法》就将用于农业生产的土地定义为农用地，主要涵盖了耕地、林地、草地甚至养殖水面等。然而，在2001年颁布的《全国土地分类》条例中又将农用地、园地、牧草地也定义为农地。2003年3月1日施行的《中华人民共和国农村土地承包法》中内容规定了"农村土地是指农民集体所有和国家所有依法由农民集体使用的耕地、林地、草地，以及其他依法用于农业的土地"。而2017年的文件《土地利用现状分类》又将农用地具体分类成了水田、水浇地、旱地等22种类型的土地。2018年最新修订的《中华人民共和国农村土地承包法》又延续了2003年的土地承包法对农地的界定。考虑到本章的重要研究对象是农地流转及相关问题，因此必须要对农地的概念进行清晰的界定，在参考《农村土地承包法》的相关界定的基础之上，本书将中对象——农地的含义界定为：位于农村、为农民集体组织所有且由农户家庭承包的耕地。虽然本章将研究内容中的农地限定为耕地，但耕地又包含了常用耕地和临时性耕地两种；通常来讲，临时性耕地不被认为是承包地，因此，为进一步明晰耕地和承包地的差异，应该清晰界定耕地的概念。

（2）耕地

由《土地利用现状分类》可知，耕地是指种植一般性农作物的土地，主要包括熟地，新开发、复垦、整理地，休闲地（包含轮歇地、轮作地）；通常来讲，耕地也可以分为水田、水浇地、旱地等。按照耕地的"时常"进行分类可以分为常用耕地和临时性耕地两类；前者是指被官方定义为专业且经常性用于种植农作物，地力条件较好且能正常收获的土地。就中国来讲，常用耕地也即是人们通常所说的"18亿亩耕地"，是中国政府定义的基本农田，也是中国农民生产粮食的宝贵资源，受到国家法律严格保护，禁止私人占用、抛荒以及非粮化。而相对来讲，临时性耕地是指农户临时开垦的土地，例如河滩地、湖泊边缘地等。按照《中华人民共和国水土保持法》的相关规定，临时性耕地属于占用河、湖面积，产量受到气候影响较大，也会危害到生态安全，要逐步退耕。为此，本章研究的客体主要是指被农村集体经济组织发包和农户承包，并用以种植粮食、经济等农作物的常用耕地，包括水田（梯田）、水浇地与旱地。

（3）承包地

通常来讲，承包地是指农村集体经济组织成员（一般指村庄甚至生产小组内部的农民）有权依法承包并由村庄集体经济组织发包的农村土地。在村庄内部，农民承包者在依法、平等享有承包地的承包权、使用权、经营权、收益权等权利，也需要承担土地用途不变（不得私自非农化）与合理利用以保护地力可持续（不得给所承包的土地地力造成永久性损害）等义务。改革开放以来，中国政府在广大农村推行了以农户家庭为单位以承包时点人口均分的土地承包经营制度，实现了"两权分离"，村庄集体享有土地的所有权，村庄内部成员享受土地的承包经营权，对于不适宜采用农户家庭承包方式的土地（诸如荒山、荒沟、荒丘、荒滩等），采取了如招标、拍卖等其他方式进行承包。由此可见，承包地的范围远远大于耕地，包括了耕地的承包、林地的承包、其他用地的承包；而耕地的中临时性耕地也未必能被农户承包，应该属于村庄集体承包的土地。

为清晰农用地、耕地、承包地的异同，将三者的关系描绘为图 2-1。在图 2-1 中左边的"承包地"椭圆中的土地类型均属于"农户承包"，而剩余的土地类型属于村集体承包。本章所研究的重点聚焦于常用耕地中的水田与梯田、水浇地与旱地，均归属于承包地。如无特殊说明，后面提及的土地、农地、耕地、承包地等表述均指代常用耕地中的水田、水浇地、旱地。

2.1.2　农地流转

（1）农地流转的相关概念

农地流转的概念是在土地流转政策进入"依法流转"阶段之后，随着大量学术成果的出现才开始日臻完善的。农地流转是指不愿意自我耕种的农村承包者自愿放弃土地的经营权、保留承包权，将农地以合法形式转给愿意扩大规模的其他农户或者经营主体，是经济发展的产物，也是农业现代化的重要阶段，一定程度上能实现配置效率的改善与提升。一般来说，农地流转的主要类型可以分为出租、转包、转租、入股、抵押、互换等多种形式。为此，在接下来的部分需要进一步重点区分出租、互换和入股的内涵与外延。

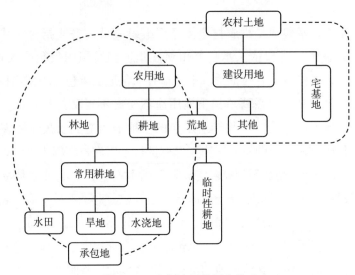

图 2-1 农用地相关概念关系

土地出租，是指农户将家庭中的部分或者全部承包地租赁给农地需求方，出让土地的承包权，获得货币、实物、人情等租金（或者完全无偿），双方自由协定土地流转的期限、契约形式和其他内容。

互换土地，是指在同一自然村庄内部的农户，为了方便经营土地，缩减双方的耕种管理、运输、交易成本而在自愿的情况下进行对等的置换。互换不仅被现有法律所承认，而且也是农民在生产实践中自主创造出来利于集约化规模经营的重要方式。

土地入股，是指在充分尊重农户自愿的基础上，将其家庭承包的土地经营权按照面积或者产量等作价入股给农业企业、集体组织、合作社等多元主体，按股收益，也被称为"股田制"，明显有别于出租[1]，但均属于流转。

---

[1] 最新的《农村土地经营权流转管理办法》也给出了出租和入股的界定。出租（转包）是指承包方将部分或者全部土地经营权，租赁给他人从事农业生产经营；入股是指承包方将部分或者全部土地经营权作价出资，成为公司、合作经济组织等股东或者成员，并用于农业生产经营。

由于当前土地托管和社会化服务的快速兴起，还有必要对两者进行界定与区分。

（2）土地托管与社会化服务

如果抛开经营权是否转让，则土地托管也可以被理解为是流转的一种形式。通常来讲，托管是指农户把承包地给其他经营主体耕种、经营，农户需要按面积或者服务时间付出一定的费用，农户自己收获农产品（张克俊与黄可心，2013）。土地托管现象是近几年在土地制度改革进程中产生的新成果（李登旺与王颖，2013）。土地托管的优势是在不流转农户经营权的情况下能够达到了土地集中规模化经营的目的，利于大型农业机械作业和开展现代化经营管理（于海龙与张振，2018；胡凌啸与武舜臣，2019），为中央政府相关土地流转政策所鼓励。土地托管一般可以分为"半托管"（生产经营环节的部分环节托管）和"全托管"（所有生产环节的托管）两类。

农业社会化服务体系，是指为那些直接从事农业生产的农户或者新型经营主体提供如机耕、机播、机收等多样化服务而构成的一个网络体系，近年来发展较快。有研究认为农业社会化服务体系的完善与否是衡量一个国家农业现代化程度的重要指标（邓伟志，2009）。具体来讲，社会化服务包括农业产前（种子、化肥、农药等）服务、产中（耕种、栽培、病虫害防治等）与产后（销售、运输、加工等）服务。为了对比土地流转、土地托管和社会化服务的异同，本章从转出户视角出发，依次按照流转分类、交易收益、交易内容、权益转让、交易对象、交易方式等进行归纳整理（见表 2 - 1）。

表 2 - 1　　　　　　　　　不同农地交易形式的对比

项目	分类	交易收益	交易内容	权益转让	交易对象	交易方式
土地流转	货币租	现金	土地	经营权	农户/经营主体	出租、租赁、转包
	人情租	人情	土地	无	农户	无偿、代耕
土地托管	半托管	粮食产出	托管费用	无	新型经营主体	耕、种、收
	全托管	产出/货币	托管费用	无	新型经营主体	全程化
社会化服务	—	粮食产出	服务费用	无	服务组织	服务环节/全程服务

注：笔者整理。

　　土地托管与农地流转的最大区别是，土地流转是农户将自家承包地的经营权转让给大户、家庭农场等新型农业经营主体，以获得粮食、货币、人情等收益，而土地托管是农户将土地的经营权中的某一部分如机耕、机收、打药等环节"托管"给提供这些服务的专业大户等新型农业经营主体，农户本身需要按照服务面积支付货币，仅仅获得土地上的粮食产出，实质上，土地经营权并没有发生流转。即使是土地托管模式中的"全托"模式，也是农户付费获得粮食种植中所有环节的社会化服务，农户仍然是获得粮食产出（少量的是获得粮食售价），经营权仍然是没有发生流转，实践中"全托"模式占比较少。

　　土地流转与社会化服务的不同之处在于，土地流转强调"土地的规模经营"，而社会化服务强调的是"服务的规模经营"或者"部分经营环节的分工专业化经营"（姚志，2019）。虽然有研究认为，社会化服务在提升农业产出上更具有优势，但土地流转在提高农民种植收益和降低交易成本等方面具有重要作用（钟真等，2020）。基于此，在推进中国特色农业现代化进程中提高土地流转和社会化服务水平，本章认为土地流转与社会化服务的关系应该是"相得益彰"的共赢关系，不是"互相竞争"的取舍关系。虽然在前面说明了各种类型土地的内涵与外延，但在后面具体表述中如无特殊说明，我们将承包地流转、耕地流转、土地流转、农地流转等同，均指农民的耕地流转。

　　（3）正式农地流转市场

　　本章首先将包含实物租流转和货币租流转的归类于正式农地流转市场，以区别于非正式农地流转市场。因为实物租流转模式下固定份额的粮食数量可以按照当年粮食价格进行转换成价值形式，因此，从本质上来说，实物租效用等于货币租效用。

　　第一，货币租流转：本章定义为专指我国在 2006 年 1 月 1 日全面取消农业税后，农村土地流转过程中收取货币租金的流转形式（一般是元/亩），具体也包含前面涉及的出租、租赁、转包、转让等。

　　第二，实物租流转：本章定义为专指我国在 2006 年 1 月 1 日全面取消农业税后，农村土地流转过程中仅仅收取粮食作物作为流转"租金"的形式（一般是斤/亩）。早期实物租流转的基本事实显示：黄季焜等（2012）

在 2009 年对中国科学院农业政策研究中心对 2000 年调查的 1189 农户样本进行了跟踪调查，获得的 1071 户样本，他们发现，2000 年全国的实物租流转占比为 24.27%，2008 年时占比为 14.92%。随着租赁形式的发展，不可否认，实物租流转的占比可能会逐步下降。

虽然实物租流转的比重在逐步下降，但也不容忽视。实物租主要包括两部分：一是包含正式合约和书面合约形式的固定比重的实物租；二是包含因转入户"感激"与"私人情感"而不定时、不定量没有任何合约形式的，仅仅由转入户以维系"人情"的方式送给转出户的粮食作物作为实物租。难点在于，后续研究操作过程中很难实现两者的分离，因为实物租的第二部分具有"人情"属性。为简化分析，本章将实物租的第一、第二部分均归纳到货币租流转。因此，可以将正式农地流转市场定义为包含为实物租流转和货币租流转、签订书面协议、达成长期契约的农村土地流转交易市场（见图 2-2）。

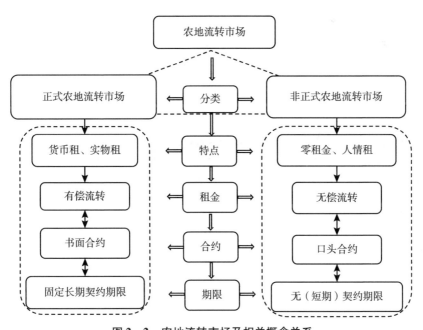

图 2-2 农地流转市场及相关概念关系

2.1.3 非正式农地流转

（1）相关概念界定

本章首先将人情租流转和零租金流转归类于非正式农地流转。

第一，人情租流转。借鉴了陈奕山等（2017）界定的概念，本章定义为专指我国在 2006 年 1 月 1 日全面取消农业税后的农村土地流转过程中不收取货币租、实物租的情形，但收取"避免土地荒芜返耕成本、产权流失风险、生产帮扶、照看老弱、维护邻里关系、节日送礼、延缓债务"等人情内容。

第二，零租金流转。本章定义为我国在 2006 年 1 月 1 日全面取消农业税后的农村土地流转过程中完全不收取实物租、货币租、人情租，完全无偿、免费流转给他人的情形。还特别说明是：本章所指土地流转只包含农地中的耕地流转，只涉及土地经营权的出租、转包、租赁、代耕等。事实上，零租金流转和人情租流转具有较多的共同特性，如"租金的无偿性、无合约性、无固定或者短期期限"，由于样本数据量和变量设置限制，无法严格区分二者，为简单起见和便于研究的展开，后面将二者都统一称为"人情租流转"。值得特别说明的是，本书所分析的人情租流转，包含农地的完全无偿流转，因此后文出现的人情租、无偿流转内涵一致（见表 2-2）。

表 2-2 农地流转市场分割与对比

基本特征	农地市场分割	
	非正式农地流转市场	正式农地流转市场
租金形态	零租金、人情租	货币租、实物租
契约形式	口头协议	书面契约
交易期限	短期交易或无固定期限	长期交易或固定期限
交易对象	亲友邻里	亲友邻里/陌生经营主体
交易原则	私下、自由、自愿	公开、自由、自愿（排除政府主导）

基本特征	农地市场分割	
	非正式农地流转市场	正式农地流转市场
主要类型	亲友邻里代耕、无偿耕种、外出托管①等	出租、租赁、转包等
市场占比	30%～50%	37%②

注：①此处的托管与前面的土地托管的具体内涵存在较大的差异，这里是指农户外出务工，避免土地荒芜，将土地无偿托管给同村的亲朋邻里耕种。②2018 年的数据来自于：国务院新闻办公室于 2019 年 3 月 1 日举行的新闻《关于促进小农户和现代农业发展有机衔接的意见》发布会，中央农村工作领导小组办公室副主任、农业农村部副部长韩俊指出"流转的承包地面积占到家庭承包经营面积的 37%"。

　　因此，可以将非正式农地流转市场①定义为包含为零租金流转和人情租流转、签订口头契约协议或者无协议、达成无固定期限的民间流转交易市场或者场所（见图 2 - 2）。非正式农地流转则是非正式农地流转市场下的行为结果，包含人情租、短期期限和口头协议。显然，与正式货币租流转市场相比，必然因为"流转价格高低、流转方式、合约长短"等在形成机理、交易对象、群体特征、生产效率、耕地保护等方面存在着较大差异，需要深入研究。

　　（2）非正式农地流转的基本事实

　　非正式流转在中国农地流转市场中占有相当的比例，已有研究进行了一些描述性统计。王亚楠等（2015）按照出租土地是否能够给农户带来的价值增量，将"具有非正式性的大多数农地被转包给亲友的无价值增量"的流转定义为无偿流转，将采用货币形式进行的流转交易定义为有偿流转（见表 2 - 3）。

――――――――――

　　①　非正式农地流转市场中选择哪一个作为流转对象与是否接受其农地都是"自由"的，该市场的规则是"口头协议和维护亲朋邻里关系的人情规则"，该市场的交易场所一般位于村庄内部，不固定无交易场所，但选择人情租、口头协议流转土地的农户确实一直存在一个特殊的交易市场，罗必良（2017）的研究中称之为"关系型人情市场"，但我们认为货币租流转也存在选择对象的亲缘化、关系化问题，因此我们从是否"规范"的角度出发，可以分为非正式农地流转市场和正式农地流转市场。那么，本书题目为何不能称为"非正式农地流转市场的形成机理及影响研究"呢？原因在于本章重点内容是研究了非正式流转这一类型的农地流转，并没有具体探讨非正式农地流转这一类流转形成的市场机制、市场规则、市场信息、市场的主体客体、市场的软件与硬件条件等等，我们研究的内容并不是聚焦于"市场"字眼。

表 2 - 3   人情租流转的基本事实

分类	调查时间	数据统计单位	样本量			占流转户的比例（%）	文献来源
			省	村	户		
人情租流转	2016 年	南京农业大学	1	56	1625	42.00	陈奕山与钟甫宁等（2017）
	2004~2011 年	农业部农村固定观察点	31	—	122498	51.65	王亚楠等（2015）
	2006~2013 年	扬州大学中国土地政策研究中心	4	104	1113	25.42~30.08	钱忠好与冀县卿（2016）
	2003~2013 年	农业部农村固定观察点	31	—	169511	53.84	王亚辉等（2018）
	2013 年	中国家庭收入调查项目第五轮全国调查	14	—	18948	38.75	王亚辉等（2018）
	2014 年/2017 年	中国科学院	1	—	1395	79.00	王亚辉等（2018）
	2010 年	中国人民大学农村土地调查	17	1656	1773	38.6	叶剑平等（2010）
货币租流转	2004~2011 年	农业部农村固定观察点	31	—	122498	48.35	王亚楠等（2015）
	2018 年	中国人民大学 2018 年"千人百村"	31	300	9596	34.90	丰雷等（2018）
实物租流转	2000 年	中国科学院农业政策研究中心（CAPP）	6	—	1189	24.27	黄季焜等（2012）
	2008 年		6	—	1071	14.92	

注：笔者依据文献整理。

　　就已有文献来看，王亚楠等（2015）统计的农户样本总数高达 12.25 万户，其中转出土地的农户为 1.32 万户，占到 10.75%；发生转出的样本农户中采取有偿付费方式进行流转达到 6367 户，占 48.35%，则可以推断无偿农地流转的占比高达 51.65%。陈奕山等（2017）采用了南京农业大学"农村资源与人口流动"调查组获取的 1625 户数据，发现 42% 的地块属于人情租流转。早期黄季焜与郜亮亮（2012）对河北、陕西、辽宁、浙江、四川、湖北 6 省的专项调查显示，2008 年无偿流转的比重高达 61.05%，其中，四川省 2008 年的无偿租金形式流转的农地比重甚至高达 98.73%。根据 2013 年对江苏、广西、湖北和黑龙江 4 省（区）的调查，也超过 30% 的土地流转关系属于人情租金流转（钱忠好与冀县卿，2016）。纵然选取样本省份的情况不能完全代表全国人情租的真实面貌，但至少反映人情租金问题确实客观存在且不容忽视。为了研究人情租流转的普遍性，叶剑平等（2010）对更大范围的样本进行统计，包括了全国 17 个省份 1656 个村 1773 户农户的调查也指出，平均每个省份非实物和现金补偿的人情租农地流转占到了 38.6%；相对来讲，虽然所涉及的省份较多，但是农户调查样本数与 2.07 亿的农户总数来讲，明显不足。

为扩大样本范围，王亚辉等（2018）统计了 2003~2013 年农业部农村固定观察点系统大样本数据发现，对 169511 个农村住户样本统计得出，全国零租金流转户的占比仍然高达 53.84%，其中零租金农地转入户为 55.05%、转出户为 52.63%；他还对山区、丘陵、平原等进行分类统计发现，零租金流转率分别为 62.82%、54.6% 与 45.6%。王亚辉等（2018）还分别在 2014 年和 2017 年开展了专项实地调研，地区均为重庆市的武隆区、忠县和酉阳县等山区县，结果获得的农户样本总计为 1395 个，对转出的 697 块地进行按地块数统计，结果发现，三县整体的人情租流转比例高达 79%。由此可见，非正式流转中的人情租流转在中国农地流转市场确实大规模存在，不容忽视。

总体上，随着租赁市场的日渐完善与粮食最低收储价格改制以来，实物租、人情租流转的比重在逐步下降。本章对第三次全国农业普查数据的统计发现，规模户样本中 6.99% 的农户发生了人情租流转行为，实物租的发生率为 1.12%，而货币租转入的农户为 91.89%。第三次全国农业普查数据所涉及的涉农企业样本中，人情租、实物租、货币租流转的发生率分别为 6.11%、0.51% 与 93.38%。第三次全国农业普查数据库中的小农户统计中，采用人情租流转的农户比重为 20.88%；无偿代耕的为 2.25%。第三次全国农业普查数据统计的人情租比率如此小的原因有可能在于：部分小农户未准确回答无偿耕种亲戚朋友土地的情况，因为对实际耕地面积大于确权面积的农户统计发现，有 4470 户，意味着占 19.69% 的农户未被统计入"代耕或者无偿耕种"。事实上，这部分农户的实际耕地面积的增大多数来自于耕种了外出亲友的"留下的承包地"。

2.2 文献综述

加快农地流转促进规模经营一直受到中央政府的高度重视，因此出台了一系列相对应的政策措施。1987 年的中央五号文件①就开始要求，在条件满足或者发展需要的地方可以逐步稳妥推进农村土地的规模经营。然而，事实上当时的流转发生率较低也发展缓慢：据统计在 1984 ~ 1992 年，高达 93.80% 农户属于"自耕农"，甚至到了 2008 年农地确权试点开始时，全国也仅有 8.6% 的耕地参与了流转（罗必良，2014）。随着农村劳动力的大量外移和农业经济技术的快速发展，细碎化的小农户经营弊端逐渐暴露，而规模经营的需求则变得愈发迫切。因此，2008 年的中央一号文件②要求健全农村土地承包经营权流转市场。同年，党的十七届三中全会明确要求"鼓励农民流转土地承包经营权"。此后，中国农村的土地流转才进入全面加速流转阶段（刘同山与孔祥智，2013），到 2011 年依然只有 17.80%，到 2018 年时全国农地流转面积增加到 5.39 亿亩，流转率达到 37% 左右。虽然流转面积在不断扩大，但增长的速度明显下降。

问题在于，尽管多年政策支持，中国分散化、细碎化的土地（农业）经营格局仍然未发生本质性的改观（姚洋，2017；王亚华，2018）。目前中国仍然有高达近 2.1 亿传统普通小农户，经营管理着全国耕地面积的 70% 以上③。显然，规模经营仍然有很长的路要走。此外，确实存在大量的发生在亲友间、并采取非正式或民间流转方式的承包地（叶剑平等，2006；黄

---

① 参见《关于加强土地统一管理的会议纪要》。
② 参见《中共中央 国务院关于切实加强农业基础建设进一步促进农业发展农民增收的若干意见》。
③ 资料来源：国家统计局第三次全国农业普查数据。

季焜等，2012；王亚楠等，2015；王亚辉等，2018），如果这部分承包地转入规模经营户，那么细碎的规模经营格局必然会发生改观。非正式农地流转市场的选择主体较为单一、范围也十分窄小抑制了正式货币租流转市场的正常发育与规范化。

农地使用权租赁市场的发展被寄予厚望。国内外诸多学者致力于土地租赁市场发育方面的研究，以提高土地资源的配置与利用效率，而且确保公平的土地所有权分配体制得到最有效的贯彻（姚洋，1999；金松青与 Deininger，2004）。理论上讲，土地租赁市场可以通过"公平、效率"与"福利"等三个渠道影响生产与农户（Holden et al.，2009；Chamberlin and Ricker – Gilbert，2016）。"公平"方面，实质上意味着农户的地权稳定性问题，表面看似已经随着农地确权与"承包期继续延长 30 年""不得调地"等一系列政策解决，但实际上，公平在农地租赁市场上体现为契约期限的长短和期限的稳定问题，也即是转入户获得的经营权稳定性问题。"效率"方面，推进租赁市场发育旨在流转"低效率"农户的承包地，转向"高效率"生产者，因此，探讨非正式流转市场中生产效率问题显得很有价值。"福利"代表着流转交易农户双方在农地租赁市场上的收益情况，已有文献已经做出了许多有益探讨，故本章不作重点讨论，将视角转向租赁市场发生后对土地地块质量本身产生的影响，关系到土地地力和生态可持续的问题，显得更为重要。

因此，通过对现有文献进行总结梳理，将接下来的"文献综述"部分聚焦于四个方面：第一部分农地租赁市场发育及相关研究；第二部分分析非正式农地流转的相关研究；第三部分是农地流转与土地生产率关系探讨；第四部分是农地流转与耕地质量保护的关系研究。

2.2.1　农地租赁市场发育

关于如何完善租赁市场、推进农地流转、促进规模经营的相关研究，国内外学者均进行了大量的探索，形成了丰富的研究成果与体系。总结起来，国内外学者主要从以下几个逻辑尝试去解释土地租赁市场：一是从完善地租理论丰富农村土地流转的理论逻辑；二是从产权视角研究农村土地流转的具体实践；三是从法律视角探析农村土地流转的法理依据与解决纠纷。考虑到本章研究的具体内容，此部分重点对前两个逻辑进行综述。

实现土地流转市场的帕累托效率改进的前提条件是清晰土地产权权属。土地流转的成功和纠纷的减少必须依赖于明确的产权制度。较早的产权模型是由德姆塞茨所建立，他从美国印第安人的土地私有制度中观测到了产权的起源：当地土地资源的稀缺性。阿尔钦和德姆塞茨（Alchian and Demsetz，1973）观测正是由于土地的私有制度，稀缺性让印第安人十分珍惜土地，而对于猎区范围的控制和为是否能够自由进入建立的规则，保障了其生存的可持续性，这就凸显了产权的排他性，他们在合理的产权安排下使得土地资源得到了最大化利用。后来的一些学者继续研究了产权功能，费德与菲利（Feder and Feeny，1991）等认为不确定性的大幅度下降，可以提高土地资源配置效率，而"不确定性"下降就意味着"确定性或者明确性"上升，也即是要推进土地产权的明晰化。之后，比斯利（Besley，1995）论证了土地的产权的明晰和完整关系到农户对于土地的有益性投资，产权越明晰、投资就越大，他还提出了交易收益的概念，认为产权明晰后土地资源的交易性提高有利于提升土地投资的价值。

不少学者运用案例分析法对世界各地的农村土地租赁市场进行深入讨论。例如德宁格和宾斯·旺格（Deininger and Binswanger，1999）利用世界银行在全球多个区域如非洲、拉丁美洲和东南亚地区等开展土地制度调查活动的案例，进行了典型案例分析；分析的主要内容是进行参与租赁市场与未参与者的对比，结果是参与者产出更高，另外还对比了土地的租赁市场和买卖市场，得出前者的交易费用更低，为此提出各地政府应该积极鼓励农村土地租赁市场的发育，带动流转提高效率。有学者兰由（Lanjouw，1999）进一步对租赁市场的有效性进行研究，他们采用CGE模型验证了印度农村的土地租赁市场和信息的有效性，对印度两个村庄进行了调研，得出了限制土地交易会对农业信贷、土地投资及耕种决策产生影响（Pender and Kerr，1999）。然而，也有学者麦克米伦（Macmillan，2000）认为土地租赁市场存在市场失灵，因此政府的干预显得尤为重要，政府的强有力干预下能够推进流转、维护社会和谐稳定。为将土地租赁市场与当地的公平、效率以及农户贫穷之间的关系进行系统评估，戈顿（Gorton，2001）对欧洲国家摩尔多瓦的多年研究发现非正式土地市场的禁止使得农村的土地产权不稳定，导致了利用无效与公平缺失（Holden et al.，2009）。钱伯林和里克·吉尔伯特（Chamberlin and Ricker–Gilbert，2016）利用来自两个相邻非洲国家马拉维的 6900 余农户和赞比亚的 3700 多农户，研究土地租赁市场造成的不同收入水平下农户的收入效应差异。

一些学者也将研究视角逐步转向中国农村土地流转市场问题。本杰明和布兰特（Benjamin and Brandt，2002）研究了不完善、不均衡的要素市场对中国农村农业效率的影响，估计了农业生产率的反比关系在多大程度上可以归因于行政命令（而非租赁市场）的土地分配，卡特和姚洋（Carter and Yao，2002）也认为土地转让权对家庭要素价格均衡和配置效率产生影响。叶剑平等（2006）于 2005 年收集了全国 17 个省份的调研数据统计结果显示，土地承包合同和证书有利于稳定农户的心理预期，能够激发农户对农地进行稳定的投资，进而提高产出效率；为此他们提出中国政府应该尽快为所有农民发放具有法律效力的证书和合同，为农地确权展开试点给出了理论支撑。叶剑平等（2010）又开展了次轮的土地调查，统计结果显示"30 年土地使用权不变"政策产生了积极作用，具体包括农地投资和农地租赁市场发育方面，仍然是通过稳定农民的产权预期和增加了农民信心进行作用的。农地确权开展几年后，2016 年，叶剑平等第三次进行了土地产权实地调查，他们的描述性结果认为土地产权的确权，符合民心，也得到全国农村大部分农民的支持和拥护，还认为中国的农业适度规模经营初具规模，拥有承包地的农民流转意愿显著增强，确权证书使得农户拥有流转话语权的同时也能保障产权安全，可以说中国农地确权的产权制度安排成效初见。

国内学者从 20 世纪 80 年代中后期，随着农地流转市场的发育，形成了大量的研究成果。总结起来，主要集中于以下几个方面：流转动因、制约因素、流转效果等的研究。第一，建立农地流转市场的主要动因：农业生产规模化、区域化经营要求（马晓河与崔红志，2002），农民、村集体、各级政府、工商业等不同利益相关者的利益要求（徐旭等，2002）。钱忠好

（2008）等的研究认为农户是否选择流转承包地受到家庭承包地的多寡、劳动者丰裕程度、非农业收入的高低等因素影响。第二，阻碍农地流转市场发育的因素。多数学者认为产权模糊导致的地权不稳定是最大制约因素（张红宇，2002），而杨小凯（2002）、黄少安（2005）等还主张土地私有化是明晰产权的最佳办法，以张晓山（2015）、陈志刚等（2007）等学者派别认为中国现行的农地土地制度是集体所有制，因此产权改革的不是改变所有制而是完善承包经营制度。还有一些学者如姚洋（2000）、田传浩与贾生华（2004）、许庆与章元（2005）、钟甫宁与纪月清（2009）、仇焕广等（2017）等认为地权的稳定性、社会保障功能等是阻碍农地流转的主要因素。第三，农地流转的效果。多数学者认为流转能实现农业增效和农民增收（姚洋，1998；刘守英，2018），董国礼（2009）构建了一套农村土地流转的效果评价指标体系，发现不同的流转模式效果不同，而岳意定与刘莉君（2010）对不同模式评价后得出，在众多流转模式中，股份制的经济效益是最大的。

2.2.2 非正式农地流转的已有解释

近年来，一些学者如（俞海等，2003；黄季焜等，2012；洪名勇，2013；陈奕山等，2017）均开始关注到中国农村非正式农地流转的存在，也形成了一些有益的探讨，本章主要针对非正式农地流转不同特征（口头契约、短期合约、无偿租金）的解释成果依次进行综述。

（1）用"熟人社会与差序格局"解释非正式农地流转中的口头合约

在人情网络社会：远亲不如近邻；与"陌生人"的城市市民社会不同，中国农村尤其是村庄内部具有十分浓厚的"乡土性"，每个参与流转个体均处于一个"熟人社会"（费孝通，2013）。这使得土地流转对象大多数是基于血缘、亲缘、人情的关系选择，形成了关系型的、非完全的要素流转市场（罗必良，2014），邹宝玲等（2016）的研究也指出农村土地流转显现出了较为明显的"社会亲缘关系缔约"特征。那么，熟人社会中不可或缺的信任、互惠、沟通及声誉机制就在降低承包地流转交易成本的过程中发挥了重要作用（胡新艳等，2016），结果是农地流转契约的稳定性也随之增强，这就解释了农户偏好达成口头协议的缘由。不仅如此，洪名勇（2013）的研究显示由于处于熟人社会中人际关系和个人声誉约束的影响，往往使得农户之间的流转能够实现自我履约，违约带来的声誉受损远远大于口头履约所付出的成本，他认为村庄内部存在自我履约机制，而自我履约与信任机制、声誉机制、未来价值机制以及村庄社会惩罚机制密切相关，熟人社会依靠上述如信任等多种机制综合发挥出作用（洪名勇与钱龙，2015）。通常来讲，达成非正式合约、发生非正式农地流转的概率受到交易双方的社会网络关系影响，关系越紧密则概率越大，进而在流转中呈现出了"差序格局"现象（高名姿等，2015；林文声与罗必良，2015；邹宝玲等，2016）。钱龙等（2015）的实地调查数据支持了上述结论：发生流转交易的双方对彼此的信任度越高，越可能达成非正式农地流转合约。也有学者指出，人际信任虽然有利于解释口头合约的形成，但无法有效控制因流转行为的非正式性带来的违约风险，并不一定能够保障契约的长期有效实施，关系治理有效性值得深入考察（米运生等，2013）。

（2）用农地"产权强度"解释短期流转市场契约

关于短期流转契约的解释，刘文勇与张悦（2013）的研究从产权与交易费用理论出发进行了诠释，他们得出短期契约期限与地权不稳定相关（即当地权不稳定时租入者倾向于签订短期租约），而流转市场地租的大小与交易费用紧密相关。地权不稳定不仅影响租赁市场的发育（田传浩等，2004），还会存在地权损失的风险，会因为租入者长期耕种而出现"占为己有"的风险（李承桧等，2015）。理性的农户会基于失地风险的权衡、非农就业的不稳定（黄枫等，2015；许庆与陆钰凤等，2018）、养老保障（孔祥智与徐珍源，2010）等因素而更愿意短期租出土地。除此之外，刘丽与吕杰（2018）的研究还发现，在资产专用性较低或者土地资产用途单一（土地的专用性是指如该块土地从历史以来只适合种植早稻，而种植晚稻或其他粮食作物产出较低）的情况下，达成短期流转契约能显著提高交易和契约实施的稳定性。一些学者也尝试着借用威廉姆斯的理论范式来分析短期流转契约的存在诱因，如邹宝玲等（2016）研究认为，影响短期契约的关键因素是承租者的信息不完全、选择空间受限和谈判能力不足。

（3）非正式农地流转上无偿租金的解释

总体来讲，对农地流转市场租金的关注并没有流转契约选择和期限问题的关注那样丰富，专门针对零地租和高地租显现出的价格偏离及地租失灵问题的研究也还较少，还尚未引起学界足够重视，多数成果仅仅有所提及，对于扭曲的租金问题成因解释寥寥无几。目前仅能检索到的已有文献，例如贺振华（2005）等研究后认为，农户家庭是否选择收取货币租金关键在于土地对其生存和生活的重要性评价，他还认为地租与土地本身的质量好坏无关；显然，抛开土地质量谈及地租还不够准确，朱文珏与罗必良（2016）的研究就得出了相反的结论，他们的数据实证，农地的整体质量、肥力条件越好，往往地租的价格越高，因为其产出能力较强，甚至包括土地的灌溉、地形及交通条件越好则租金额度就越高。不仅是土地的现实自然条件，王亚楠等（2015）的研究还发现农地的未来预期价值也显著影响了市场地租，价值越高地租越高，另外农地产权风险影响了农户选择无偿还是有偿的流转租金形式。陈奕山等（2017）则将无偿流转市场行为解释为节日送礼、邻里帮工、生产帮扶、照顾老弱等等人情交换内容，并提出了非正式农地流转市场上的人情租与正式流转市场上的货币租，存在一定的替代关系。

2.2.3 农地流转与农业生产率的关系争论

土地流转虽然能够推进规模经营，但只有有效率的流转（有效的资源配置）才能改善整体效率以及推动技术进步（Nguyen and Cheng, 1996），也即是有利于农业生产率的提高。承包地的流入户实现了土地资源的优化配置，承包地的流出户也不再被土地牵绊，选择进城务工从事非农劳动，最终实现了劳动力要素的跨区域配置（Kung et al., 2002）。然而，农村土地流转能否有效提升转入农户的农业生产效率，目前仍然存在争议。

（1）农地流转与农业生产率的关系争论

事实上，农地流转与农业生产率的关系讨论主要体现为经营规模与生产率的关系争议，且一直是热点话题。土地经营规模与农业生产效率之间的反向关系问题自森（Sen）在 1962 年提出以来，不仅引起了国外学术界的广泛关注（Battese and Corra，1977；Barrett，1996；Rada et al.，2015），而且关系到全球范围内多数发展中国家的粮食安全与农业可持续发展，作为最大的发展中国家之一的中国，显然，农业生产率问题的重要性不言而喻。在目前能够检索到的一些已有实证文章中，生产率与经营规模两者之间的反向关系也在多个地区和国家被验证，如经济发展较为落后非洲国家（Bardhan，1973；Ghose，1979；Lamb，2003；Kimhi，2006；Assunção and Braido，2007；Carletto et al.，2013）、人口众多导致人地关系较为复杂的亚洲国家（Carter，1984），甚至农业产业发达的欧洲国家（Alvarez and Arias，2004）以及拉丁美洲的部分国家（Berry and Cline，1979）。对中国各省份的研究结果进行了进一步论证，本杰明和布兰特（Benjamin and Brandt，2002）在1995 年收集了河北和辽宁两个农业大省以种植玉米为主的农户数据，回归分析后也得出了玉米种植户的生产率与其经营面积之间呈现出了较为明显的负相关关系。截面数据可能无法控制技术进步等重要变量，而且由于中国南北方省份的自然条件差异较大，因此仅仅对北方省份的研究并不能完全反映中国的全部情况，因此有学者李等（Li et al.，2013）对位于中部地区和南方省份的湖北省的多年面板数据进行估计，结果仍然发现了类似的规律（时间控制在 1999～2003 年），南方农户的种植面积越大，效率可能越低。致力于解释反向关系内在原因的文献，主要集中于土壤自身质量变量的遗漏（Barrett et.，2010）、地块的面积测量（Carletto et al.，2013）、土地产出的测量误差（Cheng et al.，2019）和经营管理过程中的监工成本和交易费用（Eswaran and Kotwal，1985）以及落后地区农村要素（土地和劳动力）市场的不完善（Newell et al.，1997）等方面。

但也有学者称这种反向关系并不稳定，正在消失。部分学者认为，随着农药、化肥与农业机械化的普及，农户之间的生产行为逐渐"趋同"，那么生产率与经营面积之间反向关系也会随之消失（Foster and Rosenzweig，2011）。为寻找经验证据，一些学者如本杰明（Benjamin，1995）与陈等（Chen et al.，2011）利用 1995～1999 年中国 9 个省份农户实地调查数据，在利用工具变量对土地面积测量误差引起的内生性问题进行矫正之后，论证了反向关系的消失。不仅如此，而一些学者还发现生产率与经营面积之间存在正向相关性，在非洲的苏丹（Kevane，1996）和突尼斯（Zaibet and Dunn，1998）以及亚洲的日本（Kawasaki，2010）的相关历史数据中被发现和证实。更令人惊讶的是，两者之间的"U"形关系被赫尔特贝格（Heltberg，1998）发现，该学者对亚洲的巴基斯坦的相关产出投入数据进行统计后得出，经营面积和生产率之间存在"U"形关系。总之，土地生产效率和经营规模之间的关系仍然存在较大的争议。针对发展中国家农地流转与农业生产效率影响的已有研究主要形成了两种不同的观点。

第一，农地流转对生产效率的影响方向不确定甚至下降。有学者认为农业产业并不存在所谓的规模经济，所以提出要发展适度规模的产业，否则通过农地流转盲目扩大经营面积就会导致农业生产率的快速下降（罗必良，2000）。此外，贺振华（2006）较早提出了用劳动力流动来解释效率下降问题，他认为正是由于农业的比较效益十分低下，大量青年力壮、素质较高的农村劳动力外流，如果是家庭中部分劳动力外流，则家庭承包地将被比自己能力弱体力差的留守家庭成员进行耕作，因此效率有可能会下降；举家外出的情况，除了选择将承包地抛荒之外，还可能以多种形式交给比自己生产率更低的农户进行经营管理，由此农地流向了低效的农户手中，也有可能导致效率下降。但宋伟（2006）认为外出农户可能将土地流转给留守农村原本就是种植能手手中，也就意味着可能提高单要素生产率，他认为两者的关系论证还存在争议。为进一步解决争议，何秀荣（2016）的研究从流转动机出发，他认为农户流出土地的动机无非是摆脱农业，流入土地的动机是扩大规模，总体目标是要在发挥农户家庭劳动力最大效用上实现收入最大化，因此是可以提高劳动生产率的，但却不一定带动了农业生产效率的提升。这个说法也有一定的道理，原因在于农业生产率是一个综合性多维度的测量值，不能只用单要素（劳动）生产率反映，还必须包括全要素生产率、土地生产率、技术效率等（李谷成与冯中朝等，2009），才能综合农业生产效率的状况。而陈训波等（2011）同时估计了农地流转对劳动生产率和土地生产率的影响后发现，流转利于增加劳动生产率而降低了土地生产率。

第二，农地流转提升农业生产效率。一般来讲，农地流转市场发育的逐步完善能够大幅降低交易成本，提高配置效率，最终实现帕累托式的改进，进而可能致使整个农业生产效率的提高（Deininger and Jin，2006；姚洋，2000）。王晓兵等（2011）采用固定观察点多年的面板微观农户数据，验证了流转面积的占比显著影响农业生产力和技术效率，并得出"土地流转能提高生产技术效率"的结论。随后，一些学者采用一些区域性调研数据与针对某一种粮食作物进行了大量研究，黄祖辉等（2014）于 2011 年对江西省的水稻种植户投入产出数据（783 个水稻地块）进行了详细测算，结果显示农户种植水稻的实际面积达到了 2 公顷以上的规模，则其技术效率较高，那些参与了土地流转水稻种植户的技术效率高于未参与的稻农。单个省份无法观察到整体情况，因此王倩与余劲（2015）对河南、山东、安徽、河北 4 省 767 小麦生产经营者进行调查研究，运用数据包络分析法，得出土地流转提高了小麦种植户的农业生产效率。面对经济较为发达的江苏省的调查数据，有学者用 DEA – Tobit 模型两步法回归分析后发现，参与流转的农户生产效率高于未参与，租入土地对生产效率的影响要比租出土地更为显著（戚焦耳等，2015），与之类似，陈海磊（2015）研究也认为若土地流转充分，则其生产效率会得到更大的改进。

更为重要的是，农地流转中的租金形式主要分为货币租、人情租与实物租等，可以通过改变农户资金约束影响土地的生产率。而契约期限与土地生产率的关系，在中国农村来讲，本质上是土地产权中的经营权稳定性与生产率的关系问题。在农地流转之前，体现为农户产权与生产率的关系；农地流转之后，体现为土地经营权的稳定和长期性与土地产出的关系。为此，接下来依次综述已有文献中关于租金形态、契约期限、经营规模与土地生产率的关系探讨及争论。

（2）租金形态与土地生产率的关系争论

关于租金形态与生产率关系的讨论还相对较少，主要集中在人情租流转的根源探索方面。关于人情租流转的原因解释，归纳起来主要从产权保护、交易费用、维系社会关系三个方面进行了形成原因的解释。

一是人情租流转以保护农地产权。主流观点认为农户是为了避免在非农就业中可能面临的风险冲击，进而选择将土地以非明确期限和口头形式进行人情租转出；一旦其在非农就业中面临不稳定因素，便可以及时收回土地产权（王亚楠等，2015；钱龙和洪名勇，2018）。

二是人情租流转可以降低交易费用。实现中，货币租流转行为往往会因为书面协议的签订和三方证人（一般是村委会）等出席事项，必然会产生一定的交易费用，而人情租流转因为可以达成简单的口头协议而便于降低交易费用。货币租流转交易费用相对较高的主要原因在于拟转出的土地规模相对较小（阻碍集中连片经营）、土地流转市场的发展水平相对较低影响了转入土地的有效需求与意愿不足（王亚辉等，2019）。

三是人情租有利于维系社会关系。非正式的人情租农地流转一般意味着"租金"换"人情"，转入方也必须要还包括生产帮扶、照顾老幼等在内的"人情"馈赠等（王亚楠等，2015）。农户无偿转出土地不仅有助于转入户生计的改善，也是转出户维系其在农村社会关系的重要纽带（陈奕山等，2017）。可以说，熟人社会中的"人情"是维系人情租农地流转的纽带（姚志与郑志浩，2019）。

与货币租金不同，人情租金因为"隐蔽性"而导致在实地调查中难以衡量而容易被忽视和探究（纪月清等，2017）。已有的少数文献也开始涉及，陈奕山等（2019）的研究指出选择人情低租金转入农地的农户，相比那些耕地边际生产力非常低或者无暇经营更多耕地的农户而言，人情租流转仍然具有一定的提高土地生产率的作用。仅有的文献多以描述的方式简单提及了人情租金与生产率的关系，少有解析租金形态对土地生产率的内在影响机制。事实上，相较于选择货币租流转的农户，人情零地租转入土地的农户最大优势就在于租金成本的节约。但土地租金所带来的生产成本属于间接成本，而在一般性测算生产率时只会考虑直接的物质费用，不会考虑其间所发生的与直接生产过程无关的期间费用（李谷成等，2010）。然而，在其他生产经营条件发生变化的情况下，人情租流转节约的货币租金可以用来增加商品有机肥等农资生产资料的投入，因此，人情地租流转有可能会带来土地生产率的提升，毕竟从事农业的大多数农户均爱惜土地也有改进生产的主观意愿。

（3）契约期限与土地生产率的关系争论

多数已有文献得出签订长期租赁契约利于通过改善农地投资进而提高土地生产率，但也存在一定的争议。一般来说，可以认为长期契约与地权稳定相对应，而短期契约则与地权的不稳定相匹配。文贯中（Wen，1996）的研究论证了，经营权利的不确定性和农地投资之间的关系，得出如果农户的土地承包权不确定性增加，则农地投资会被削弱，进而影响到地力和粮食的产出。早期改善地力的农地投资的主要对象是有机肥料的施用，来自河北省的数据显示，土地承包期限越长越能激励农户使用农家肥（Li et al.，1998）。而在地权不稳定性带来的产出效率下降的证据方面，姚洋（1998）利用浙江和江西两个粮食大省的调查数据实证分析后发现了此规律，而他认为存在两个影响路径：一是土地要素在农户之间的配置效率降低；二是长期投入的大幅减少。本杰明等（Brandt et al.，2002）的研究也发现，相比那些不调整的村庄，那些地权不稳定频繁调地的村庄的种植户，在施用有机肥料（如绿肥、粪肥等）方面的概率会变得更低。卡特和姚洋（Carter and Yao，1998）单独采用浙江省的数据进行回归分析得出，激励农户对耕地进行投资的最重要的因素是承包权的安全性。上述研究结论可以归纳为，在提高土地生产率和保持土壤肥力等方面，长期契约要优于短期契（Cheung，1970）。

长期契约较短期契约的优越性的原因方面，已有文献主要围绕着资产专用性、交易费用、差序格局等三个方面展开。如克莱因（Klein et al.，1978）、威廉姆森（Williamson，1979）与格劳特（Grout，1984）、梯若尔（Tirole，1986）等分别从不同的视角指出了资产专用性和契约期限的关系：若农地上的资产专用性越弱，则期限越短，反之则更长。一些经验研究也表明，在农地交易市场中的关系专用性投资越大，则契约期限越长（Masten and Crocker，1985；钟文晶与罗必良，2014）。用交易费用进一步解释和说明契约期限安排问题的学者也较多。威廉姆森（Williamson，1996）给出判断：不确定性增大会导致交易发生的频率变高，资产的专用性越高，则签订的契约期限可能越长，因此在"治理效应"方面长期契约要优于短期契约。不同的交易限期对应于差异化的交易形式和契约关系（张五常，2000；Williamson，1979）。

就农地交易租约来讲，张五常（2000）认为更长时期的租约可以降低那些与土地资产相关的机会成本，而选择达成短期租约也存在一定的逻辑：利于重新谈判，具有较强的灵活性。通过对广东省的典型案例分析后，孟召将（2012）得出影响农户的契约期限长短的核心因素是交易费用。刘文勇和张悦（2013）还发现，当交易费用较高时，转入转出者倾向于长期契约。一些学者也用"差序格局"来进行解释①，认为农户土地流转契约选择受到差序格局社会关系的显著影响（钱龙等，2015；刘瑞峰等，2018）。邹宝玲与罗必良（2016）的研究得出，乡土社会关系的差序格局导致了农地流转的差序格局，具体表现为：在契约期限上，期限越长的契约比重越小。在强关系治理情境下，农户则趋向于签订短期及象征性租金的合约（王岩，2020）。

纵然如此，一些文献也指出长期租赁契约并不会提高土地生产率。例如昆（Kung，1995，2000）先后的研究均得出，家庭联产承包责任制下的延包时点会存在不稳定的地权，但带来低效率并不十分明显，因为承包期内稳定且可以预期。为进行科学的验证上述结论，在基于 1986～2017 年固定观察点样本数据，周泽宇等（2019）测算得出，农户家庭之间的"无效流转"普遍存在，通常农业全要素生产率（TFP）更高的农户为寻求高回报而倾向于将承包地流转给 TFP 较低的村庄留守农户。仇焕广等（2017）利用 2015 年全国四省份 1703 个地块层面的调查数据，研究得出土地流转的契约期限对农作物的单产并未产生显著影响；他还给出了解释认为当下中国农村的土地租赁流转市场没有完全成熟（发育不健全）和传统农户的契约意识普遍不强等因素导致了交易时长并不能真正发挥作用。

---

① "差序格局"的概念是费孝通提出："我们的格局不是一捆一捆扎清楚的柴，而是好像把一块石头丢在水面上所发生的一圈圈推出去的波纹，每个人都是他社会影响所推出去的圈子的中心，被圈子的波纹所推及的就发生联系，每个人在某一时间某一地点所动用的圈子是不一定相同的"（费孝通，2012）。"差序格局"的概念阐释了中国社会，尤其是乡土社会中人与人的信任关系是以自己为圆心、依次向外扩散的，这意味着自身同他人关系在信任程度上存在着亲疏远近之分。黄光国（2010）将这些社会信任关系网络依次概括为强关联、熟人关联、弱关联和无关联。完全陌生的人之间表现为无关联；通过一般的交换和联系后，便生成了弱关联关系；与街坊邻居通过较为经常和长期的联系和了解，构成了熟人关联关系；而血缘和姻亲构成了强关系的生成机理。

2.2.4　农地流转与耕地质量保护的关系争论

农地投资的改善和效率的提高，更有可能归因于社会进步与技术改进，那么，农村土地流转能否有效能够改善转入农户对农地的投资进而保护耕地质量呢？

农地投资是农业生产获得收益的前提，因研究目的的不同，研究者对农地投资进行了不同的分类。依据投资回报的时间长短，可以划分为短期和长期农地投资；前者一般来讲，包括如农药、化肥等短期性和可被转移的生产要素投入；而长期农地投资是具有不可转移的特征，通常包含了如进行土地平整、建设梯田、改良土壤、施用石灰及石膏、绿肥种植、有机肥施用等投资回报周期较长的投入（Gebremedhin and Swinton，2003；Birungi and Hassan，2010；马贤磊，2009；Abdulai and Huffman，2014；郜亮亮等，2011；Evansa et al.，2015；张弛等，2017）。如果考虑资产的流动情况则可以划分为流动性（如农业机械等）和与非流动投资，如灌溉水渠、机井、田间道路等（钟甫宁和纪月清，2009）。还有学者姚东（2014）观察到投资主体的不同而进行分类：则可以分为政府性农地投资和非政府农地投资；前者包括地方政府动用财政补贴统一建设的田间道路、桥梁和灌溉设施以及相关的基本农田基础设施投入（陈铁和孟令杰，2007），而非政府性质的农地投资是指各类经营主体为便于经营管理，私下进行的平整土地、农药、化肥、有机肥、农业机械等等相关的投入（Jacoby et al.，2002；Ma et al.，2013）。显然，各类分类中存在交叉重叠的地方，当然所在的研究视角也不同，因而很可能会导致研究的结果存在差异，进而对于农地投资的效果存在争议，在所难免。

（1）流转契约期限对耕地质量保护的影响及其争论

流转期限意味着耕地经营权转让的时限长短，其本质是土地产权强化背景下农户是否能拥有更为长期、稳定的经营权权利。因此，流转契约期限对耕地质量保护的影响往往体现为产权强化后农民经营土地的稳定性与耕地质量保护之间的关系。一般来讲，农地产权越是强化、流转契约越长经营权也就越稳定、越有利于经营者长期投资保护耕地；反之，农地产权越弱、流转期限越短，稳定性越差，则不利于经营者采取农地保护性投资。

但就农地产权强化对耕地地力保护的影响效果来看，农地在确权颁证后无疑是增强了土地的稳定性和农民的预期，但能否促进农地投资，目前仍存在较大的争议。国际上，长期而稳定的地权对于改善投资的作用已成共识，尤其是那些能够改良土壤肥力的长期投资（Feder et al.，1998；Besley，1995）。有学者分别对非洲的赞比亚（Chamberlin et al.，2016）和埃塞俄比亚（Holden et al.，2009）进行实地数据采集与研究，也对亚洲的越南（Saint-Macary et al.，2010）和印度尼西亚（Zhu et al.，2015）以及美洲的阿根廷（Galiani et al.，2010）进行了调查研究，结果表明，相比没有产权证书的农民，持有证书确实起到了强化农户土地产权的作用，进而提高了农业投资的意愿。不少已有文献也开始研究中国农户的农地投资行为，早期的研究也集中于农户对土地的使用权的稳定性与投资的关系，结果显示中国种植户获得承包经营权的时间越长、越稳定，则农户的长期投资可能会越多（Feder et al.，1992；Li et al.，2014；Jacoby et al.，2002；姚洋，2004）。比斯利（Besley，1995）则考察了农村土地流转与投资之间的关系，最后得出当租赁市场发育完善，农户的承包地交易可能性提高时，交易性能提高为土地投资的价值。农地产权越完整，赋予农户的产权越多，则能激发农户对农地的投资行为（丰雷等，2013；2019），增加了农民对土地的收入预期，利于增加农地的长期投资（许庆等，2005；Deininger et al.，2005；Yan et al.，2016）。

然而，另一些学者如昆（Kung，1995，2000）却认为，即使中国农村土地在一些地方进行了私下的经常性的调整，带来地权的不稳定性，但其影响农户的投资的并不十分明显，也即是说并不一定对于耕地质量的保护产生影响。一些学者（Carter and Wiebe，1990、Holden and Yohannes，2002）在非洲国家的调查研究中也并未被观测到产权强化带来投资激励效应的存在，而钟甫宁与纪月清（2009）的研究考察了地权稳定性与投资总量的关系，发现两者并无直接性的关联。而近年来的一些研究，应瑞瑶等（2018）区分了投资类型（与地块相连和不相连）之后，结果发现利于产权强化的农地确权对于与地块不相连长期性（如农业机械）的影响并不显著；事实上，早年就有学者解释过这种影响不显著的原因，卡特和奥林托（Carter and Olinto，2003）得出是资金流动性严重制约了农户的投资行为，致使他们的一些投资需求无法得到满足。俞海等（2003）较早地将数据采集目标瞄准到地块层面，通过收集到 6 省份的 180 个地块样本得出，由于农户之间存在的非正式短期农地流转行为，长此以往，反而会损耗肥力，不利于农地生产可持续。

总之，关于产权强化背景下地权稳定性的增加能否产生所谓的"投资激励"效应还存在争议（胡新艳等，2018）。2019 年笔者对吉林省前郭县的最新调查结论也显示：土地确权并未加长流转的契约期限。也即是说，中国农地产权的强化虽然延长了自耕农的经营权期限，使其可能进行保护性耕作和长期地力投资。农地确权稳定了地权，但为什么"短期化的流转交易"却仍然占交易市场的绝大多数（黄季焜等，2012；何欣等，2016），比例不降甚至反增呢？非正式的短期流转行为如果会损害地力，为何"惜地爱地"的农民还会大量签约呢？到底契约期限如何影响农户的耕地质量保护行为？显然，后确权时代不同的契约期限下，能否在地块数据层面找到促进地力保护的长期投资的证据，仍然值得进一步深入探究。

（2）流转租金形态对耕地质量保护的影响及其争论

虽然俞海等（2003）已经指出了农户之间的非正式土地流转（文中多指短期交易和口头契约）可能会导致土壤的长期肥力逐步衰退，但农地确权后产权强化的背景下是否发生变化呢？更为重要的是，非正式农地流转中的另一个重要特征——人情租金形态，必然也会对农户的耕地质量保护行为产生一定的影响。仅有的少量文献主要集中在讨论农地流转对耕地质量保护方面。例如任力与龙云（2016）的研究得出，农地流转的不同方式会促进农户对绿肥种植与农家肥的施用，也提及了当地的农地价格机制尚不完善，流转越自由则农户对于耕地保护行为越弱。而李成龙与周宏（2020）的研究也得出了类似的结论，农地转入合同的签订（书面契约的达成）可以提升农户有机肥施用的概率，并且对有机肥施用量的增加也具有显著促进作用。

然而，另一些学者给出了截然不同的意见，马贤磊等（2019）的研究得出，耕地流转对农业的环境效率产生了负面影响，即流转面积越大，越不利于环境改善。俞海等（2003）的发现，在控制其他因素的情况下，与非租赁农户相比，参与流转的农户经营的地块的土壤有机质含量在持续下降，且平均减少了 1.94 克/千克。黑龙江出租地的磷、钾含量显著低于自有土地，而浙江省出租地的土壤钾含量显著高于自有土地（Lyu et al.，2019）。针对流转价格形态问题对耕地质量保护问题，目前能检索到的已有研究并无过多的讨论，仅有学者也简单提及了：相比货币租流转来讲，人情租农地流转不利于提高耕地的利用效率（陈奕山等，2019），但并无详细解释和具体数据支撑。任力与龙云（2016）在解释农地流转价格普遍偏低（人情零租金流转）时提出，一定范围内的农地流转都是单一市场均衡价格，因此会导致耕地实际经营者在农地的长期性有益投资的价值无法在短期内实现，进而不会采取耕地保护行动。问题在于已有研究要么没有考虑到流转地租形态对耕地保护的影响（周力与王镱如，2019；钱龙等，2020；李成龙与周宏，2020），要么是引入的方式也还存在一定的偏差。例如任力与龙云（2016）将实际流转价格引入模型，考察流转均值对农户耕地保护行为的影响，并没有尝试着将流转租金形态分类，引入虚拟变量进行解释，因而并没有衡量农户耕地质量保护行为在不同租金形态下的差异。

2.2.5 文献评述

从已有文献来看，地租理论的不断完善丰富了农村土地流转的理论逻辑，产权视角的研究丰富了农村土地流转的具体实践。从 20 世纪 80 年代中后期，一些学者也将研究视角逐步转向中国农村土地流转市场问题。随着农地流转市场的发育，形成了大量的研究成果。虽然由于数据、方法与研究区域的差异，结果存在一定的争议也在所难免；这些研究不同论点的交锋，为本章研究的开展，很有启发和借鉴意义。中国农地租赁市场从无到有实现了飞速发展，但如果从质和量两个维度进行考察，现阶段中国的农地交易数量远不能满足人们对现代农业的普遍期许，同时农村土地交易市场的规范程度、交易效率、化解纠纷等体现"质"的方面也有待于进一步完善。已有的一些学者如张照新（2002）、田传浩（2003）、钟涨宝等（2003）与叶剑平等（2006）已经观察到始于小农户之间的自发性土地流转，有很大比例没有签订正式的流转契约，也没有明确的时间期限，更无所谓的"货币租金"，甚至存在"零租金流转和人情租流转"的"另类"情况，这些非正式的农地流转显然影响到了当地正常的农地租赁市场的发育及农业规模经营的推进。

首先，已有研究虽然分别对口头契约、交易期限短、租金扭曲三个重要问题都进行了单一的定量研究和解释，仍然还存在不足之处：第一，未将三个问题纳入统一的理论逻辑框架下进行研究；三个重要内容归属整个非正式流转市场，必然相互影响不可分割，单一考察某一个方面必然会因为相互影响而产生系统偏误；仅有的少许文献，仅仅从博弈论和不完全契约理论两个视角尝试着将口头、短期和无偿契约解释为"博弈强度"和"剩余控制权偏好"，显然还远不能完全深入刻画整个市场（尤其是缺乏非正式农地流转的机理解释）。第二，无论是从经济学还是社会学的视角进行的机理解释，都颇具争议缺乏统一定论又深度不足。与参与非正式农地流转市场庞大农户群体、行为背后的复杂原因机制相比，已有的解释显得较为稀少和不够系统。

但问题的复杂性在于，众多农户为什么会选择非正式农地流转与行为发生呢？从调研的情况可知，农户本身具有"害怕程序、厌恶麻烦、规避风险"的心理与偏好。从经济学理论上来讲，农户具有"理性人"的特征——主动降低行动的交易费用。调研的现实情况是，流转需求方顺利完成集中连片土地流转变得十分艰难；一些农户即使在交易费用为零时，也认识到了书面契约要优于口头协议（付江涛等，2016；罗必良，2017）、长期契约好于短期合同（邹宝玲等，2016）、有偿流转在当期获利更大（王亚楠等，2015）的情况下，仍然会选择参与非正式流转市场。显然，非正式流转行为发生与农户理性人特征不符。那么，非正式农地流转背后的形成机理于根源到底是什么？在搞清楚这个问题前，任何政策与倡导都可能因为抓不住非正式农地流转形成的本质原因而难以取得良好效果。

其次，租金形态对生产率的关系研究还较少被关注，现有文献对于人情租流转相关的研究，更多是分析动因，还鲜有文献涉及人情租流转状态下无偿租金和行为对土地生产率与粮食生产效率的研究。契约期限、规模经营与土地生产率的关系争论也未得出统一的结论，原因在于与发达国家规模较大的农场模式相比，中国的户均经营规模过于碎片化和地块狭小。由于地块才是农户生产经营最基本的单位，故所有采用农户数据研究土地产出的文献（李文明等，2015），仅仅能控制因农户"个人特质"导致的产出差异，很难控制"地块自然特征"本身对产出的影响，遗漏土地肥力重要变量的影响会造成估计系数的偏误，从而所得结论可能也不够严谨。另外，现有研究还没重视区分地块产权安排差异带来的影响（陈训波等，2011），即使考虑到契约安排差异的也没有在不同的租金形态下进行深入讨论（仇焕广等，2017）。总之，上述文献为本章的研究提供了很好的借鉴的同时也给予了拓展的空间。

最后，直接关注租金形态与耕地质量保护之间的关系的现有研究还较少。原因可能在于：一是人情租的隐蔽性而难以衡量（陈奕山等，2017），在实际调查中容易被忽略；二是相比正式的货币租流转，因为人情租流转地块面积小而被忽视。那么，从理论上来讲，是否意味着因为土地租金形态或者流转租金对流转的耕地保护而没有影响呢？事实并非如此。生产理论中，土地流转租金作为资本的一部分进入模型进而影响到土地产出和全要素生产率；产出的变化是因为要素投入结构的优化或者数量的变化，土地流转租金的多少影响了经营者的投入要素组合约束，而不同的要素组合和投入会导致土地质量的变化，因此土地流转租金必然影响到土地质量的好坏。事实上，一些研究将当前中国的耕地质量下降和面源污染加重的原因归结为如化肥、农药等要素的过量投入（Ju et al.，2016；Lyu et al.，2019）。

与已有研究不同的是，本书试图做出以下三个方面的改进。

第一，将从人情租、短期契约期限、口头交易形式等三种非市场化形式的农地流转行为纳入统一框架，统称为非正式农地流转，采用产权理论与地租理论推导非正式流转行为发生的机理，着重阐释非正式流转市场的人情租流转行为与正式农地流转市场的货币租流转行为存在的经济学机理差异。

第二，本章的核心实证内容拟探讨以下几个问题：一是实证分析不同租金形态（货币租和人情租）下土地生产率的差异以及探索差异形成的内在原因；二是探讨不同契约期限（长期合约和短期合约）下对土地生产率的影响。倘若人情租流转状态下的土地生产率高于货币租流转，则无需为流转市场的"非正式性"而担忧，反而可以为仍然存在大幅争议的规模经营与生产效率之间的"反向"关系（Inverse Relationship）提供一种地块层面的、可能的、合理的解释。如人情租流转状态下的土地生产率远远低于货币租流转，那么，如何规范农地流转市场也成为未来农业规模经营与现代化的重要内容。如果短期契约下的土地生产率与长期契约并无太大差异，那么就要反思产权强化背景下的土地稳定性在"受到限制"和"被约束"的情况下如何影响农户的农地投资，也就需要为"产权稳定与效率提升"的产权理论在中国的农地改革实践应用中的发生条件与约束机制寻找新的证据。

第三，就地块层面的数据来讲，不同的地块属性（自家承包地地块和转入地地块）意味着不同的生产率（仇焕广等，2017），假定地块肥力相差无几的话，不同地块生产率的背后明显指示着差异化的农地投资行为。那么，农户在流转市场上选择货币租与人情租两类不同租金形态下，是否会采取差异化的投资行为，进而对地力可持续造成明显的差异性的影响？长此以往，不同期限的契约形式对土地肥力的影响有何差异等一系列问题亟待解答。基于此，将采用 2017～2018 年的地块数据分不同地块类型对契约期限、租金形态对耕地质量保护行为的影响进行研究，以为国家保护耕地地力可持续和规范农地流转市场建言献策。

2.3　本章小结

本章首先对研究对象进行了界定，包括农地、耕地、承包地的内涵和外延的清晰界定与划分，明确了研究客体。其次对流转市场进行了分割，分为正式农地流转市场和非正式农地流转市场，并分别对其相关概念与包含内容进行定义。再次对本章所要用的理论进行了简单介绍，为后面的研究内容展开提供了理论支撑。最后重点梳理了本章所要研究的农地流转市场与生产率、耕地质量保护关系探讨的主要文献且进行了评述，并指出了与已有文献的不同之处。

第 3 章

理 论 基 础

第 2 章在定义了正式农地流转市场，将货币租流转、实物租流转行为归纳为其核心内容之后，将人情租流转、零租金流转行为归纳于非正式农地流转市场中并进行定义，然后总结了已有研究成果。那么，本章研究依托的经济学理论基础又是什么？为此，本章分别简单介绍了地租理论、契约理论、产权理论和博弈理论，并分别将其用来解释中国非正式农地流转上的租赁形态、契约期限和合约形式。

3.1 地租理论——流转租金的起源

早在 17 世纪，英国的威廉·配第（William Petty）在其著作《赋税论》中提及了最为原始的级差地租的内涵：地租等价于土地上生产的农作物所得的剩余收入。虽然威廉·配第对地租及相关的理论产生了开创性的影响，作出了突破性的贡献，但仍然缺乏系统性，也无法形成一套完善的理论体系，甚至在某些方面还有一些混乱和错误。亚当·斯密（Adam Smith）随后进行了改进得出，"地租是经营使用土地所付出的代价，是租地人评估了当地土地实际情况后所能支付的最高价格"。他虽然承认了地租是劳动的产品，但又提出地租不依赖于工人的劳动是由土地决定，因此存在相互矛盾且不够完整的问题。詹姆斯·安德森（James Anderson）提出了土地产品（农产品）的价格决定地租的论断。此后，大卫·李嘉图（David Ricardo）在前人的基础之上创立出了差额地租理论，他认为土地的稀缺性或者有限性以及肥力程度和位置优劣是地租产生的关键因素；然而，李嘉图的地租理论缺陷在于否定了绝对地租的存在。进一步地，约翰·冯·杜能（Johann Heinrich Von Thtinen）分析了土地的地理位置与地租的关系，运用到了边际生产力的概念，这对于级差地租的形成具有开拓意义。在继承亚当·斯密的收入决定价值的理论基础之上，托马斯·罗伯特·马尔萨斯（Thomas Robert Malthus）得出，地租是农产品总价格扣除劳动工资和投资利润之后的剩余；虽然该理论主要观点包含了地租的形成并不决定于垄断，被认为是为地主阶级的辩护，故被称为庸俗经济学理论。

直到 19 世纪，卡尔·亨利希·马克思（Karl Heinrich Marx）与弗里得里希·冯·恩格斯（Friedrich Von Engels）在配第、李嘉图等人的理论基础之上，提出了绝对地租理论，最终形成了系统性的地租理论，沿用至今，其主要观点为，资本主义地租的本质是由劳动的剩余价值转化而来，是超过平均利润的超额利润。此后，被称为"现代地租创始人"的阿尔弗雷德·马歇尔（Alfred Marshall）在边际效应价格理论基础之上分析了地租地价，给出并区分了稀少地租、准地租和城市地租的内涵。为分析竞争状态下的地租决定，保罗·萨缪尔森（Paul A. Samuelson）提出因为土地总数一定因而土地供给是固定不变的，故地租量完全取决于土地需求方。然而，雷利·巴洛维（Ralesigh Barlowe）使用了土地产值与成本曲线分析地租后得出"地租的大小还取决于农产品的价格水平与生产成本"的结论。到了现代，以罗纳德·科斯（Ronald Coase）、道格拉斯·诺思（Douglass C. North）、阿曼·阿尔钦（Armen Alchian）、哈罗德·德姆塞茨（Harold Demsetz）、巴泽尔（Bzrzel）等为代表的新制度经济学有关的产权理论、交易费用理论、企业和企业契约理论、信息理论等的发展，对促进全球土地流转市场发育和完善相关制度建设产生了尤为重要的影响。

总之，地租理论的提出与不断完善是研究农村土地流转市场与价格理论的前提，对于中国农村土地流转市场理论的完善与实践的推进都不可或缺，其指导意义重大而影响深远。

3.2 产权理论——流转交易的本质

3.2.1 产权的起源

稀缺性是产权形成的前提，潜在的利益是建立产权制度的关键因素。在人多地少的大国，土地资源本就是一种稀缺物品。在现实经济社会中，由于市场机制本身存在缺陷，外部性问题一直存在。外部性是指某一个人或者主体的行动与决策影响到了另一个人或主体的利益（受损或受益）的情况。因此，外部性分为正、负外部性，但本章论述的单指负的外部性。现代的产权理论的不同之处在于，私人成本小于社会成本是提出外部性的根源，两者的不匹配不相等，带来的福利损失或低效。这种损失往往来自于交易的过程中的交易费用。基于此，在市场经济的正常运行中，对事物产权的清晰界定，能够促进其合理优化配置，在有效率的市场经济中占有重要地位。阿尔钦（Alchian，1973）给出了广为接受的产权定义[1]：在资源稀缺的限制性条件下，人们使用资源的权利，或者可以解释为人们在资源稀缺的语境下必然要遵守的规则或者限制条例。而德姆塞茨（Demsetz，1967）给出了更为完善的定义，得出"产权是一种划分社会资源合理调节与分配的工具；之所以产权对经济社会价值重大，是因为它能够使人们在与他人的交换中形成更为合理的预期；在他看来，产权还存在一个核心的功能，努力解决外部性问题"。由此可见，经济学中的产权是人们用来界定物品的权属，尤其是在面对稀缺资源中的分配、收益、控制的原则，在市场经济交易活动中利益分配以及受损补偿相结合的有机体。

产权的重要性还在于解决或者减少经济活动中的"交易费用"，现代产

---

[1] 产权的最初正式定义来源于《新帕尔格雷夫经济学大辞典》，该辞典认为"产权是一种权利，通过社会强制实现的对某种经济物品的多种用途进行选择的权利"。

权理论中逐渐引入了交易费用（transaction cost）的概念，并逐渐为产权经济学家们所关注的核心内容。交易费用的概念是科斯（Coase，1960）在其著作《企业的本质》中最早提出，虽然最早提出但不是那么完善，因为科斯没有明确指出交易费用的发生原因以及其所具备的性质。此后，威廉姆森（Williamson，1979）进一步细化与丰富了交易费用理论，他将交易费用划分为事前和事后交易两类。威廉姆森认为在当今经济社会任何一种制度运转都会发生一定的交易费用（或者制度成本），那么交易费用的多寡就是衡量制度成败的核心因素。科斯定理的核心要义是，若交易费用为零并能够保障交易充分自由，则产权制度的初始安排或设计对经济效率产生影响就会不显著（或者没有影响）。事实上交易费用为零的情况在现实中几乎不存在，那么降低交易费用就成为产权制度安排的核心目标，因此需要明晰的产权和合理的制度安排，因此，现代产权理论的核心内容就是强调界定、变更事物的产权，以降低市场交易行为过程中所产生的交易费用，提高资源在市场主体之间的配置效率，提高社会整体效用。

　　总之，就中国农村承包地来讲，由于人地矛盾复杂，在法定承包期限内往往表现为"人地不匹配"①，因而缺地的农户和少地的家庭往往希望享受土地的承包权，土地对于人口大国来说必然是稀缺品，在快速土地城镇化的背景下，显得更为突出。现代产权理论引入的交易费用，更是在中国农地规模化发展历程中承包地的流转环节上体现得淋漓尽致。由于中国农地交易市场的非完全性或市场发育不完善，时常导致农地需求者与供给者之间的交易费用出现；如果，当地农地市场属于完全竞争市场（没有垄断和政府干预，完全自由竞争），那么，农地的需求者和供给者能够自动进行有效匹配，则不存在交易费用，也即是此时的交易费用为零。有不少学者认为中国农地市

---

　　① 本章在已有文献的基础之上将人地匹配界定为：在人人有份的集体所有制框架下，中国农村居民应该在所在的村庄或者村民小组内、在法定承包期限内，人人享有同等的农地承包权，体现了我党维护与尊重农民利益、为人民服务的根本。那么，人地不匹配是指农村居民从出生年限到农村土地承包期法定期限到期后仍然没有享受到相应的土地承包权，而在承包期内户籍发生变动、死亡的农户家庭则享有"富余"的承包权，导致了在村庄区域或者村民小组内的户户之间、人人之间享有的地权的不公平现象。

场存在的"零租金""人情租"等非正式流转行为，正是由于转出农户害怕流转中产生的交易费用。一些学者调查表明，交易成本是中国农地流转市场出现地租无偿的原因（陈曜与罗进华，2004），这也与邓大才（2007）、任晓娜（2016）的研究结论一致，他们认为交易成本导致农产品价格的发现功能不够，使得农地流转市场发育处于初始阶段。因此，可以说，中国农村土地确权登记颁证是产权理论指导下的农地权利细化与中国化。

3.2.2 产权的构成

既然产权是一组权利束，主要包括占有、使用、收益、分配、转让、消费、出借权以及其他相关的财产权利[1]。埃格特森在其著作[2]中给出了产权的具体分类，产权包括三种基本的权利，一是产权所有者使用的权利，二是产权所有者获取收入的权利，三是产权的交易及其下属权利。阿贝尔的研究进一步完善了产权的构成，除了上述权利之外，他还认为产权应该包括产权的管理权、转让权、剩余权等权利。即使不同学者对产权权利所包含的下属权利束存在一定分歧，但基本的共识是，产权都涵盖了所有权、使用权、用益权和转让权等四类基本权利。

现代产权理论核心要义是，有效率的产权形式必然可以实现外部性内在化。从产权所有者进行分类，产权一般被分为私有和公有产权，私有产权具有完全的绝对的支配权，不被约束；而公有产权则是意味着某一范围内任何成员都可以使用、享受、分配这些权利，如空气、公海等，自然也就没有了私有产权的排他性和可让渡性。公有产权往往会导致"搭便车"现象的发生，如总有人不爱惜公园的草坪，从而被随意践踏。在中国农村土地制度内，集体土地所有制就是村集体成员所公有，在清晰界定村集体成员之前并不明晰。

此外，在公有产权的共同主体内，由于该事物的所有者为大众、牵涉

---

① 来自《牛津法律大词典》的解释。
② 参考埃格特森·思拉恩著. 新制度经济学［M］. 北京：商务印书馆，1996.

的利益也多元，在某一个集体行动中（如集体土地的出租）达成一致意见也需要很高的谈判成本和时间成本，也容易导致部分代为执行公有权利和全体成员之间的信息不对称，进而由少部分人侵害了多数人的共同产权权利。

众所周知，中国的土地制度属于公有制。中国的农地确权是公有产权的细化和对农民土地权利的让渡，在"有所权"不变的基础之上，将之前较为模糊的"承包经营权"分离为"承包权和经营权"两权，证书的颁发目的在于用法律的形式保障与强化农民的土地产权。中国农村土地的所有权归属于村集体经济组织，而土地的承包权、经营权归属于农民，而承包权的下属权利应该包括现行农村居民已经普通默认的继承权，而土地的经营权也应该包含收益权、管理权和转让权。目前经营权主要是用于流转、租赁，由承租者获得，也能享受土地经营权的下属权利——抵押贷款权。承包权是指所在村庄且归属于村集体经济组织成员的人人有份的权利，体现为"成员权"。

3.2.3 产权的属性

产权的属性主要分为明确性、排他性、可转让性和可分割性，接下来的部分依次进行深入分析。

（1）产权的明确性

明确性是指当产权受到破坏时，完善的处罚体系。土地私有产权就包含较强的明确性，其他任何人任何组织不得侵占；而公有产权的明确性较为模糊，重点需要明晰"谁公有"，如中国农村土地的所有者是"集体组织"，需要进行探索和细化"组织成员"的内涵与外延。在农地确权之后，所有权、经营权、承包权变得更加明确和清晰。

（2）产权的排他性

产权的专有性是其激励功能发挥作用的前提属性，意味着只能是产权主体而非其他主体能行使处置和收益权。如果产权不具有专有性，则使用或者交易过程中产生的成本不能被内在化，激励功能便不能有效发挥。一般来讲，产权的专有性或排他性也会受限（例如产权的本质发生改变、所有权转让、国家强制限制），造成所谓的产权残缺。中国农村承包地的所有权属于村集体专有①，具有排斥其他主体的性能，承包权归属于农户也具有专有性，排斥非集体组织成员承包。

（3）产权的可转让性

转让性是指产权可以被主体进行转让，而非产权主体可以通过交易获得的特性，目的是让这些权利可以被引到最有价值的用途上去。一般有两种形式：一是买卖，特征是权利的"永久性"让渡；在中国，为了严格把控 18 亿亩耕地红线，维护粮食安全，土地买卖被绝对禁止。二是租赁，特点是"暂时性"让渡；中国农村土地经营权的可转让性，使得农户可以获得租金或者人情收益。

（4）产权的可分割性

简单来讲，就是产权能被分解成多种下属权利，有利于满足不同主体对同一事物的具体权利要求。正是因为农地产权理论上的可分割性存在与完善，中国农村土地的产权改革实践在产权理论的指导下才有创造性地实现了从"两权"到"三权"的分离，农地经营者才能获得被分割出的土地经营权。

3.2.4　产权的功能

（1）激励和约束功能

从利益视角出发，当产权未受到威胁时，产权主体在经济社会中面临的不确定性会大幅减弱，稳定性大幅增强，愿意持有该资产的主体就会增多，则资产的价值就会大幅增加，也就是产权产生了激励作用。约束功能是一种负向激励；从责任视角出发，在产权界定之初，会明晰产权主体的责任，主要包括惩罚和代价。中国农村土地产权分离出了"承包权和经营权"，经营权体现的是收益和投资激励，承包权在"禁止抛荒"和"保护地力"等方

---

①　虽然目前有诸多学者认为村级集体组织是个模糊的概念，到底是指哪些成员仍然不清晰，但本章不在此作过多的陈述和研究。

面体现的是约束作用。

（2）外部性内在化功能

市场失灵的重要因素之一是外部性，为了解决这一问题，有必要将所产生的外部费用引入价格中，进而促使交易双方改变选择，纠正外部性偏差，这一过程就是外部性内在化[1]。交易费用是在双方交易过程中产生的成本费用，外部性内部化即是尝试将未补偿的外部影响进行补偿。中国农村土地在确权之后，农地产权的清晰界定与细化，有利于在农地租赁市场上实现外部性内在化，从而激发流转双方达成交易的兴趣，有利于整个农业经济活动。

（3）资源配置功能

清晰的产权可以在交易市场上优化资源配置、提高配置效率，可以说资源配置功能是清晰的产权的最为重要的功能之一。产权约束在市场交易中显得十分重要，原因是其决定了所交易物品之间的交换价值。人们在进行决策时，一般会选择效用最大化，而产权约束必然会进入效用函数，约束中的最优解，即是产权发挥效果的方式。因此，就中国农村土地产权制度的变迁历史来讲，产权演变过程中的子集会随时代变化而发生或大或小的变化，也即是农地产权很可能被重新定义与安排，最终实现高效率的农户获得农地资源，进而挤出低效率的农户，实现了要素之间的最优配置。

3.3　契约理论——契约期限的形成

3.3.1　契约的内涵

契约也被称为合同、合约或协议[2]。在现代契约理论中，认为无论是签

---

[1]　德姆塞茨在《关于产权的理论》一书论证了产权对于实现外部性内在化具有重要作用。

[2]　按照《牛津法律大辞典》的解释，契约被定义为"指两个个体以上，为在相互间设定合法义务而达成的法律强制力的协议"。

订长期或短期，显性还是隐性，均是契约关系。契约主要可以分为古典契约、新古典契约及关系契约（Macneil，1978；麦克尼尔，1994）。第一，古典契约。古典契约阶段试图鼓励人们把合同"细化"用以解决"当前状况"，是一种标准化契约，所强调的是法律原则、正式文件（Williamson，1979），但其并不是适用于每一种交易，因为交易双方无法预知所有还没发生的问题并给出可能的解决方案。为完善古典契约，新古典契约被提出与推崇，尤其是发生契约纠纷时，可以交由可信任的第三方执行。这两类契约均属于正式契约。第二，关系契约。现实生活中，由于人们总是受到各种环境的限制，因而不可能总是达成正式契约，为了提高交易的成功率，一些没有具体合同条款、依靠双方信任关系而达成的口头承诺，被称为非正式（或者关系）契约。

本书中考虑到中国农地流转市场中存在诸多口头契约、非正式契约，因此用关系契约理论进行解释，较为合适。

3.3.2　契约理论的发展历程

契约理论的发展历程可以分为古典契约、新古典契约和现代契约理论三个阶段。第一阶段，契约的精神最早来自罗马的法律体系，是由契约双方为某种利益关系而达成意愿一致约定或协议。在罗马法基础之上，形成了社会契约论，该理论由霍布斯洛克、卢梭、孟德斯鸠等人共同创立，为古典契约理论的形成奠定了理论基础。古典契约理论的核心思想是"自由选择"，并认为契约对发生利益关系的双方当事人的权利、义务均做出了明文规定。第二阶段，自进入 19 世纪 70 年代以来，"边际革命"大为盛行，以瓦尔拉斯、帕累托、希克斯、阿罗、德布鲁等为典型代表的经济学家的系列研究成果极大地丰富了契约理论，进入新古典阶段。新古典契约理论的核心内容是认为契约具有"完全性"，契约的信息是完全的，不存在签约成本和履约成本，而且可以在没有外部信息的冲击和环境干扰下达成。第三阶段，此阶段契约理论基本以区分完全契约和不完全契约作为思路，前者假定双方参与人均能够做出近乎完全理性的决策，可以完全预见未来一段时间内所发生的问题，而且参与双方都自觉遵守各项条款。而不完全契约理论则相反，认为人们的理性和认知均是"有限的"和信息不完全的，契约实施过程中总会存在不确定性，而试图将所有未来发生的事预期和给出方案不太可能和成本颇高。尽管如此，不完全契约理论并不能够全部代替完全契约理论，梯若尔（Tirole，1999）给出了关键原因：不完全契约理论无法在控制权的分配以及共同决策过程等方面给出比完全契约理论更强、更有说服力的解释力。

3.3.3 不完全契约理论

不完全契约理论是由格罗斯曼和哈特（Grossman and Hart，1986）、哈特和摩尔（Hart and Moore，1990）等学者共同开创的，故也被称为 GHM 模型。理论的基本内容认为，契约因为具有"不完全性"，也即是签订契约的双方均无法完全预料到期限内可能遇到的问题并给出相应解决方案，无法事前写入合约，可能会使得某一方利益受损；在签订契约的前期谈判过程中，还会面临被"敲竹杠"的风险，人们试图从产权中分离出剩余控制权来解决此类问题。不完全契约理论代表人物哈特和摩尔（Hart and Moore，1990）从三个方面详细阐释了"不完全性"或者不完备性：一是在复杂的经济社会中，精准预测未来发生的各项情况十分困难；二是双方利益总会存在冲突（在某些细节上）的地方，如果一方不愿意放弃或退步，则契约协议难以完成；三是公正性且强有力的执行和监督作用的第三方很难找到或者按照计划实施。通过有限理论可知，单个参与人的信息有限，总是不完全的，使得在实现社会中很难找到一个完全理性的人，因此参与者都是有限理性的，因而无法预知契约实施后带来的所有问题（Grossman and Hart，1986）。

3.3.4 中国农地流转契约的形成与发展

中国实行的土地确权政策，主要目的是减少农地租赁过程中的风险和不确定性，而现实中的不同流转合约形式，对应着不同的契约风险类型。在中国农地流转禁止交易的第一阶段（1949～1983 年），此时不存在农地流转交易①。第二阶段（1984～2007 年）流转市场逐步形成，但主要以民间的非正式（包括无合约、无租金与无固定期限）农地流转为主，此时流转"关系"或"人情"契约逐步形成。第三阶段是规范农地流转阶段（2008～2018 年），确权时期，非正式流转逐渐减少，正式的合约逐步增多，此阶段主要强调"完全契约"，意在鼓励所有流转农户进入正式农地流转市场，签订正式、有期限、有租金、有法律依据的合约。第四阶段（2018 年以后）是农地产权完善期，在这一时期，非正式合约进一步减少，正式合约占主导，公共领域减少，也是不完全契约和完全契约"共生"和"互补"的阶段。契约理论在中国农地流转市场上的探索还处于初级阶段，需要未来进一步深化（见图 3－1）。

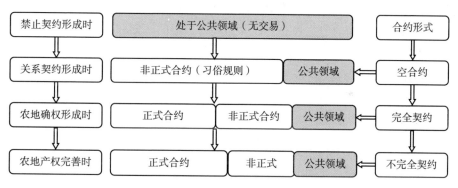

图 3－1　农地流转契约的形成与变迁

3.4　博弈理论——租赁市场的发展

3.4.1　博弈起源

博弈论是指某个个体或组织从自身利益出发，选择进行参与博弈的单个

---

① 体现在 1982 年《宪法》的第 10 条"任何组织或者个人不得侵占、买卖、出租或者以其他形式非法转让土地"。

或多个策略，并使得博弈中的各参与人或局中人得到相应结果或收益的一个过程。现代博弈理论是在数学家冯·诺伊曼的理论基础之上逐渐形成的，1944 年由冯·诺伊曼与奥斯卡·摩根斯特恩创作的《博弈论与经济行为》一书中较为系统地介绍了经济行为中无处不在的博弈论，是现代博弈理论形成的标志。在介绍非合作、纯竞争型博弈时，他们仅仅介绍了较为简单的二人零和博弈[①]。博弈中对于局中人来讲，最为重要的是求解均衡，什么样的博弈策略能使得博弈结果能对所有局中人来说都最"合理"且最优？冯诺伊曼采用了数学的方法进行了严谨的证明：对于每一个包含两个局中人的零和博弈，都有解。在之前，不可避免地要进行最基本的假设，首先，是参与零和博弈的参与决策主体通常来讲是理性的，会追求利润最大化。其次，零和博弈局中人双方应该有共同知识结构与体系。最后，假定每一个参与博弈中的参与人都有正确的信念和对其他参与人有合理的认知和预期。

3.4.2　博弈要素

（1）局中人

局中人也即是参与人，简单来讲，就是参与经济行为的利益相关者，他们有决策权。根据参与博弈的对象进行划分，如果参与博弈决策的游戏或者竞赛中只有两人，被称为"两人博弈"或者"对弈"，最为著名的案例是两人参与的"囚徒困境"。同样类推，如果多方参与了博弈，则称为"多人博弈"，其博弈结果将会复杂化。事实上，无论是非正式农地流转还是正式农地流转，其交易对象在流转决策过程中也可视为"局中人"。

（2）策略

在某个博弈对局中，指导博弈中局中人的一些方法或者某一阶段的行动方案等，均是局中人参与博弈的策略。策略的好坏往往决定了局中人的收益和得失。按照博弈策略的个数划分，如某一个参与人在整个博弈中仅仅用一

---

① 两人在某一竞赛中，一人技术精良，一人是初学者，对弈结果基本上是技术精良者胜，而对方局中人负，净获利为零。

个博弈策略或者一个方案贯穿整个博弈对弈过程，则称为单策略；如果行动的方案数量有限，则称为"有限博弈"，反之称为"无限博弈"。就农地流转而言，为达成正式或者非正式流转协议所采用的一些方式和方法，也可以被称为流转双方博弈中的策略。

（3）得失

所有博弈最终都会有结果，参与人在博弈后的收益或损失叫"得失"。得失也是博弈最为基本的元素之一。在博弈结束后，参与人某一次或一局博弈结束后的利益获得与损失，不但与他所选择的行动方案或自身对弈策略相联系，而且与参与人选取的参与策略有关。得失在农地流转中表现为双方所付出代价与获得的货币或人情收益。

（4）次序

次序是博弈理论中又一重要的元素之一。各博弈方也就是各局中人或者参与人，在行动方案的制定和实施时有先后之次序分。通常来讲，当多次选择决策出现在博弈参与人身上时，次序问题就较为重要；所给出的行动方案次序不同，博弈结局和得失就不同。次序在两人进行农地流转博弈时表现为"谁更主动去达成交易"，一般来说，人情租流转则更多是转出方次序优先，为维护土地产权而更为主动寻找转入者；而货币租流转更多是转入方次序优先，为规模经营而主动寻求流转方达成交易。

（5）均衡

博弈涉及均衡，在经济学中，均衡意即相关量趋于稳定。在农地确权中存在着农民利益、村集体发展、政府利益等三方关系的平衡与均衡。所谓的纳什均衡，它是某个单一或者多方博弈后给出的稳定的博弈结果。事实上，中国农村土地确权是政府和集体经济组织对农民权利的博弈，对部分权利的让渡和寻求均衡（姚洋，2004）。

3.4.3　博弈类型

一般来讲，博弈类型较为多样，按照不同划分方式可以划分为不同的类型。按照双方是否存在约束力的协议划分，可分为合作博弈和非合作博弈两类（侯光明与李存金，2002）。按照时序性分类可以分为静态博弈、动态博弈两类：前者是双方参与人同时决策并不能知晓对方的行动方案，后者是决策有先后次序，后行动者总能观测或感知到先决策者的方案。按信息程度可分为完全信息博弈和不完全信息博弈。通常情况下，经济学家们经常所提及的博弈论是指非合作博弈，与之相对应的均衡解，称为纳什均衡（Nash equilibrium）。

理论上来讲，每个有限策略式博弈都至少存在一个纳什均衡。

假设 $G = (S_i, u_i)_{i=1}^N$ 是一个有限策略博弈；

纯策略集为 $S_i \in [1, 2, \cdots, n]$；

参与人 i 选择策略 j_i 时对应的策略函数 $u_i(j_1, j_2, \cdots, j_N)$；

参与人的混合策略集为 $M_i = [(m_{i1}, \cdots, m_{in}) \in R_+^n \mid \sum_{j=1}^n m_{ij} = 1]$；

定义 $f: M \rightarrow M$；$f(m) \in M$；

令 $f_{ij}(m) = [m_{ij} + \max(0, u_i(j, m_{-i}) - u_i(m))] / [1 + \sum_{j'=1}^n \max(0, u_i(j', m_{-i}) - u_i(m))]$

利用布劳威尔（Brouwer）不动点定理可得，f 存在一个不动点 x。则：

$$f_{ij}(x) = x_{ij} = \frac{x_{ij} + \max(0, u_i(j, x_{-i}) - u_i(x))}{1 + \sum_{j'=1}^n \max(0, u_i(j, x_{-i}) - u_i(x))} \qquad (3-1)$$

两边同时乘以 $u_i(j, x_{-i}) - u_i(x)$，并按照 j 加总，变形为：

$$\sum_{j=1}^n [u_i(j, x_{-i}) - u_i(x)] \max(0, u_i(j, x_{-i}) - u_i(x)) = 0 \qquad (3-2)$$

当且仅当 $u_i(j, x_{-i}) \leq u_i(x)$ 时，式（3-2）才可能等于零；因为求和公式中没有一项小于零，严格为正，因此存在纳什均衡。

3.4.4 农地产权中的三方博弈

农地产权制度改革是利益相关的三方主体在动态博弈中寻求的均衡结果。相比于旧的制度，一种新的制度诞生更容易提高社会整体效率，也即是产生帕累托式的改进效果（姚洋，2000）。在深化二轮到期后中国农村土地制度改革过程中，涉及的利益主体主要包括政府、村集体与农户三方主体，利益关系复杂，期望收益多元化。具有"经济人"和"政治人"双重身份的政府追求农地制度的稳定性、耕地的可持续性、粮食安全性和维护农民收益等期望收益，在三方博弈决策树中有"确权（产权强化）"和"不确权（弱化产权）"两种选择；村集体在三方博弈决策树中执行"确地"与"不确地"；作为理性的农户，在三方博弈决策树中可与选择"接受"与"不接受"。可以确定三方博弈模型的中的 8 种结果的收益矩阵，在带入三方的收益期望函数，令一阶导数等于零，求解得到三方最优解。可以认为，当政府采取确权方式并且能够及时依据实践出台政策，村集体组织能够选择"确地"并得到农户的大量"支持"，能达到最优。

事实上，农户、村集体、政府三方在中国农地确权中的权利让渡就是一场三方博弈。姚洋（2004）的研究也说明了，中国农地制度的深化与改革是国家与农户之间博弈的结果。理论上讲，国家（或政府）不断进行农地制度改革是为了向农户让渡部分权利，因为博弈的让渡过程中存在着"帕累托式"改进。而从改革开放以来的土地改革历史来看，1984 年的第一轮期限设定和赋权以及 1997～1998 年的更长时间的期限确定，均可视为中国政府在农村承包地产权改革中做出的最早探索和农地确权的最初尝试（所有权、承包经营权两权的分离）。

2009 年开始试点到 2018 年最终完成的新一轮的中国农村承包地的确权、登记、颁证主要强调以下两个方面的内容：一是确权是"三权分置"的实践措施，通过确权固化了村庄所在集体成员对承包地的承包权和集体成员权，为了增加农民收益，突出强调了农民个体经营权和收益权；二是强调了地块的"四至"即空间边界明晰，强化农地权利的排他性。上述改革内容不仅体现了动态博弈过程，也反映出来了中国农地制度朝着"权利让渡→农户权利增加→产权分置→固化人地关系→长久不变→农户有偿退出→推进规模经营→实现农业现代化"的思路迈进（姚志和王长存，2019）。

3.5 本章小结

任何改革都离不开理论根源的支撑。中国农村土地产权改革理论根源丰富，本章主要依次对地租理论、产权理论、契约理论和博弈理论进行了分析，依次对应与本章研究的关键词流转租金、产权划分、流转契约和博弈。在厘清政策背景、文献背景和理论背景以后，还有必要对非正式农地流转市场的"现实"背景进行描述与研究，以明晰实物发展现况。

第4章

土地经营权流转的政策演进
与农地流转现状

产权理论是中国农村土地改革的重要指导性理论。从中国农村土地产权制度的演变历史来看，随着社会生产力的变化，逐步分离出了"经营权、承包权、所有权"三权，具有不同的权格，又兼备独立性与联动性。中国农地产权的界定与实施、细化与完善，体现了产权的重要性。承包地作为农地中最为重要的部分，其经营权的流转也经历了较为复杂的政策演进过程，才形成了如今的流转现状。为此，本章主要内容可以分为两个部分：第一部分为政策背景，该部分有针对性地梳理了中国政府关于农地承包地流转的相关政策并总结了其阶段性特征。在梳理党和国家有关的文件中，重点关注农村土地流转现实意义和主要目标的相关政策表述，并在具体的分析内容中进行了总结。第二部分为现实状况，该部分农地流转政策是否促进了耕地的加速流转？有必要紧接着对农地流转发展历程和现状进行统计分析，以检验政策效果。在描述性统计分析中首先分析一般性或者正式的农地流转现状与分布，其次重点分析本章的研究重点非正式农地流转的现况与空间分布。

4.1 农村土地承包经营权流转的政策演进

20 世纪 80 年代后期，中国的农地流转开始出现。随着计划经济逐步转型为市场经济，加速了劳动力要素的区域性配置，大量农民选择外出，到东南沿海发达地区就业，那么，闲置的土地在民间往往进行了私下的"无偿"流转，土地流转市场开始孕育。20世纪90年代以后，民间流转市场为学者和政府所重视，逐渐走上了一个政府主导下的农地流转道路（黄忠怀与邱佳敏，2016；史常亮，2018）。因为中国土地流转政策与法律在不同的阶段表现出了较大的差异化特性，故本章按照国家法律以及相关政策是否允许土地流转作为分界标准，将1978年改革开放以来政府出台的重要的土地流转政策演变历程划分为四个大的阶段：从"禁止流转"阶段到开始鼓励流转或者"允许流转"阶段，再逐步过渡到"依法流转"阶段，最后阶段是"规范流转"阶段。表4-1显示出了不同阶段的标志性政策或法律以及相关内容。

表4-1　　　改革开放以来承包地流转标志性政策事件与相关内容

阶段特征	所属时期	标志性政策	相关重点内容
绝对禁止流转	1978~1983年	1982年《宪法》第十条	任何组织或个人不得侵占、买卖、出租或者以其他形式非法转让土地
允许转包农地	1984~1987年	《关于一九八四年农村工作的通知》	鼓励土地逐步向种田能手集中……可以由社员自找对象协商转包
依法转让农地	1988~2007年	1988年《宪法修正案》第二条	土地的使用权可以依照法律的规定转让
		1994年《关于稳定和完善土地承包关系的意见》	建立土地承包经营权流转机制
		1998年《土地管理法》	土地使用权可以依法转让
		2003年《农村土地承包法》第十条	国家保护承包方依法、自愿、有偿地进行土地承包经营权流转
		2005年《农村土地承包经营权流转管理办法》	对流转方式、当事人、合同、原则等进行了详细的规定

阶段特征	所属时期	标志性政策	相关重点内容
规范加速流转	2008 年至今	2008 年《关于推进农村改革发展若干重大问题的决定》	搞好农村土地确权工作。按照依法自愿有偿原则，允许农民以转包、出租、互换、转让、股份合作等形式流转土地承包经营权
		2013 年《中共中央关于全面深化改革若干重大问题的决定》	鼓励承包经营权在公开市场上向专业大户等主体流转。建立农村产权流转交易市场，推动产权流转交易公开、公正、规范运行
		2014 年《关于引导农村土地经营权有序流转发展农业适度规模经营的意见》	实现所有权、承包权、经营权三权分置，引导土地经营权有序流转。用 5 年左右时间基本完成土地承包经营权确权登记颁证工作
		2019 年《关于坚持农业农村优先发展做好"三农"工作的若干意见》	健全土地流转规范管理制度；健全农村产权流转交易市场
		2021 年《农村土地经营权流转管理办法》	规范农村土地经营权流转行为，保障流转当事人合法权益
		2021 年《关于全面推进乡村振兴加快农业农村现代化的意见》	强化土地流转用途监管，确保耕地数量不减少、质量有提高；健全土地经营权流转服务体系；加强农村产权流转交易和管理信息网络平台建设

资料来源：依据历年相关政策整理。

4.1.1　第一阶段（1978～1983 年），稳定家庭联产责任承包制度

绝对"禁止流转"农地转让，为了稳定和巩固改革开放的成果——刚刚在实践中探索出能够调动农民生产积极性且富有中国特色的农村土地制度：家庭联产承包责任制度。在 1978 年 11 月，安徽省小岗村率先在农业生

产实践探索出了"分田到户、自负盈亏"的办法解决了该村庄的粮食产出问题，是家庭联产承包责任制度最早的雏形，也促使了中国农村土地改革序幕的拉开。在 1980 年中央发布的重要文件①提出了重要土地制度改革内容，是官方首次和公开且高度肯定和认可承包责任制，具体做法是"实现包产、包干到户"。为家庭联产承包责任制度在全国的实施与推广营造良好的环境，1982 年的《宪法》的第八条、第十条作出了两点严格规定：一是规定了在中国农村推行土地承包经营制度，并且规定农村土地的产权性质：所有权归村庄集体所有；二是规定了农地不能买卖和非法流转②。紧接着，同年的中央一号文件③中的核心内容提出了"四不准"原则，即不准"买卖、出租、转让、荒废"，若违反，则由所在村庄的村集体组织有权利收回承包地。此阶段，中国农村的承包地流转为法律和政策一律禁止，符合当时国内农村的实际情况，为稳定家庭联产承包责任制度，以及为提高农民生产积极性和提高农业产出都作出了巨大贡献。

4.1.2　第二阶段（1984～1987 年），开始"允许转包"：农地流转的伊始

20 世纪 80 年代中后期，尽管政策还没有"开禁"，但一些发达的沿海省份的农村为适应生产力发展要求，民间的、私下的、自发的农地流转承包地的使用权流转已经开始涌现。据不完全统计，这一阶段的农地流转面积占全国耕地总面积的 1%～3%，甚至沿海的一些发达省份如浙江省，土地流转的比例稍高（韩俊，2003）。为适应农村发展趋势，中央政策和法律开始"解禁"，实施有条件限制的"允许转包"政策。例如 1984 年中央一号文件④的核心内容除了继续强调了"不得买卖、出租、非农化"等之外，开始允许流转，如"社员可以自找对象自由协商转包"但必须"经村庄集体组

---

① 参见《关于进一步加强和完善农业生产责任制的几个问题》。
② 即"任何组织或者个人不得侵占、买卖或者以其他形式非法转让土地"。
③ 参见 1982 年中央一号文件《全国农村工作会议纪要》。
④ 参见 1984 年中央一号文件《关于一九八四年农村工作的通知》。

织同意"，由此民间的承包地流转终于能够找到一定的政策支撑。就允许农地参与流转的具体形式而言，仅仅只允许转包，譬如出租、入股、互换等其他形式仍然被政策和法律所禁止。事实上，这一阶段内承包地的流转仍然为法律禁止，如 1986 年《中华人民共和国土地管理法》的第二条和第四十七条①以及同年《中华人民共和国民法通则》第八十条②。真正允许大规模流转的时间是到 1987 年的下半年，在得到国务院的批复后，经济发达的沿海省份如江苏、浙江、广东、山东以及政治经济中心北京等多地均开始了推进土地集中、探索适度土地规模经营的试点。由此，中国农村的农业经营终于突破了完全以家庭承包经营管理为核心模式的限制，逐步鼓励一些新的主体如农业企业等进入全新的探索期（李学永，2008）。

4.1.3　第三阶段（1988～2007 年），逐渐"依法流转"：农地流转的合法化

此阶段，相关土地转让政策的"松绑"为法律的"开禁"奠定了基础。本阶段主要特征是促进农地流转的合法化。例如 1988 年颁布的《宪法修正案》的第二条就尝试着将流转"合法化、规范化"，将 1982 年颁布的宪法中的第十条第四款的主要内容③修改为"任何组织或个人不得侵占、买卖或者以其他形式非法转让土地，土地的使用权可以依照法律的规定转让"。此阶段虽然相关农地流转的法律开始解禁，但相对应的流转市场并没有快速地发展，全国范围内的农村土地流转率也并无太大的提升和变化。有数据④显示，全国范围内仅仅只有 473.3 万农户参与了土地的转包，流转的耕地面积仅为 76.93 万公顷，分别占总承包户和总耕地面积的 2.3% 和 0.9%。因此政府为了鼓励土地规模经营、发展现代农业，必须要进一步合法化与促进承包地流转行为，于是继续在 1994～2005 年出台了诸多文件与法律条例。在

---

① 即"任何单位和个人不得侵占、买卖、出租或者以其他形式非法转让土地"。
② 即"土地不得买卖、出租、抵押或者以其他形式非法转让"。
③ 即"任何组织或者个人不得侵占、买卖、出租或者以其他形式非法转让土地"。
④ 依据农业农村部在 1992 年的抽样调查数据。

此期间，不同的政策文件的主要内容体现了从"提出完善农村土地经营权的流转机制"到"写进土地管理法律"，再到"提出了农地流转原则（包括依法、自愿、有偿等原则）"，最后转到"详细地规定流转涉及的对象、合同、流转方式"等衍生变化过程。此阶段，总体上表现出了"渐进开放、逐步细化"的特征。

4.1.4 第四阶段（2008 年至今），"规范流转"阶段：农地流转的规范化

2008 年开始了承包地确权试点，此后中国农村土地租赁市场开始快速发育，耕地的流转速度大幅加快，进入了以"加速流转"为特征的新阶段。与此同时，为减少流转纠纷、保障农民利益，也为规范民间农地流转行为，中国政府要求快速推进农村承包地的确权、登记、颁证项目实施，故此阶段农地确权的速度大幅加快、时间大为缩短、范围大为增广。可以分为三个阶段：试点阶段（2008～2012 年）、基本完成阶段（2013～2018 年）与衔接过渡阶段（2019 年以后）。2008 年正式提出开展农地确权工作，2009 年即选择了 8 个代表性村庄进行了试点，试点期间提出土地确权经费问题的解决方案之后，全面进入试点阶段。2013 年中央政府明确指示"全面确权"，在已有试点的基础之上增加了 105 个试点县域，由此中国土地确权进入新的阶段：由点到面。到了 2019 年，已经实现和完成了全国 94% 的村庄的承包地的确权、登记、颁证，2020 年则达到了 96%，基本完成了土地确权，为规范农村土地流转行为提供了重要保障。①

（1）农地流转规范化的试点阶段

受到学术界呼声的影响，也出于对非规范化的耕地流转市场行为以及模糊不清的农地产权关系对农业的规模经营和现代化带来的负面影响的担忧，中央政府自 2008 年以来采取"渐进式"措施，努力清晰土地权属、规范流转市场（姚志，2019）。早在 2008 年，中国政府就在正式的中央会议中提

---

① 资料来源：《乡村振兴战略规划实施报告（2018—2019 年）》。

出了要求开展农村土地确权。同年 10 月通过的重要文件①对农地确权进行了重要指示"搞好农村土地确权、登记、颁证工作",这是中国土地确权的开端。在此之后,除了 2011 年中央一号文件②重点关注了水利建设外,其他年份的中央一号文件都对我国农村承包地确权提出了不同方面的要求。2009 年的中央一号文件③紧接着细化与明确了 2008 年的一号文件④指示,核心内容是提出了开展确权的大体原则:循序渐进与逐步试点,不仅如此还规定了确权的重要内容:明确耕地的面积大小、具体空间位置,并将确权的产权证书下发到试点农户手中,而且还提出在登记试点过程中,包括测量仪器、人员配备、证书制定等方面必然会产生大量的费用。

为解决这一重大难题,2010 年的中央一号文件重点指出要将农村土地确权工作所产生的经费纳入国家财政预算体系,通过财政来解决庞大的经费问题⑤。在 2011 年 5 月,国土资源部、财政部与农业农村部等多部门联合出台了重要文件⑥:其核心内容不仅仅指出了要继续推进农村承包地的确权颁证工作,而且还强调了其他类型的地块如宅基地等的确权登记工作,也亟待开展。2009 ~ 2011 年的部分省份地区的试点取得了较大的成功和形成了一些具有地方实践可借鉴的实际确权案例。2012 年,在试点结束阶段出台的中央一号文件提出要将"确权后的集体土地的所有权证颁发给全国各地每个集体经济组织",从而实现全登记、全颁发、全覆盖⑦。

(2) 土地确权基本完成阶段

从 2013 年起中国农村承包地确权进入"全面加速和完成"阶段。该年的中央一号文件中重要核心指示是:用五年的时间基本完成全国农村的承包

---

　① 参见《中共中央关于推进农村改革发展若干重大问题的决定》。

　② 参见《中共中央 国务院关于加快水利改革发展的决定》。

　③ 参见《中共中央 国务院关于 2000 年促进农业稳定发展农民持续增收的若干意见》。

　④ 参见《中共中央 国务院关于切实加强农业基础建设进一步促进农业发展农民增收的若干意见》。

　⑤ 参见《中共中央 国务院关于加大统筹城乡发展力度 进一步夯实农业农村发展基础的若干意见》。

　⑥ 参见《关于加快推进农村集体土地确权登记发证工作的通知》。

　⑦ 参见《中共中央 国务院关于加快推进农业科技创新持续增强农产品供给保障能力的若干意见》。

地确权工作①。除此之外，确权试点中也暴露出了众多复杂的历史遗留和现实问题：如耕地面积不准、位置变化、非农化等问题。该文件给出指导方针：按照各地实践或者史料妥善解决确权中的面积和位置问题。同年，相关部门宣布将农村承包地确权试点扩大全国范围内选出的 105 个县，范围广，确权所遇到的问题复杂而多变，试点地区探索出实践方案多元，总结出的经验也更为丰富，均为推进全国范围内的确权奠定基础。在现实确权工作开展中，出现了确权模式的选择问题，2014 年的中央一号文件最终明确指出：虽然各地方可以从实际出发选择适合于本地的模式，如"确权确地"或"确权确股不确地"两类模式，但后者的范围要严格控制，因此前者是中国农村土地确权的主导模式。②

确权确股不确地模式，适应于在人地关系复杂而又经济发达的地区，由于多年的发展，股份制等已经使得每个农户的地块、位置模糊化，也没有办法进行划分和重新确定，而是强有力的集体经济组织确定每个农户家庭所承包或者占有的股份，"按股分红"。例如在广东省珠海等地实施了这一特殊的确权方式。确权确地模式则与之相反，是将地块、位置等精确到每户甚至每个农民，并录入数据库。2015 年中央一号文件的提出，扩大整省确权范围，总体要求确权到户③。2016 年出台的中央一号文件强调要继续扩大确权登记颁证整省推进范围。2018 年中央一号文件直接指出要在全国范围内基本完成确权颁证工作，在稳定承包关系的基础之上，推进农地产权的"三权分置"，即落实集体所有权、稳定农户承包权、放活土地经营权。

（3）衔接过渡阶段

在 2018 年年底，中国农村承包地的确权工作在全国大多数省份已经完成，但面临了"延包"的新问题。于是，2019 年中央一号文件④提出要保持承包地关系稳定并长久不变，要针对不同地区出台不同的延包办法和配套政策，实现二三轮承包工作的衔接平稳过渡。对于基本完成的农地确权需要

---

① 参见《中共中央 国务院关于加快发展现代农业进一步增强农村发展活力的若干意见》。

② 参见《关于全面深化农村改革加快推进农业现代化的若干意见》。

③ 参见《关于加大改革创新力度 加快农业现代化建设的若干意见》。

④ 参见《中共中央 国务院关于坚持农业农村优先发展做好"三农"工作的若干意见》。

做好收尾工作与妥善化解历史遗留问题，力争将确权证全部发到承包户手中。紧接着 2020 年中央一号文件重要内容是指出了要在试点的基础上探索出具体延包方案①。事实上，在衔接过渡阶段需要解决的问题还有很多：如二轮到期延包的具体方式是直接延包，还是小调整变化后延包，后者就面临着确权证书的修正等问题。

总之，中国农村承包地流转带有很强的"政府主导"性质。图 4－1 显示了改革开放以来中国承包地流转政策演进阶段性特征与流转比率，不难发现，两者呈现出了时间上的同步性。伴随着承包地流转政策的演变：将中国土地流转政策归纳为"政策法律禁止流转→政策开放法律开禁→依法流转→加速流转→规范流转"等几个阶段。直到 2007 年底，全国整体的农地流转面积仅仅为 6372 万亩，流转比率也仅为 5.2%，东部、中部、西部地区的流转就呈现出了一定的差异，依次为 5.9%、4.8% 和 5.3%，然而十年之后，也就是到了 2018 年底，全国农村参与流转的承包地面积高达 5.39 亿亩，占家庭承包经营面积的比重快速增长到 37%，年均增长率为 3%。由此可见，中国的农业规模经营发展迅速，为发展现代农业和保障国家粮食安全奠定基础。

在分析完中国承包地流转政策演变特征之后，有必要"检测"政策实际效果：厘清中国正式农地流转的现实状况以及非正式农地流转的现实状况。为此，接下来的章节将收录历年的《中国农村经营管理统计年报》与《全国农村经济情况统计资料》中的流转面积进行统计描述，并对全国正式农地流转市场的发展历程、现实情况与空间分布等基础概况进行统计分析。最后，由于具有全国代表性的且反映非正式农地流转的农户家庭微观数据十分稀缺，在对比多个数据库的指标后，最终选择包含 14 个省份的 CHIP2013 和 CHIP2008 数据库，以其样本的统计描述分析结果大致反映全国非正式农地流转的现实情况。

---

① 参见《中共中央 国务院关于抓好"三农"领域重点工作确保如期实现全面小康的意见》。

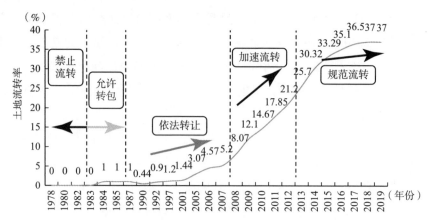

图 4 - 1　改革开放以来中国承包地流转政策演进阶段性特征与土地流转比率

资料来源：1978 ~ 1983 年的农地流转率设置为 0，1984 ~ 2008 年数据来自笔者根据各方面的材料估算；2009 ~ 2016 年数据来自土流网；2017 年的数据来自中华人民共和国农业农村部农村经济体制与经营管理司报告"当前农村经营管理基本情况（2018 年 1 月 5 日）"："截至今年 6 月底，全国家庭承包经营耕地流转面积 4.97 亿亩，流转率 36.5%，比 2016 年底提高 1.4 个百分点"；2018 年的数据来自：原农业农村部副部长韩俊的报告，"流转的承包地面积占到家庭承包经营面积的 37%"。

4.2　农地流转的现实状况

4.2.1　农地流转面积和流转率的发展现状

图 4 - 2 统计了 1990 ~ 2018 年中国农村耕地流转面积和发生比率，结果显示，呈现出了逐年上升的趋势特征。事实上，早在 20 世纪 80 年代末，发达地区村庄之间的农户就进行了私下的土地转包，已经逐渐兴起，此时全国耕地流转的总面积比例还很小，为 1% 左右，经济发达的沿海一些省份流转比例稍高一些。据农业部农村合作经济司的统计调查数据显示，1990 年中国耕地转包的发生农户数约为 208 万户，占农户总数的 0.9%，转包、转让的农村土地为 0.064 万亩，占总耕地面积的 0.44%。此后的 15 年间，耕地流转发育缓慢，有统计显示，1990 ~ 2006 年，全国的耕地流转面积仅从 0.064 亿亩增长到了 0.555 亿亩。

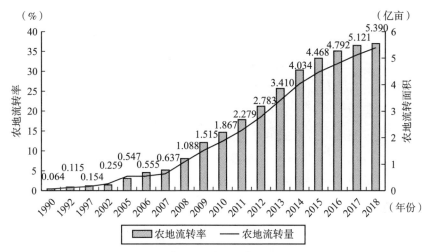

图 4 - 2　历年中国农地流转面积和流转率的时间趋势

资料来源：承包地流转面积数据依据历年《中国农村经营管理统计年报》整理。

　　直到 2008 年，也就是政府开始"大力鼓励承包地流转、推动农地确权试点"之后，中国农地流转面积开始大幅度增加。2008～2018 年，全国耕地流转比率平均以年均 3% 的速度增加，流转比率从 8.07% 增加到 37.0%，参与流转的总面积从 1.088 亿亩快速增加到了 5.390 亿亩。值得注意的是，近几年来，全国土地流转率的年增量逐年大幅减缓已是不争的事实（王玉斌与李乾，2019；姚志，2019）。2016～2018 年，全国承包地流转率基本持续稳定在 36% 左右，这种现象甚至延续到了 2020 年底，学者们把这种趋势称为农地流转进入了"停滞期"。结合已有文献和访谈调研结果，流转陷入停滞期的可能有三个原因。

　　第一，不断高涨的农地流转市场租赁价格影响了耕地的供给与需求。农地确权确实起到了强化农民的产权意识的作用，进一步提高了农民对土地的增值预期，会使得农户进入流转租赁市场态度更为谨慎，除非租金达到其心理预期，否则宁愿抛荒也不会轻易转让耕地的经营权，由此，地租价格逐步抬升。这与学者（张曙光与程炼，2012；程令国等，2016；罗必良，2017）等的实证研究结果一致。那些在平均分配中得到了地理位置优越自然条件较好的承包地的农户，在面临规模经营户的集中土地需求时往往会因"地权在握"而"坐地起价"，规模经营者就会面临很高的谈判成本，往往这一"钉子户"会拉高村庄内整体耕地流转的地租。

第二，村庄土地供给可能趋于饱和。一般情况下，村庄里那些"有文化、有能力、有思想"且更为年轻力壮的农业劳动力会追求较高的回报，选择迁移到异地大城市外出工作或者求学、参军，他们名下的承包地一般由留守村庄的家庭成员或者家族亲朋邻里经营管理或选择流转（姚志与文长存，2019），这就可能导致村庄小范围内农地流转市场的供给量趋于饱和，也正是这个原因，一些未能选择货币租流转形式的农户只能选择人情租流转给亲朋邻里。在未来的很长一段时期内，普通小农户仍是中国农业生产经营的主要力量（王亚华，2018），那么则以规模化、机械化为主的经营主体的发育量可能还严重不足，于是，村庄的土地供给量可能大于需求量。

第三，非正式的民间农地流转一定程度上抑制了正式农地流转市场的发育。相较于正式农地流转市场，熟人社会中无须付费的依靠人情关系的承包地流转降低了交易成本。熟人社会由人的血缘、亲缘和地缘之间的相互连接构成的复杂人际关系网络（费孝通，2013）。近年来，熟人社会被用来解释农地流转市场为何偏好发生于亲友邻居之间（孔祥智与徐珍源，2010），其中最为浅显的经济学原因是，熟人之间的"信任与信誉"机制租赁过程中的交易成本，并能很好地履约。正是因为熟人亲缘社会孕育了农地的无偿流转。虽然民间的非正式农地流转，相比规范化的流转交易存在很大问题，但仍然无法阻挡非正式民间流转在客观上对农地经营权的有效配置。亲朋邻里外出就业或者迁移之后，将土地"寄托"给留在农业中的血缘、亲缘、地缘，无须交易成本。正是因为经营权的多年无偿流转，缓解了人地不匹配的社会矛盾，一定程度上抑制了正式农地市场的发育。

4.2.2 农地流转面积的区域差异

图4-3和表4-1显示了中国农地流转呈现出了较大的区域差异性特征。将全国除西藏之外的其余省，按照一般的分类原则，首先分为东部、中

部、西部①，分别包含 12 个、9 个、9 个省（区、市）。在 2005 ~ 2007 年，东部、中部、西部的农地流转面积年均均值分别为 327. 726 万亩、260. 652 万亩、133. 730 万亩，符合一般经济逻辑：即经济发达且多为平原的地区率先开始土地流转且流转面积最大。但自 2007 ~ 2008 年之后的时间段内，中部地区的耕地流转市场快速发育，流转比率突然加速；在 2008 ~ 2018 年的十年中，中部地区的耕地租赁面积增长绝对值高达 222. 413 万亩/年，其均值远远大于中国的东部、西部地区（分别为 133. 138 万亩/年、81. 997 万亩/年）。中部地区的耕地流转面积的突然猛增，得益于河南、江西、山西、湖北、安徽等农业大省的贡献，五省的年均增长率分别高达 58. 28%、53. 78%、53. 58%、51. 52%、47. 30%。由此可见，未来推动中国农地规模经营主要集中于推进东部和西部的承包地流转。

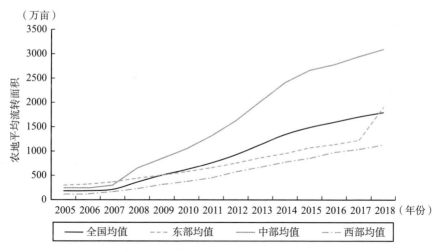

图 4 - 3　历年中国东部、中部、西部农地流转面积对比

资料来源：历年《中国农村经营管理统计年报》。

---

①　东部、中部、西部区域的划分如下：东部地区包括北京、天津、河北、辽宁、上海、江苏、浙江、福建、山东、广东、广西、海南 12 个省、自治区、直辖市；中部地区包括山西、内蒙古、吉林、黑龙江、安徽、江西、河南、湖北、湖南 9 个省、自治区；西部地区包括四川、重庆、贵州、云南、陕西、甘肃、宁夏、青海、新疆 9 个省、自治区、直辖市（因缺乏数据，不包含西藏）。

为了对比区域差异，按照一般性分区原则①，笔者将全国分为东北、华北、华中与华南、东南、西南、西北六个重点区域。对比分析结果显示，东北、华东、华中三个区域农地流转面积显著高于全国平均流转面积，地广人稀的东北地区显得最为突出，2018年东北地区平均省份流转面积高于全国平均1883.29万亩；然而，华北、西北、西南、华南地区的平均耕地流转面积与全国平均流转面积相比都偏低，尤其以华南地区和西北地区最为明显，2018年两地低于全国平均水平1081.12万亩和969.37万亩（见表4-2）。区域差异的原因很可能是，东北地区地势平坦且农业机械化水平较高，利于农地流转和集中经营；西北地区可能是因为经济欠发达，当地耕地流转市场发育较慢，干旱少雨的自然气候条件也抑制了耕地的市场需求；华南地区丘陵山地较多，受到地形限制，影响了土地集中需求。

表4-2　　　　　　　　　中国农地流转的区域差异对比　　　　　　　单位：万亩

年份	全国均值	华北均值差	东北均值差	华东均值差	华中均值差	西北均值差	西南均值差	华南均值差
2005	182.25	-84.75	172.18	48.28	20.89	-120.74	-0.84	47.01
2006	185.04	-95.47	207.93	51.48	-9.09	-124.48	10.75	53.50
2007	212.41	-119.45	272.77	51.68	-7.12	-145.94	77.40	-27.52
2008	362.83	-140.87	605.64	61.21	54.76	-263.59	27.13	-163.14
2009	505.14	-160.94	672.43	112.85	134.48	-337.18	-9.82	-234.13
2010	622.28	-119.44	740.16	128.69	175.06	-416.05	-33.68	-293.55
2011	759.78	-106.42	870.91	126.70	288.12	-483.06	-94.70	-399.73
2012	927.78	-190.76	1079.82	153.75	379.28	-580.48	-69.53	-514.94
2013	1136.73	-230.78	1433.23	189.18	473.42	-710.45	-153.65	-669.24
2014	1344.65	-170.90	1764.02	178.91	539.36	-808.71	-264.05	-856.23

---

①　东北地区（包括辽宁、吉林、黑龙江）；华北地区（包括北京、天津、河北、山西、内蒙古）；华中地区（包括湖北、湖南、河南、江西）；华东地区（包括山东、江苏、安徽、浙江、福建、上海）；西南地区（包括四川、云南、贵州、重庆）；西北地区（包括宁夏、新疆、青海、陕西、甘肃）；华南地区（包括广东、广西、海南）。

年份	全国均值	华北均值差	东北均值差	华东均值差	华中均值差	西北均值差	西南均值差	华南均值差
2015	1489.45	-148.31	1895.49	193.02	631.31	-886.48	-314.46	-979.35
2016	1597.36	-106.09	1870.42	221.65	587.80	-884.42	-288.89	-1061.42
2017	1707.04	-151.46	1931.48	241.72	644.34	-935.12	-331.07	-1021.66
2018	1796.73	-150.90	1883.29	223.61	750.82	-969.37	-287.52	-1081.12

注：华北均值差 = 华北地区省份农地流转均值 - 全国省份农地流转均值，其余低于的差类推。

本章还描述了 2005～2018 年中国耕地流转面积的空间变化状况。2005 年时，仅仅黑龙江省和广东省农地流转面积大于 500 万亩，分别为 542.3 万亩和 725.2 万亩，而五年之后的黑龙江省的流转面积已经超过了 3000 万亩，虽然在政府极力推动土地流转背景下，广东省的土地流转却并未发生多大改观，原因值得深入探讨。与此同时，2010 年的农地流转面积增长较快的省份分别为经济发达的江苏、农业以游牧业为主的内蒙古、以玉米小麦生产为重点的河南、四川和湖南等。到 2018 年，东北、华北、华中等区域的省份土地流转发展速度快，均超过第七档，与前面的分析结论不谋而合。

从实际的统计数据可知，2005～2018 年，事实上青海省的农地流转面积由 9.0 万亩增长到了 207.4 万亩，年均实现耕地流转增量达到 14.2 万亩，甚至计算年均增长率可知，结果高达 157.09%；2018 年宁夏、北京、上海、天津的农地流转面积的绝对值分别为 304.3 万亩、282.9 万亩、149.1 万亩和 180.4 万亩，而年均增长率也分别达到了 83.82%、49.57%、7.00% 与 24.16%。

4.3　非正式农地流转的现实情况

4.3.1　数据来源

全称为城乡居民收入分配与生活状况调查，包括城镇、农村和外出务工样本，前两者依据国家统计局每年的常规住户调查[1]大样本库进行抽取。该数据为截面数据，已经分别于 1989 年、1996 年、2003 年、2008 年和 2014年等不同年份开展了多次入户的详细调查。CHIP2013 数据样本于 2014 年的7 月、8 月开展，其样本抽取于国家统计局在 2013 年全国范围内开展的城乡常规住户调查的大样本数据库。

首先，简单介绍 CHIP2013 数据的具体抽样方案。为保障住户样本的随机性，分别按照东部、中部、西部进行分层抽样，对 2014 年开展调查的CHIP2013 数据库进行整理发现，该数据包括三种住户类型：城镇住户、农村住户和外来务工住户；样本覆盖全国 14 个省份 126 个城市 234 个县区抽选出 18948 个住户，包括 7175 户城镇住户、11013 户农村住户和 760 户外来务工住户；考虑到非正式农地流转行为只可能发生在"拥有土地"的农村居民与外出务工户，因此剔除城镇住户。

其次，简单介绍 CHIP2013 数据的具体内容。CHIP2013 数据包括主要包含了调查住户的收入和支出信息。具体来讲，包括住户个人层面的基本信息、就业信息，家庭层面的基本信息、农业经营、土地及流转信息、主要收支信息以及 2013 年全年的家庭成员的劳动时间安排、就业情况、拆迁征地等。

最后，样本的区域划分。本章将 CHIP2013 数据所包含的 14 个省份划分为东部、中部、西部样本，其中东部地区包含北京、辽宁、江苏、浙江、福建和广东等，中部地区包括山西、安徽、河北、河南、湖北和湖南等，剩余的重庆、四川、云南和甘肃代表西部地区。接下来的部分内容分别按照非正式农地流转发生的农户数和面积数进行统计。

4.3.2　非正式农地流转的基本情况

（1）非正式农地流转的农户分布情况

第一，非正式农地流转情况统计。值得说明的是，囿于数据指标限制，

---

① 国家统计局每年的常规住户调查方法可以参考相应年份的住户调查方案。

这里的非正式农地流转情况仅仅统计了租金为"无偿"的情况（这里只包含了人情租流转或者无偿流转，并没有计算短期契约或者口头契约的占比，事实上 CHIP 数据也没有相关流转契约的具体指标）。整体来看，31850 个农户样本中有 2254 户存在非正式的无偿流转农地行为，占样本中全部农地流转的样本的 39.24%；由于"转给村集体"指标在原始问卷的问卷内容为"有偿或无偿转给村集体土地面积"无法准确分离，故本章全部统计为"有偿"，因此，对非正式农地流转农户占比的估计存在一定程度上的"低估"。中部地区的省份参与非正式农地流转的农户比例最大，高达 48.50%，而西部地区为 38.0%；与预期一致的是，东部地区的经济发展水平最高，理应参与非正式农地流转的农户的占比最低，但也有 30.96%。就省份来看，2014 年的调研 14 个省份均较大程度地发生非正式农地流转行为，湖南、山西分别高达 82.65%、71.18%，最低的为江苏，仅仅为 9.80%（见表 4 - 3）。值得注意的是，重庆与四川的非正式农地流转率分别高达 61.24%、41.16%，与黄季焜等（2012）的调查统计结果保持一致。

表 4 - 3　　2013 年全国农户选择非正式农地流转的情况统计（按农户统计）

区域	省份	流出总体情况			非正式农地流转		正式农地流转					
		总农户	流出户数	流转率	发生户数	流转率	转给个人		转给大户企业		转给村集体	
		户	户	占比（%）	户	占比（%）	户	占比（%）	户	占比（%）	户	占比（%）
东部	北京	447	119	26.62	14	11.76	38	31.93	14	11.76	86	72.27
	山东	2861	430	15.03	122	28.37	208	48.37	59	13.72	41	9.53
	辽宁	938	135	14.39	57	42.22	94	69.63	25	18.52	0	0.00
	江苏	1942	684	35.22	67	9.80	244	35.67	258	37.72	165	24.12
	广东	2822	661	23.42	414	62.63	330	49.92	140	21.18	28	4.24
中部	安徽	2665	750	28.14	176	23.47	315	42.00	261	34.80	80	10.67
	山西	1598	170	10.64	121	71.18	48	28.24	41	24.12	5	2.94
	河南	3654	396	10.84	43	10.86	218	55.05	193	48.74	35	8.84

续表

区域	省份	流出总体情况			非正式农地流转		正式农地流转					
		总农户	流出户数	流转率	发生户数	流转率	转给个人		转给大户企业		转给村集体	
		户	户	占比（%）	户	占比（%）	户	占比（%）	户	占比（%）	户	占比（%）
中部	湖北	2492	471	18.90	256	54.35	197	41.83	54	11.46	35	7.43
	湖南	2970	611	20.57	505	82.65	255	41.73	87	14.24	18	2.95
西部	重庆	1558	258	16.56	158	61.24	60	23.26	52	20.16	15	5.81
	四川	2403	481	20.02	198	41.16	248	51.56	181	37.63	32	6.65
	云南	2608	433	16.60	86	19.86	378	87.30	119	27.48	23	5.31
	甘肃	2887	114	3.95	34	29.82	55	48.25	28	24.56	4	3.51

注：特别说明的是，该数据仅包含了"2013 年您家转包出去的土地总面积"只涉及流出的情况，不涉及流入。零租金流转户数、流转给个人、转给大户企业、转给村集体等四项之和与流转出户数不一致，原因是地块的破碎性，流转大量中存在"一户多转"的情况，即一户农民往往选择流转给大户一块面积大、地理位置优越、适合大户规模经营的地块，剩余地块即可选择部分非正式农地流转形式。故，表格中的各项占比之和不等于 1。

资料来源：依据 CHIP2013 数据统计。

第二，货币租农地流转情况统计。值得说明的是，这里的货币租农地流转情况是指支付租金的"有偿"流转。参与或选择有偿（货币租）流转给村庄内部的农户比例为 46.77%，要高于流转给企业和村集体的比例（见表4-2）。不同的是，农户选择流转给企业的比重大幅上升到 24.72%；东部从跨村流转倾向于逐步转变为流向给村集体。统计的差别数表明，农户流转对象多样化，在流转选择行为中能够依据当地流转市场实现"一户多流"，也就是说转出农户可以同时选择正式化流转部分承包地，还可以选择非正式农地流转形式。

第三，农地流转整体情况统计。全国 14 个省份平均有 2275 户农户被纳入本次调查，平均转出农户 408 户，平均流转率为 18.64%；就区域分布来看，东部地区的农户参与农地流转的比率最高、中部其次、西部最低，依次分别为 22.94%、17.82% 与 14.28%。理论上来讲，经济发展水平越高，土地租赁市场越发达，流转率越高；地势越平坦开阔，越利于规模经营，土地流转率越高。就省份来讲，江苏的农地流转率最高为 35.22%，最低的甘肃，仅为 3.95%（见表 4 - 3）。

（2）非正式农地流转的面积分布

为进一步统计非正式农地流转面积占比（同样只包含人情租流转或者无偿流转的情况），再继续对 CHIP2013 数据进行统计（见表 4 - 4）。

表 4 - 4　　2013 年全国农户选择非正式农地流转的情况统计（按面积统计）

区域	省份	样本基本情况		流出情况统计		非正式农地流转		
		户均面积（亩）	总面积（万亩）	流出总面积（亩）	占比（%）	总面积（亩）	占比（%）	修正占比*（%）
东部	北京	4.7	2109.8	726.2	34.4	33.7	4.6	26.6
	山东	8.7	24833.5	1788.9	7.2	328.2	18.3	20.5
	辽宁	11.6	10908.9	752.0	6.9	213.2	28.3	28.3
	江苏	4.5	8641.9	1839.5	21.3	135.3	7.4	14.7
	广东	2.8	7901.6	1860.9	23.6	654.1	35.2	35.7
中部	安徽	6.3	16789.5	3863.0	23.0	364.3	9.4	21.5
	山西	10.0	16027.9	1128.4	7.0	772.0	68.4	69.1
	河南	5.5	20206.6	1732.0	8.6	138.9	8.0	10.8
	湖北	7.8	19462.5	1588.2	8.2	609.3	38.4	40.4
	湖南	4.8	14137.2	3146.5	22.3	1106.0	35.1	35.5
西部	重庆	4.3	6730.6	570.5	8.5	353.9	62.0	64.0
	四川	4.0	9539.9	1321.2	13.8	362.3	27.4	29.7
	云南	9.1	23732.8	1418.7	6.0	346.6	24.4	25.8
	甘肃	14.8	42756.5	1082.0	2.5	437.9	40.5	41.6

注：*非正式农地流转修正占比，将"转给村集体"中的无偿部分，参照我们计算出的全国平均水平 29.1%，按照（1/3 属于无偿、2/3 属于有偿转给集体）修正，得出修正占比。

值得说明的是，流出情况中的占比等于流出面积与总面积之比，其余的"占比"列计算，均采用该列发生面积与流出面积之比，此时流转面积等于非正式农地流转面积与有偿流转面积之和。

资料来源：依据 CHIP2013 数据统计。

第一，统计非正式农地流转面积情况。整体来看，样本中平均每个省份有 418.27 亩属于非正式农地流转，占比为 29.11%，与王亚辉等（2018）的按面积统计结果 38.75% 存在显著的差异，原因是正如前文所述"转给村集体"中存在部分无偿，故进行修正（修正方法见表注），修正后的全国非正式农地流转面积占比提高到 33.2%，对比修正前后省份的非正式农地流转的占比，可以发现北京市、安徽省由于"修正"原因提高幅度过大而拉高了全国均值。

修正后的结果仍然低于王亚辉等（2018）的统计结果，原因是他在统计中并未剔除"7175 户城镇住户"。理论上来讲，土地二轮承包（1997～1998 年）之后国家政策禁止调地，因此二轮承包期间进城落户的城镇住户可能仍会保留村庄的承包地，事实上最新出台的系列国家政策也是极力保护农民农村的承包地。但实际调查中发现，无论是 1999～2010 年（丰雷等，2013a，2013b），还是 2011～2016 年，仍然约 16% 的农户经历过土地调整（郑志浩与高扬，2017），因此大部分进城落户的城镇住户应该已经不在调地的村庄"拥有承包地"，为了避免结果的高估，本章选择剔除"城镇住户"的样本较为合理。非正式流转面积占比的东部、中部、西部区域分布符合理论预期。就省份来看，非正式农地流转现在发生最普遍的是中部的山西和西部的重庆，高达 68.4% 和 62.0%；北京和江苏等发达地区非正式农地流转面积的比重最小，为 4.6% 与 7.4%（见表 4-4）。

第二，全国农地流转面积情况统计。按照面积统计的有偿流转情况与农户统计情况类似。北京和安徽的农地流转给村集体的比重较高，村集体统一流转、统一经营、集中谈判也是未来农地流转的趋势。对全国 14 个省份的统计表明，每个省份平均耕地面积为 15984.23 亩，户均 7.07 亩，农地转出面积为 1229.87 亩/省，土地的流转率为 13.80%。

第三，正式形式的货币租流转面积统计。按面积统计的土地流转率显示，呈现出了由东向西逐步衰减的趋势，与按户统计的情况一致，东部地区的土地流转率为 18.67%，西部地区最低为 7.71%；农地流转面积最大的省份为安徽，2013 年流出面积高达 3863.02 亩，而土地流转率最高的为北京，占到总耕地面积的 34.42%。虽然甘肃的流转面积为 1082.02 亩，但仅占总耕地面积的 2.53%，为统计省份样本中最低，也与按户统计结果一致（见表 4-5）。

表 4-5　2013 年全国农户选择正式农地流转的情况统计（按面积统计）

区域	省份	转给个人		转给企业		转给村集体*		
		总面积（亩）	占比（%）	总面积（亩）	占比（%）	总面积（亩）	占比（%）	修正占比（%）
东部	北京	151.2	20.8	62.2	8.6	479.0	66.0	44.0
	山东	1237.6	69.2	105.0	5.9	118.1	6.6	4.4
	辽宁	417.4	55.5	121.5	16.2	0.0	0.0	0.0
	江苏	697.8	37.9	603.7	32.8	402.6	21.9	14.6
	广东	709.5	38.1	464.8	25.0	32.5	1.7	1.2
中部	安徽	1001.7	25.9	1096.2	28.4	1400.8	36.3	24.2
	山西	249.1	22.1	84.9	7.5	22.4	2.0	1.3
	河南	719.4	41.5	731.5	42.2	142.5	8.2	5.5
	湖北	640.3	40.3	241.4	15.2	97.3	6.1	4.1
	湖南	749.7	23.8	1257.2	40.0	33.7	1.1	0.7
西部	重庆	115.2	20.2	67.6	11.8	33.8	5.9	3.9
	四川	530.7	40.2	336.7	25.5	91.5	6.9	4.6
	云南	801.4	56.5	214.2	15.1	56.6	4.0	2.7
	甘肃	557.7	51.5	50.4	4.7	36.0	3.3	2.2

注：＊该"转给村集体"指标在原始问卷的统计指标为"有偿或无偿转给村集体土地面积"。
资料来源：依据 CHIP2013 数据统计。

4.3.3　非正式农地流转的空间分布

为说明中国非正式农地流转的空间分布情况，本节将采用微观数据库 CHIP2008 与 CHIP2013 进行统计描述全国的农户选择非正式流转的空间分布现状。第一，为进行纵向对比，分别选择 CHIP2008 与 CHIP2013 的村庄数据进行统计。由于 2008 年的数据仅包括了江苏、浙江、广东、河北、安徽、河南、湖北、重庆、四川9个省份，因此2013年的数据也仅考虑相同的9个省份（浙江、河北采用相邻省安徽与河南的村庄均值代替）；结果可知调研9个省份均有不同程度的非正式农地流转行为发生，2008年时，广东、河北、湖北发生率最高，经济发达的浙江也有分布；而到2013年，四川、重庆的非正式农地流转行为尤为明显，而浙江略有降低。但仍然可以得出基本判断：村庄选择非正式农地流转行为并未随着时间的推移与经济的发展而减少。

第二，为进一步分析非正式农地流转的空间分布，再分别对CHIP2013数据按照农户户数、面积大小分类统计说明。此时，将统计的样本省份扩大到了包括北京、山东、辽宁、江苏、广东、安徽、山西、河南、湖北、湖南、重庆、四川、云南、甘肃14个地区。可见，无论是按户还是按面积统计，非正式农地流转在全国东部、中部、西部地区均广泛分布：中部地区的农户流转率最高、西部其次、东部最低，与东部、中部、西部地区经济发展水平高低和地势差别一致。理论上来讲，经济发展水平越低，土地租赁市场越不发达，地势越破碎陡峭，越不利于规模经营，正式农地流转面积越低，非正式农地流转面积就越高。

4.4 本章小结

本章主要梳理了中国政府关于承包地流转的相关政策并总结了其阶段性特征。本章将中国土地流转政策归纳为"政策法律禁止流转→政策开放法律开禁→依法流转→加速流转→规范流转"等几个阶段，体现出了较强的"政府主导"性质。认为中国农地产权制度也由"两权分离"演化至"三权分置"阶段，既保持了"两权分离"制度的合理内核，为土地集中、规模化经营提供了制度保证，又满足了时代所需与细化了中国的农地产权，创新了中国农地制度。在现状描述部分中，分别采用省级宏观数据和微观调查数据对正式和非正式农地流转发展情况、空间分布进行了深入分析，得出2016年以后的农地流转陷入了"停滞期"，未来推动中国农地规模经营主要集中于推进东部和西部的承包地流转。非正式农地流转在全国东部、中部、西部地区均广泛分布：中部地区的农户流转率最高、西部其次、东部最低，与东部、中部、西部地区经济发展水平高低和地势差别一致。理论上来讲，经济发展水平越低，农地租赁市场越不发达，地势越破碎陡峭，越不利于规模经营，则正式农地流转面积越低，而非正式农地流转面积就越高。

第 5 章

非正式农地流转的形成机理

在了解了中国非正式农地流转的现实状况之后，有必要厘清中国非正式农地流转的形成机理。任何事物的形成都必然同时受到宏观与微观环境的共同作用。非正式农地流转的形成也并不具备偶然性，而是在中国情景下的产业时代、二元城乡关系、熟人社会和特色的土地制度下的必然结果，更是微观主体农户对于自身利益最大化的主动选择行为。因此，本章将重点从产业时代、二元城乡关系、熟人社会和特色的土地制度四个视角分析中国非正式农地流转形成的宏观原因，并依次推导与分析了一般性货币地租、人情租金（从交易费用、效用函数与风险损失视角）、口头契约与交易期限形成的微观机理。

5.1　非正式农地流转形成的宏观原因

5.1.1　产业时代：以农为生的格局嬗变是低租金流转的开端

随着近代工业化的到来，"以农为生"的传统生产格局发生了巨大变化，第二、第三产业成为经济的绝对主导。依据麦迪逊（Maddison，2008）的研究估算，在 1890 年时，中国农业占国内生产总值的 68.0% 以上，而到

2018 年已经下降至 7.2%。1933 年中国现代工厂生产仅仅占 GDP 的 2% 左右（John et al.，1969），即使到了 1949 年中华人民共和国成立之后，其工业产值也仅占到 GDP 的 15%（陶长琪等，2019），随着优先发展工业的战略和改革开放后，工业的快速发展使得其产值呈现出了"先增后降"的趋势，但 2019 年占比仍为 38.6%（见表 5-1）。1949~2019 年的这 70 年中，中国的第二、第三产业实现了较快发展，两大产业的增加值之和在总产值的比例实现了由 34.0% 到 92.9% 的增长，成为国民经济的绝对主导。到 2019 年时，中国的三次产业贡献率分别为 5.9%（第一产业）、32.6%（第二产业）和 61.5%（第三产业）。这标志着中国农业产业在"现代产业时代"发展落伍，现代国民经济已经告别传统社会"以农为生"的生产经营格局。

表 5-1　　　　1978~2019 年中国三次产业占比以及对经济的贡献率　　　单位：%

年份	第一产业增加值占比	第二产业增加值占比	第一产业贡献率	第二产业贡献率	年份	第一产业增加值占比	第二产业增加值占比	第一产业贡献率	第二产业贡献率
1978	27.7	47.7	9.8	61.8	2011	9.2	46.5	4.1	52.0
1983	32.6	44.2	23.8	43.5	2012	9.1	45.4	5.0	50.0
1988	25.2	43.6	5.3	61.3	2013	8.9	44.2	4.2	48.5
1993	19.3	46.2	7.6	64.4	2014	8.6	43.1	4.5	45.6
1998	17.2	45.8	7.3	59.7	2015	8.4	40.8	4.4	39.7
2003	12.3	45.6	3.1	57.9	2016	8.0	39.6	4.0	36.0
2008	10.2	47.0	5.2	48.6	2017	7.5	39.8	4.6	34.2
2009	9.6	46.0	4.0	52.3	2018	7.0	39.7	4.1	34.4
2010	9.3	46.5	3.6	57.4	2019	7.1	38.6	3.9	32.6

注：贡献率指各产业对国内生产总值增长速度的贡献率，如第一产业对 GDP 的贡献率是指第一产业对国内生产总值增长速度的贡献率，等于第一产业增加值增量与 GDP 增量之比。按不变价格计算。第三产业增加值占比和贡献率可以通过第一、第二产业计算求出。

资料来源：中国国家统计局。

产业结构转变不仅带来人地关系变化，而且带来农业相对要素价格变化，已经引致了中国的农业发展模式发生了历史性转折——即从过去的通过过密化劳动力投入提高土地生产率的旧发展模式过渡到通过提高资本和机械化投入来提升劳动生产率的现代化农业发展模式（刘守英与王一鸽，2018）。第二、第三产业依靠调整投入产出结构与规模，实现产品的价值增值的同时降低了生产成本，而农业具有天然的弱质性（李德锋，2004），因此，依靠不断增加投入保障产量、保障粮食安全，使得农业在产业时代的比较效益越来越低，为此本章统计了三种主要粮食作物（水稻、小麦、玉米）的成本收益来予以说明（见图5－1）。

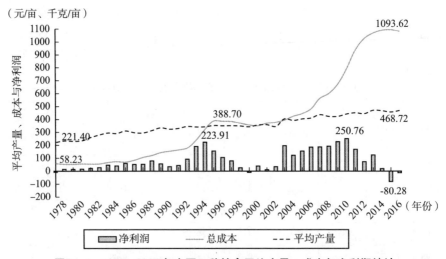

图5－1　1978～2017年中国三种粮食平均产量、成本与净利润统计

资料来源：1978～1990年数据来自《建国以来全国主要农产品成本收益资料汇编1953～1997》，1991～2017年数据来自历年《全国农产品成本收益资料汇编》。

图5－1统计论证了改革开放四十多年来三种粮食作物（水稻/小麦/玉米）的亩均成本大幅度提升而净利润微薄甚至近几年为负的事实。具体来讲，四十多年来三种主要粮食作物的亩均产量实现了稳步增长：从1978年的221.40千克/亩提升到了2017年的468.72千克/亩，增加了247.32千克/亩，年均增长6.18千克/亩。对比三种粮食作物的净利润可知，2011年出现了最高的亩均净利润，但也仅仅为250.76元/亩，其余大多数年份的净利润都在100元/亩以内，印证了"增产不增收"的农业经济理论。2011年之后，随

着亩均生产成本的大幅度提升，三种粮食作物的亩均净利润大幅下降，到2016 年为 −80.28 元/亩。微薄甚至亏本的农业利润形成"推力"，让 3 亿多农业劳动力放弃土地逐步转移到高收益的第二、第三产业，必然将原有承包地选择低租金甚至无偿形式转出，一是可以避免承包地荒芜而增加失业后返乡的返耕成本；二是邻里无偿耕种土地可以使得转移农户继续获得耕地补贴，而邻里愿意代耕低利润的土地是因为自身能力与文化素质技能低下，被迫"剩"在农村、"圈"于农业，无法离土离农，无偿代耕可以扩大规模增加总产量的同时增进亲朋邻里关系。因此，可以说"以农为生"的格局嬗变导致的农业产业比较效益低是大量劳动力产业转移与选择低租金流转农地的根本原因。

5.1.2 城乡中国：农业剩余劳动力的产业转移并不再"以地为生"

中国城乡二元经济、城市化进程的加速为劳动力的乡城转移提供了可能，这部分农业人口不再"以地为生"，为闲置下的农地非正式流转提供了萌芽的"土壤"。二元经济中经济高度发达的城市反哺农村、农业，尤其是带动了农业科技的进步与农业机械化的研发与推广，这替代了大部分农村劳动力，而发达的城市经济又提供大量的劳动回报较高的就业岗位，促进了农村劳动力的乡城转移"拉力"的形成。人人有份的承包原则下，农业剩余劳动力的产业转移留下了大量的承包地，以 2.9 亿外出务工人员和人均 2 亩耕地进行粗略推算，约将有 5.8 亿亩耕地"剩下"，占总耕地面积的28.80%，这部分耕地成为非正式农地流转土地的主要来源。随着离农群体打工年限的增加以及非农工作的逐步稳定，该群体的非农就业收入将大幅度增加，离农群体也从此摆脱了只能依靠土地才能生存的局面，不再以地为生，但仍然期盼着以地养老保障老年就业，同时为了维护产权稳定，因此不少离农群体选择将农地以非正式形式流转给亲朋邻里。

表 5 − 2 统计分析了 1978 年来中国的农民工数量增长情况。统计结果表明，农民工数量增长十分迅猛。1979 ~ 2020 年，中国农村的外出务工人数

从897.6万人迅猛增长到28560万人，年均增加了658.63万人。2019年全
年的流出人口为2.91亿人，受到新冠疫情的影响，部分农户无法外出和找
到合适的就业岗位，2020年的外出人口数有所下降，但仍然达到了2.86亿
人。可见，中国农村转移劳动的数量之大，体现了二元城乡经济的要素配置
特征。正是因为农村劳动力的乡城转移和"两栖"特性，才为非正式的农
地流转奠定了基础。

表5-2 　　　　　　　　　1979～2020年中国农民工数量统计　　　　　单位：万人

年份	农民工数量	年份	农民工数量	年份	农民工数量	年份	农民工数量
1979	897.6	1990	3228.7	2001	8399.0	2012	26261.0
1980	916.3	1991	3267.9	2002	10470.0	2013	26894.0
1981	882.7	1992	3468.2	2003	11390.0	2014	27395.0
1982	878.7	1993	6200.0	2004	11823.0	2015	27747.0
1983	873.0	1994	6600.0	2005	11527.0	2016	28171.0
1984	1033.6	1995	7000.0	2006	13181.0	2017	28652.0
1985	2741.0	1996	3890.3	2007	17861.5	2018	28836.0
1986	3139.3	1997	4935.5	2008	22542.0	2019	29077.0
1987	3297.2	1998	2503.6	2009	22978.0	2020	28560.0
1988	3412.8	1999	6133.4	2010	24223.0		
1989	3255.6	2000	7849.0	2011	25278.0		

资料来源：1979～1992年农民工数据用《新中国农业60年统计资料》中的工业就业人数替代；
1993～2002年农民工数据来自江立华（2014）；2003～2005年数据来自纪月清等（2009）；2006～
2017年数据来自中国国家统计局、中国国家粮食局，2018～2019年数据来自《2018～2019年中华
人民共和国国民经济和社会发展统计公报》；2020年数据来自中商情报网。

5.1.3　熟人社会：人情网络与口头合约降低了农地流转交易费用

农地非正式流转的另一个重要宏观经济学背景是人情中国、熟人社会能
降低交易费用。早期学者也关注到了无偿流转行为的存在，并简单地将其发

生机制归纳为交易费用的降低，并得出非正式农地流转阻碍了当地的正式农地租赁市场的发育。一些学者的实地调查研究认为，地租无偿的两个重要原因是交易成本与农产品价格（陈曜与罗进华，2004），这也被邓大才（2007）后来的研究所证实。他们都认为农地流转过程中存在过高的交易成本，这会导致当地租赁市场价格发现功能无法充分发挥，反过来也使得当地的农地租赁市场发育较长时间处于初始阶段。那些民间自发形成的零地租或人情租流转，已经严重制约了当地农地租赁市场的发展（钟涨宝与汪萍，2003；叶剑平等，2006），必然也影响到了一直被认为的低效率的农地利用和被严重扭曲的资源配置（马元等，2009）。过高的农地交易费用对于农户以及经济组织的农地转入需求甚至可流转农地供给的增加都会产生负面影响，最终影响了交易效率，导致租赁市场的发育不良（姚洋，2000，2004；田传浩，2005；Deininger and Jin，2006；黄祖辉等，2014）。

　　降低交易费用最直接的方式是优化契约对象的选择。一些学者如贺雪峰（2011）与张路雄（2012）等认为无偿流转的对象更多是以极低价格并采取非正式流转方式转给了"剩"在农村的邻里亲友。非正式农地流转行为必然会经常性地发生于农村"熟人社会"村庄内部（马元等，2009；高名姿等，2015），因此不仅是经济性合约，更是"社会性合约"（田先红与陈玲，2013）。非正式农地流转可以说是人情的"互惠或者交换"而非经济货币的"交易"，还能够一定程度上保障租出农户的农地产权安全（胡霞与丁冠淇，2019），以便需要时及时收回（王亚楠等，2015），也能够规避"离乡不离土"农民工的失业风险。在"人人有份"的承包规则下，使得发生了产业转移的农村劳动力留下了数量庞大的个人名下的承包地，约占总耕地面积的28.80%[①]，选择非正式流转给亲朋邻里可以降低正式契约签订过程中的交易费用，也能维护亲朋邻里的"社会关系"。因此，非正式农地流转的形成的重要原因是熟人社会与人情网络降低了非正式流转交易的成本费用。

---

　　① 按照 2.88 亿农民数据进行计算，假定每个农户平均拥有 2 亩承包地，则留下的承包地总体面积约为 5.76 亿亩，除以总体确权后的总耕地面积为 20 亿亩，等于 28.80%。

5.1.4 农地制度：受限制的农地产权制度约束助推了短期交易行为

随着新制度经济学的新起，到了现代，土地流转市场的机理解释逐步转向产权和契约理论。哈罗德·德姆塞茨（Demsetz，1967）通过观察到的美国印第安人对土地私有下维持了良好的运转情况，总结得出了一个较为重要的规律：产权起源于资源的稀缺性。费德与菲利（Feder and Feeny，1991）的研究认为，土地市场的效率低下与不确定性风险的来源是土地产权制度安排不明晰。此后，大量学者将新制度经济学中的产权理论用于解释世界各地土地流转市场纷繁复杂的现象。通过对摩尔多瓦的农村调查，戈顿（Gorton，2001）得出正是因为缺乏清晰的产权和正式证书，抑制了土地市场的发展。兰由（Lanjouw，1999）对印度的两个自然村落进行了实地数据采集与访谈，最终认为当地对村庄内的土地流转的限制会产生负面影响，尤其是对农业信贷、与地力相关的投资和农户的耕种决策等几个方面，负面影响更为显著（Pender et al.，1999）。戴宁格尔和宾斯旺格（Deininger and Binswanger，1999）对非洲、拉丁美洲和东南亚等国家的研究后得出土地租赁市场比买卖市场交易费用低，租赁能提高佃户的生产效率，为此政府应该采取措施培育租赁市场来推动土地的使用权转让。一些学者对各国国家土地市场的出现与贫穷、公平、效率的影响进行了系统的研究发现，民间土地市场的禁止使得农村土地产权不稳定，导致了利用无效与公平缺失（Holden et al.，2009；Jin et al.，2013；Chamberlin and Rickergilbert，2016）。通过对 20 世纪 90 年代中国农地流转市场的研究，霍顿和乔纳斯（Holden and Yohannes，2002）认为农民对土地的产权拥有的不稳定性也影响了流转契约的签订。来自对湖南、贵州、云南 3 省的调查数据显示，农户是否有清晰的土地流转权对其进入土地租赁市场产生重要影响（Deininger and Jin，2005）。卡特与姚洋（Carter and Yao，2002）也认为土地转让权对家庭要素价格均衡和配置效率产生影响。总之，影响流转契约短期或者期限"不固定"的原因被认为是农地产权制度的不清晰、不完整与"受到限制"。

综上所述，通过对文献的梳理以及现况的分析，总结归纳出了中国非正式农地流转形成的宏观背景和原因：一是由于处于产业时代背景下，"以农为生"的格局嬗变是无偿租金流转的开端；二是在城乡中国的格局下，农业剩余劳动力的产业转移并不再"以地为生"，为人情租农地流转提供可能；三是在熟人社会网络中，人情网络与口头合约破除了农地流转交易费用；四是在当期的中国特色的农地制度框架内，受限制农地产权制度约束助推了短期流转交易行为。纵然如此，宏观背景或原因仅仅是事物形成或发展的"外因"，其"内因"关键还在于载体的内生微观行为。因此接下来的部分将从微观视角分析中国非正式农地流转形成的内在机理。

5.2　非正式农地流转形成的微观机理

5.2.1　货币地租的形成机理

通常来讲，地租的本质是生产者创造的剩余价值。地租是农地所有者出租农地获得的经济报酬，经营者向所有者支付的经济或者实物代价，以此分为经济租和实物租。最初的地租可以追溯到奴隶社会，并称为奴隶制地租，以奴隶主剥削奴隶的劳动而闻名，以劳役地租为主要形式。进入封建社会后，以封建地主剥削农户包括了直接生产者的全部剩余生产物，前期以实物租为主，后期逐步出现了货币租。资本主义社会下的地租改变了占有全部剩余的方式，转向了超额利润部分；到了公有制背景下的社会主义地租阶段，则是农户个体与村庄集体和国家之间在土地利益上的分配关系（毕宝德，2016）。一般来讲，地租理论可分为古典、马克思和现代三类经济学地租理论。

第一，古典经济学地租理论。威廉·配第在其专著[①]中最早指出了"地

---

① 参见威廉·配第. 赋税论（全译本）[M]. 武汉：武汉大学出版社，2011.

租是在土地上生产农作物所得的剩余收入"的观点。1776 年，亚当·斯密在其专著中①指出，地租是一种垄断价格，他承认了绝对地租的存在，未能旗帜鲜明地提出②。1817 年，大卫·李嘉图在他的书③中给出地租产生的两个先决条件：有限性和土地自然属性包括肥力和位置的差异，这本质上是所谓的级差地租Ⅰ；但他否定了绝对地租的存在性。詹姆斯·安德森则认为"土地产品的价格决定地租"。第二，马克思地租理论。他将级差地租分为级差地租Ⅰ和Ⅱ，认为土地肥力和地理位置是级差地租Ⅰ形成的条件之一，资本主义地租就是超过平均利润的那部分价值。马克思指出地租来自社会而不是土壤④，批判了地租是自然赐予的观点。马克思认为农产品涨价提升了地租⑤。第三，现代经济学地租理论：重点探究了地租的核心影响因素方面。萨缪尔森认为地租是经营者为了获得土地的使用权或者经营权而需要支付的价格或付出的代价。

按照现代地租理论的假定：土地的供给永远是固定不变的，则地租就完全取决于土地的需求曲线的高低。如图 5 - 2 （a）所示，横坐标 X 轴表示拥有固定不变的土地数量 L，纵坐标 Y 轴表示地租 r，$S_0(S_1)S$ 代表土地供给曲线，之所以与坐标轴 X 垂直，是因为古典和新古典土地经济学假定土地数量是不变的，因此地租完全由土地的市场需求决定。如图 5 - 2 （a）所示当土地流转市场上的主体大幅度增加时，土地的需求量增加，假如需求曲线从 D_0 提高到 D_1 时，供给曲线不变，则均衡点就从 E_0 上升到 E_1，那么地租就从 r_0 上涨到 r_1。事实上，土地的供给并非固定不变，尽管全球以及某一个国家或者地区的土地总量是不变的，但是随着快速推进的城镇化，有大量的土地被开发与改造，不同用途的土地实际上也是可变的（Alan，2004）。如果考虑到中国的农地问题，我们将图 5 - 2 （a）发展成为图 5 - 2 （b）的形

① ［英］亚当·斯密. 国民财富的性质和原因的研究 ［M］. 北京：商务印书馆，1972.
② 马克思恩格斯全集（中文 1 版，第 26 卷）［M］. 北京：人民出版社，1973.
③ ［英］大卫·李嘉图. 郭大卫，王亚南译. 政治经济学与赋税原理 ［M］. 北京：商务印书馆，2021.
④ 马克思恩格斯选集（第 2 版）［M］. 北京：人民出版社，1995（1）：187.
⑤ 马克思恩格斯全集 ［M］. 北京：人民出版社，2012（25）：860.

式，可以用来解释一般农地地租的形成。为保障粮食安全，中国政府早年就制定了耕地红线，但在现实中，尤其是在一些偏远的农村地区，由于管理松散和农户对耕地的保护意识不强，耕地的非农化现象仍然十分严重（杨文杰等，2019），故实际可流转的农地量越来越少。

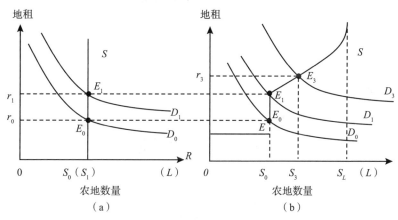

图 5 - 2　竞争状态下的一般性地租形成与决定

资料来源：笔者绘制。

图 5 - 2（b）所示横坐标代表农地的数量（L），纵坐标代表土地流转价格或地租（r），中国农地市场实际上可以提供的土地供给用 RE_1S 代表。系列需求曲线 D_0、D_1、D_3 代表规模经营者需求。土地的市场需求是指，愿意从事规模经营的主体在当地地租均衡价格水平的限制下仍然愿意获得的土地数量且能够支付得起。

其中，RE 段可以被认为是土地流转市场未形成之前的状态，在国家"禁止农地流转"阶段的土地供给，此时土地的数量与地租不相关。RE 段还可以更多地被解释为表示 OS_0 这部分农地无法参与流转交易市场，因为目前甚至在未来很长一段时期内，以普通小农户为主的农业经营仍然是中国农业生产的主力军，其经营的面积占全国总耕地面积的 70% 以上（王亚华，2018）。也还可以把这部分土地称为保障现阶段约 5.52 亿农村常住居民[1]的

_____

[1]　资料来源于国家统计局：2019 年我国城镇常住人口 84843 万人，乡村常住人口 55162 万人。

"生存资料"，也就是说这部分群体所承包的土地不太可能会参与大规模流转，基本上属于自耕农或者兼业农户，目前还无法彻底"离开土地和农业"。在此阶段，无法形成农地流转市场和地租。把 S_0S_3 之间的"可供给土地"或者"可流转土地"分为 EE_1 和 E_1E_3 两段，EE_1 阶段的含义与图 5−2 （a）一致，表示地租发展到古典和新古典阶段时农地需求和供给的关系。

需要重点解释的是 E_1S 阶段发生倾斜的土地供给曲线，此阶段满足一般性的供需定理，也就是货币租流转形成的机制：正如所有政策的供需曲线表达的原理一样，农地需求量的增加会带动地租上升，当土地市场需求从 D_1 提高到 D_3 时，均衡点从 E_1 上升到 E_3，货币地租相应的从 r_1 上涨到 r_3。问题是，一般性货币地租形成并上涨到 r_3 之后，如何形成均衡的市场地租价格呢？为此，本章参照蛛网模型来解释 E_1S 后的地租变化过程（见图 5−3）。

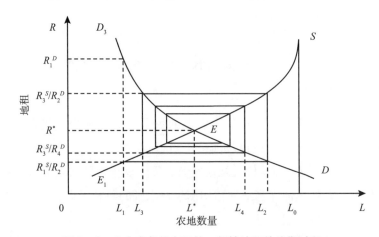

图 5−3　完全竞争状态下的一般性地租的均衡过程

资料来源：笔者绘制。

图 5−3 中的曲线的均衡点为 $E(R^*, L^*)$；在农地流转逐渐被政策法律"开禁"的初始阶段，农地的供给量较小为 L_1，而对应的地租为 R_1^D，而市场上仅提供的供给地租为 R_1^S，显然农地数量的供给小于需求；此时过高的地租会激励大部分农户大量进入农地交易市场，使得农地供给量增加到 L_2；此时对应的农地供给地租为 R_2^S，而需求地租下降为 R_2^D，且 $R_2^D = R_1^S$，农地的

市场供给大于需求，过低的供地租会使得部分农户选择退出农地交易市场，此时农地供给数量会减少到 $L_3(L_1 < L_3 < L_2)$，对应的供给地租价格和需求地租价格分别 R_3^S 和 $R_3^D = R_2^S$，显然需求大于供给，又会调节农户进入农地市场的数量到 L_4 等，如此循环往复，最终会收敛于均衡的农地流转市场地租价格 E 点。但是整个市场的农地供给量也是存在一个"上门限值" L_0，即那些愿意进行流转的农户的都流转了农地，而必然会存在部分自耕农户不愿意参与流转，为此供给曲线到了 L_0 时又会出现几乎垂直状态，完全不受市场地租的影响（无论地租多高，农地供给量也不会发生改变）。为了更为清晰地显示均衡过程，在借鉴王颜齐与郭翔宇（2012）的基础之上进行如下的数理化推导：

假设地租 R 是时间 t 的函数，即 $R = R(t)$；因为地租同时受到农地市场需求和供给的影响：当 $L_S > L_D$ 时地租 R 下降，当 $L_S < L_D$ 时则地租 R 上升，所以假设地租价格的市场变化率 $\mathrm{d}R(t)/\mathrm{d}t$ 是供需量差额的函数：

$$\mathrm{d}R(t)/\mathrm{d}t = \rho(L_s < L_D)，\quad (\rho < 0) \tag{5-1}$$

同时假定供给需求 L_S、L_D 都是 R 的线性函数：

$$\begin{cases} L_S = a_1 + a_2 R(t)，(a_1 < 0，a_2 > 0) \\ L_D = b_1 + b_2 R(t)，(b_1 > 0，b_2 < 0) \end{cases} \tag{5-2}$$

当 $L_S = L_D$ 时，均衡的地租为 $R(t)^* = -(a_1 - b_1)/(a_2 - b_2)$；

当 $L_S \neq L_D$ 时，将式（5-2）代入式（5-1），并令 $\rho(a_1 - b_1) = \alpha$，$\rho(a_2 - b_2) = \beta$，化简可得：

$$\mathrm{d}R(t)/\mathrm{d}t = \alpha + \beta；R(t)^* = -\alpha/\beta \tag{5-3}$$

对式（5-3）求解一阶线性齐次方程，有

$$R(t) = e^{\beta \mathrm{d}t}\left(\int \alpha - e^{-\beta \mathrm{d}t} + c\right) = ce^{\beta t} - \alpha/\beta = R(t)^* + ce^{\beta t} \tag{5-4}$$

给定一个初始价格 $R(t=0) = R(0) = R_0$，则可进一步求方程的特解：

$$R(t) = R(t)^* + (R(0) - R(t)^*)e^{\beta t} \tag{5-5}$$

对式（5-5）求极限得：

$$\lim_{t \to \infty} R(t) = \lim_{t \to \infty}\left[R(t)^* + (R(0) - R(t)^*)e^{\beta t}\right]$$
$$= \lim_{t \to \infty}\left[R(t)^*\right] + \lim_{t \to \infty}\left[(R(0) - R(t)^*)e^{\beta t}\right]$$

$$= R(t)^* + \lim_{t \to \infty} \left[(R(0) - R(t)^*) e^{\beta t} \right] = R(t)^* = R^* \qquad (5-6)$$

又因为：$\beta = \rho (a_2 - b_2)$ 且 $a_2 > 0$，$b_2 < 0$，所以 $\beta < 0$ 则 $\beta t \to -\infty$，则：

$$\lim_{t \to \infty} \left[(R(0) - R(t)^*) e^{\beta t} \right] = 0$$

由式（5-6）可知，随着时间 t 的推移，农地流转的市场价格波动最终将收敛于市场均衡点 R^*。

总之，尽管中国政府经过多年的实践探索和制度改革，已经成功地建立起较为完善的在社会主义公有制度下的特色农村集体土地所有制度，但在丰富地租理论和产权制度理论方面仍然还有很长的路要走。社会主义市场地租除了满足"图5-2（b）"的一般性货币地租形成机制以及均衡市场地租的形成过程之外，也同样存在社会主义级差地租、绝对地租，因为其存在的客观条件仍然存在，用于借鉴和分析现阶段中国正式农地流转市场地租的形成，是不可少的。在集体所有制条件下，级差地租Ⅰ一般可以被分配给村庄集体经济组织，也就是土地的所有者；级差地租Ⅱ则归为土地经营者所得（毕宝德，2016），如果是未发生流转的自耕农户，应该归于承包者。在厘清一般性地租（货币地租）之后，更为重要的是，进一步研究与之相对应的人情租金的形成。

5.2.2 人情租金的形成机理

（1）基于交易费用视角的诠释

交易成本思想的开端来自科斯，他早年提出了"使用价格机制是有成本的"观念（Coase，1937）。到了1960年，科斯进一步指出，市场交易的执行，需要在谈判的基础之上，明确交易双方的意愿和条件，在交易过程中拟订契约并约定好监督机制。西方制度经济学家主流观点的核心是：第一，强调制度成本。阿罗最早使用"交易成本"的学术术语，他提出交易成本在某些特定情况下已然成为市场形成的重要阻力（Arrow，1969），也就是制度运行是需要成本的。威廉姆森（Williamson，1971，1991）将交易成本进行细化，用三个维度进行刻画，一是资产的专用性；二是交易的频率；三是不确定性。诺斯给出了交易成本较为完整的定义，交易成本是在制定和执行契约时产生的成本（North，1990）。张五常给出了自己的见解，他将交易成本用来衡量实施契约或者制度过程中所发生的成本，并将交易成本引入制度层面（Cheung，1969）。第二，强调产权转移成本。巴泽尔则提出与转让交易、保护产权稳定有关的成本就是交易成本（Barzel，1989）。综上所述，交易成本的共性在于是在实施交易中为界定、维护和监督产权执行而产生的资源耗费。

如果不考虑人情变量，仅仅考虑农地交易中的"交易费用"问题。假定农产品市场是完全竞争市场，L_i 为经营承包地面积，$i = a$，b，a 表示规模经营户，b 表示传统普通小农户，分别经营承包地的边际成本为 C_a 和 C_b，给定两类农户的承包地初始禀赋为 L_0，显然有 $L_a > L_0$，$L_b < L_0$，均面对农产品的市场价格为 P。假设其他影响因素如生产技术、管理水平、机械化水平、种植经营丰裕度等影响农业产出的变量保持不变，仅仅考虑经营承包面积的土地带来生产函数的变化，则两类农户的生产函数变为 $F_i(L_i)$，且满足边际收益递减的一般原则。因为农地交易成本来自交易过程的合约签订、地租协商与协议维护，假设交易费用是面积的函数，满足 $C(L) = C_i' L$，承包地的交易价格即地租仍然为 R，则 $R > 0$ 时为有偿流转（或称为货币租流转），当农地流转地租 $R = 0$ 时为无偿流转（或者称为人情租流转）。

第一，规模户的经营流转决策行为。

①当 $C(L) = 0$ 且 $R > 0$ 时，规模户的收益函数为：

$$\pi_{a1} = pF_a(L_a) - R(L_a - L_0) - C_a(L_a - L_0) \quad (5-7)$$

规模经营农户流转承包必然遵循利润最大化决策：求 $\max \pi_{a1}$，则有：

$$\frac{\partial \pi_{a1}}{\partial L_a} = p \frac{\partial F_a(L_a)}{\partial L_a} - R - C_a = 0 \quad (5-8)$$

因为 $MR_{a1} = MC_{a1}$，而 $MR_{a1} = \frac{\partial \pi_{a1}}{\partial L_a}$，所以有：

$$MR_{a1} = p \frac{\partial F_a(L_a)}{\partial L_a} = R + C_a = MC_{a1} \quad (5-9)$$

如果存在非正式无偿转入土地时，此时 $R = 0$，则有 $MR_{a1} = MC_{a1} = C_a$。

②当 $C(L) > 0$ 且 $R > 0$ 时，规模户的收益函数为：

$$\pi_{a2} = pF_a(L_a) - R(L_a - L_0) - C_a(L_a - L_0) - C_a^t L_a \qquad (5-10)$$

规模经营农户流转承包必然遵循利润最大化决策：求 $\max \pi_{a2}$，则有：

$$\frac{\partial \pi_{a2}}{\partial L_a} = p\frac{\partial F_a(L_a)}{\partial L_a} - R - C_a - C_a^t = 0 \qquad (5-11)$$

因为 $MR_{a2} = MC_{a2}$，而 $MR_{a2} = \frac{\partial \pi_{a2}}{\partial L_a}$，所以有：

$$MR_{a2} = p\frac{\partial F_a(L_a)}{\partial L_a} = R + C_a + C_a^t = MC_{a2} \qquad (5-12)$$

而如果当存在非正式无偿转入土地时，$R = 0$，则有 $MR_{a2} = MC_{a2} = C_a + C_a^t$。

第二，小农户的承包地流转决策行为。

①当 $C(L) = 0$ 且 $R > 0$ 时，小农户的收益函数为：

$$\pi_{b1} = pF_b(L_b) + R(L_0 - L_b) - C_b L_b \qquad (5-13)$$

理性的小农户流转承包也必然遵循利润最大化决策：求 $\max \pi_{b1}$，则有：

$$\frac{\partial \pi_{b1}}{\partial L_b} = p\frac{\partial F_b(L_b)}{\partial L_b} - R - C_b = 0 \qquad (5-14)$$

所以有：$MR_{b1} = p\frac{\partial F_b(L_b)}{\partial L_b} = R + C_b = MC_{b1}$。

当存在非正式无偿转出土地时，此时 $R = 0$，则有 $MR_{b1} = MC_{b1} = C_b$。

②当 $C(L) > 0$ 且 $R > 0$ 时，小农户的收益函数为：

$$\pi_{b2} = pF_b(L_b) + R(L_0 - L_b) - C_b L_b - C_b^t(L_0 - L_b)\,(C_b^t \leqslant R) \qquad (5-15)$$

理性的小农户流转承包也必然遵循收益最大化决策：求 $\max \pi_{b2}$，则有：

$$\frac{\partial \pi_{b2}}{\partial L_b} = p\frac{\partial F_b(L_b)}{\partial L_b} - R - C_b + C_b^t = 0 \qquad (5-16)$$

因为 $MR_{b2} = MC_{b2}$，而 $MR_{b2} = \frac{\partial \pi_{b2}}{\partial L_b}$，所以有：

$$MR_{b2} = p\frac{\partial F_b(L_b)}{\partial L_b} = R + C_a - C_b^t = MC_{b2} \qquad (5-17)$$

当存在非正式无偿转出土地时，此时 $R = 0$，则有 $MR_{b1} = MC_{b1} = C_a - C_b^t$。

将上述数学化表达式进行图解，如图 5-4 所示。在图 5-4（a）中，X 轴代表的是农地的经营规模（面积），Y 轴代表的是规模户经营农地的边际成本和边际收益（必然也遵循边际报酬的一般性规律：在规模经营初期上升，而后随着规模的继续扩大，边际报酬将会逐步减少）；L_0 为规模户自家拥有的承包面积，因其较强的经营能力而基本上位于边际报酬增长的"左翼"阶段，为追求更大的收益，规模农户需要扩大土地规模：进而作出转入承包地的决策。L_{a1} 代表交易成本为零时规模农户的经营规模，L_{a2} 代表考虑交易成本时候的经营规模，此时，规模户 a 的土地流转面积分别为（$L_{a1} - L_0$）和（$L_{a2} - L_0$），可以将（$L_{a1} - L_{a2}$）表示的农地面积量，理解为规模户选择人情租流转形式流入的面积。除此之外，还可以得出：随着交易费用如谈判、拟订契约、实施监督等费用的下降，规模户的土地经营规模将逐步扩大。

在图 5-4（b）中，横纵轴分别表示的是普通小农户的承包地面积和其从事农业经营的边际成本与收益。当交易成本为零时，小农户自营地面积为 L_{b1}，将转出（$L_0 - L_{b1}$）单位的承包地面积；当交易成本逐步上升为正时，小农户生产经营的边际成本曲线将由 MC_{b1} 变为 MC_{b2}，此时小农户将经营面积调节至最优的 L_{b2}，流转出的承包地面积为（$L_0 - L_{b2}$）；如果改变函数式（5-13）的约束条件，即小农户选择货币租流转承包地需要价格商议、签约、履约等过程带来的交易成本大于规模者所支付的货币租。此时，小农户如果仅仅考虑土地规模，会选择土地边际成本曲线 MC_{b4}，而考虑交易成本之后的边际成本曲线变为 $MC_{b3} = C_b^t$，显然只要满足约束条件 $C_b^t > R$，则小农户的最优决策在曲线 MC_{b3} 上，则小农户自营面积的最优面积为 L_{b3}，剩余的土地（$L_0 - L_{b3}$）不会进入正式的"货币租"流转市场，而是一部分将会选择零租金等非正式方式，无偿流转给规模经营户，一部分劣质土地还会选择"抛荒"。

如果当地流转市场欠发育，流转的交易成本十分高昂，那么更可能会促进货币租流转面积的减少，而人情租流转的和"撂荒"面积的增加。那么，如何解释小农户会选择抛荒还是无偿流转呢？除了政策多年严令禁止之外[1]，

---

[1]　1984 年中央一号文件《关于一九八四年农村工作的通知》提出："荒芜、弃耕的土地，集体应及时收回。"2020 年《中华人民共和国农村土地承包法（二次修正）》指出，"弃耕抛荒连续两年以上，承包方可以解除土地经营权流转合同"。

考虑到人情变量和地力可持续变量的结果，维系乡里社会关系等都会促进其选择无偿流转。事实上，在农地确权后，由于权利的让渡，固化了农民的土地权利，强化了承包地的禀赋效应（钟文晶，2013；罗必良，2014；胡新艳等，2016），使得农地流转的交易费用逐渐上升，成为确权后规模户转入土地"困难"的重要原因之一。

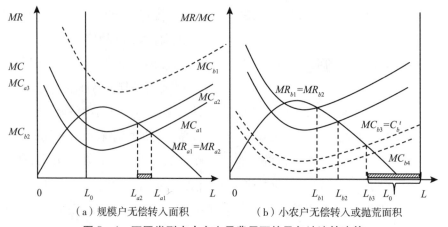

图 5-4　不同类型农户在交易费用下的承包地流转决策

资料来源：笔者绘制。

第三，承包地确权后的交易费用。

学术界将中国一些地区的农地流转不畅问题的原因归结于农地产权的残缺（钱忠好，2002）。如果将农地流转仅仅理解为交易来讲，参与农地流转的双方一定是在某一约束下或者条件限制下追求自身利益的最大化（或者成本最小）的必然结果（冀县卿等，2015）。事实上，科斯很早就提出交易是有成本的，且交易费用必然是普遍存在的。张五常（2010）还将交易费用按照交易时序先后进行了分类，认为交易前的收集信息、交易中的讨价还价、决策以及交易中的监督和执行费用都能成为交易费用。农地确权的主要目标是降低交易费用，规范农地流转行为，而清晰的产权是降低交易费用的重要前提。在借鉴冀县卿等（2015）文献对农地流转与交易费用之间的关系描述的基础之上进行改进，加入农地确权（产权残缺到产权完善）变量衡量农地流转中的交易费用所产生的影响机理，如改进的图 5－5 所示。

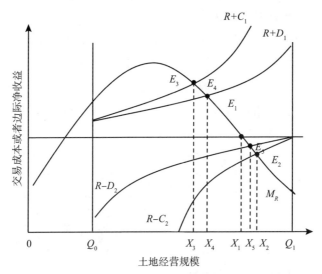

图 5－5 确权后交易费用对农户流转行为的影响机理

资料来源：笔者绘制。

在图 5－5 中，*MR* 曲线刻画的是农户在经营管理农地过程中形成的一般性的边际净收益曲线，*R* 用以衡量当地农地租赁市场均衡价格。那么，在农村承包地开展确权之前，当时的农地流转的交易费用可以通过 C_1 和 C_2 两部分进行刻画，这两种交易费用分别由租入户和租出户承担。对于转入户而言，其实际支付成本为 $R + C_1$；对转出户而言，其实际收益为 $R - C_2$。假定分别用 Q_0 和 Q_1 刻画租入、租出农户的初始经营面积或者土地规模。在农地确权后，因为确权明确了农村承包地面积、位置、大小和权属关系，能够减少纠纷，减少交易成本，因此，图 5－5 中曲线 $R + D_1$ 代表转入户在确权后的实际支出，$R - D_2$ 代表农地转出户的实际收益，均衡点分别为 E_4 和 E_5。

在农村承包地进行确权之前，农地在发生市场交易的流转过程中必然也会因为一些如"菜单成本、信息收集成本"等不可避免地产生所谓的交易费用。此时，土地租入者均衡点将由原来的 E_1 上升到 E_3 的位置，而租出农户的市场均衡点则从原来的 E_1 下降至 E_2 的位置，那么对于那些扩大经营面积的转入农户来讲，边际净收益曲线 MR 与成本曲线 $R+C_1$ 相交于 E_3 点，则可以清晰地得到此时规模转入农户经营的耕地面积为 Q_0X_3 个单位，与原有均衡点 E_1 点相比，明显缩减了耕地面积 X_3X_1 个单位。而对于那些放弃经营权而选择租出农地的租出户来讲，其边际净收益曲线 MR 与 $R-C_2$ 成本曲线相交于 E_2 点，则发生流转的耕地面积为 X_2Q_1 个单位，与原有均衡点 E_1 点进行比较易知，租出耕地者用以流转的面积 X_1X_2 个单位（见表 5 – 3）。

表 5 – 3 　　　　　　　交易费用对农户流转行为的影响结果分析

时期	情形	交易函数				交易面积		减少面积
		交易主体	均衡公式	均衡交点	最优土地规模	转入面积	转出面积	与 E_1 相比
	交易费用^0 = 0	转入户	$MR = R$	E_1	X_1	Q_0X_1	—	—
		转出户	$MR = R$	E_1	X_1	—	X_1Q_1	—
土地确权以前	交易费用^1 > 0	转入户	$MR = R + C_1$	E_3	X_3	Q_0X_3	—	X_3X_1
		转出户	$MR = R - C_2$	E_2	X_2	—	X_2Q_1	X_1X_2
土地确权以后	交易费用^2 > 0	转入户	$MR = R + D_1$	E_4	X_4	Q_0X_4	—	X_4X_1
		转出户	$MR = R - D_2$	E_5	X_5	—	X_5Q_1	X_5X_1

注：其中，$X_2 > X_5 > X_1 > X_4 > X_3$；$Q_1 > Q_0$；交易费用^1 > 交易费用^2 > 0；$C_1 > D_1$，$C_2 > D_2$；"—"表示缺失或没有。

资料来源：笔者绘制。

在农地确权之后，农地流转过程中仍然存在一定的交易费用，只是在产权逐渐清晰的过程中减少了原来较大的交易成本。此时，规模转入农户的均衡点将会由原来的 E_1 上升到 E_4（低于 E_3），而租出者的均衡点将由原来的均衡点 E_1 下降到 E_5（高于 E_2）。那么，就租入耕地的农户而言，边际净收益曲线 MR 与其成本曲线 $R+D_1$ 相交于均衡点 E_4，那么租入的面积扩大到了 Q_0X_4 个单位，但与 E_1 点相比，租入耕地的面积减少 X_4X_1 个单位；如果与 E_3 点相比，增加了 X_3X_4 的流转面积。相对应地，就租出耕地的农户而言，边际净收益 MR 曲线与 $R-D_2$ 曲线最终相交于均衡点 E_5，则其租出耕地的总面积为 X_5Q_1 个单位，若与原有均衡点 E_1 点相比，流出面积减少了 X_5X_1 个单位；与 E_2 点相比，则增加了转出 X_5X_2 个单位。

（2）基于效用函数视角的解释

通常来讲，普通农户的效用函数由两部分构造：家庭收入的高低和闲暇时间的长短，假定农户家庭效用函数为 $U(I, L)$；其中，收入 I 包括了农户家庭一年内的粮食产量对应的价额与在外部市场可以公开购买的劳务和商品的价值形式的总和。L 代表农户可选择的闲暇，一般来讲，农户所需的闲暇时间或者闲暇活动会存在既定的一个阈值，包括最大程度的"享受上限"记为 $\bar{L}$ 和最能忍受的闲暇下限 $\underline{L}$，且有 $\underline{L} \leqslant L \leqslant \bar{L}$。假定农户仅仅能参与正式农地流转市场的货币租流转或者民间的非正式农地流转的人情租流转。若农户选择货币租流转土地，则部分收入来自货币租金 M；若选择人情租流转土地的农户，则收入部分可以转化为"人情"收益 $Return$（Re），正所谓"远亲不如近邻"，如维系乡里社会网络关系记为 S_n、邻里生产帮扶照顾老幼记为 H_e、生病负债时获得借款记为 S_i 等，可记 $Re = S_n + H_e + S_i$，且农地转入者需要放弃一部分闲暇用于"支付人情"。

由于实际生活中，农户家庭或者户主在商量是否进行流转承包地的决策时，不只是需要考虑市场货币租金，还会维护亲朋邻里关系等充分考虑中国乡土社会中为人处世的过程中因"互帮互助"而产生的"人情"收益，更会评估风险与预期未来。分别假定转出方的产权风险（在农地确权颁证后此风险已经相对弱化）、就业风险、征用预期收益、保护耕地地力为 P_R、P_E、L_E、L_F，并将上述风险和记为 R_i，风险系数为 $\theta(0 \leqslant \theta \leqslant 1)$。因此，在考虑人情和风险变量的基础之上，可将普通农户家庭效用函数写成新的效用函数，记为 $U(M, Re, R_i, L)$，且满足 $U_M > 0$，$U_{Re} > 0$，$U_L > 0$，$U_{Ri} < 0$，即农户效用对于货币、人情、闲暇都是严格凹的，而农户效用对于风险是严格凸的；假设货币、人情、闲暇、风险不能相互替代时，则满足：

$$\partial^2 U/\partial M\partial Re = 0, \quad \partial^2 U/\partial M\partial L = 0, \quad \partial^2 U/\partial M\partial Ri = 0$$

$$\partial^2 U/\partial Re\partial Ri = 0, \quad \partial^2 U/\partial Re\partial L = 0, \quad \partial^2 U/\partial Ri\partial L = 0 \qquad (5-18)$$

在社会生产生活交往中，乡土农村社会往往需要"人情"保持平衡，表现为在"亏欠人情"时往往需要及时"还人情"，"人情"的互换是农户友好关系的根本。若长期出现人情的不对等，则乡邻友好关系难以维持，事实上短期内也要尽力维护人情的平衡问题（陈奕山，2017）。因此，假设长期内有 $\int dRe = 0$，而在第 t 到第 $t+1$ 的短时期内，仍然有 $\int_t^{t+1} dRe = 0$；那么，则选择将农地租出的家庭农户和土地的租入者分别追求的效益最大化函数为 $\max U^{out}(M, Re, R_i, L)$ 与 $\max U^{in}(M, Re, R_i, L)$。

在做租出农地决策时，假设租出农户家庭拥有的一定的货币现金存量，大小为 M_0^{out}，在过去的多年形成的人情存量（包括亏欠他人的人情或者他人感恩自己的帮助等总和）为 Re_0^{out}，面对的风险量为 θR_{i0}^{out}，能够转出的农地的面积为 T_0^{out}，只能接受正式农地流转市场的平均货币租租金率为 MRe_0^{out}；若选择货币租流转，则转出农户能够获得的货币租金为 $T_0^{out} \times MRe_0^{out}$。不仅如此，选择正式农地流转市场的转出农户还面对非正式农地市场（民间农地流转市场）上的多个具有"人情"交往的潜在农地需求者：即 n 个亲友邻里。

那么，这 n 个亲友邻里的农地需求面积可以表达为 $T_n^{in} \in \{T_1^{in}, T_2^{in}, T_3^{in}, \cdots, T_n^{in}\}$ 的形式，而多个转出者将要转出的农地面积表达式子为 $T_n^{out} \in \{T_1^{out}, T_2^{out}, T_3^{out}, \cdots, T_n^{out}\}$，而转出农户所收获的每单位面积的预期人情租率是 $Re_n^{in} \in \{Re_1^{in}, Re_2^{in}, Re_3^{in}, \cdots, Re_n^{in}\}$。那么，转出给某一位亲友邻里所需付出的单位人情租的表达式则为 $T_0^{out} \times Re_n^{in}$；所面临的风险收益为 $\theta R_i^{in} \in \{\theta R_{i1}^{in}, \theta R_{i2}^{in}, \theta R_{i3}^{in}, \cdots, \theta R_{in}^{in}\}$。

当农户选择不同的租金形态（货币租或人情租，可以将实物租通过物价转换成货币租，因此不加考虑实物租）时，为简便起见，将闲暇固定不变，参考陈奕山（2017）给出的承包地租出户的效用函数可以写出本章那些选择流出承包地农户家庭的最大效用函数和约束条件，如：

$$\max U^{out}(M, Re, R_i, L) = \max^{out}(M, Re, R_i)$$
$$s.t.: M \leqslant M_0^{out} + \alpha \times T_0^{out} \times MRe_0^{out} + \alpha \times T_0^{out} \times \theta R_{i0}^{out}$$
$$R \leqslant Re_0^{out} + (1-\alpha) T_0^{out} \times Re_n^{in} + (1-\alpha) T_0^{out} \times \theta R_{in}^{out}$$
$$(0 \leqslant \alpha \leqslant 1) \tag{5-19}$$

由式（5-19）可知，转出农户的效用函数与货币租金、人情租金、风险收益等相关，在租赁市场发育正常的情况下，可以总结出：当人情风险收益的边际效用小于货币租金的边际效用时，农户选择正式农地流转市场上的货币租流转；当人情的风险收益的边际效用大于货币租金的边际效用时，农户会选择非正式农地流转上的人情租（或无偿）流转。现实中，如果该农户位于西部经济落后的山地丘陵地区，地块面积狭小、当地租赁市场发育不足，对土地的需求量小，则有流出承包地意愿的农户家庭往往倾向于选择非正式农地流转以及人情租流转。

将上述效用函数用无差异曲线进行图解，可以分为两种情况：第一，农户同时选择货币租流转与人情租流转（见图 5-6）。事实上，由于历史上的土地制度导致现阶段农户地块较多（细碎化问题的严重性），因此农户分不同的地块选择不同的租金形态是可能的、普遍的。第二，仅能选择货币租流转或人情租流转，也就是假设两者是互斥的，存在非此即彼的关系（见图 5-7）。

第一，农户同时选择货币租流转与人情租流转。

若农户家庭作出同时选择两种流转形态（货币租或人情租流转）的决策时，那么潜在的假设是，对于这类转出的农户来讲，选择货币租流转或人情租流转的边际效用相等 $\partial U / \partial M = \partial U / \partial Re$，且两者可以完全替代和转化的。在图 5-6 中，用 M 代表 Y 轴且反映货币租，X 轴 Re 表示人情租，两者边际效用相等，则无差异曲线和与预算线的切点分别位于角平分线上，依次记为 $A(Re_1, M_1)$、$B(Re_2, M_2)$、$C(Re_3, M_3)$ 点。可以说，这类型的农户只在乎只关心转出农地，对于选择的租赁形态"完全不关心"。

实地调研中也存在类似偏好的农户。2018 年，在湖南省桃江县的实际调研中发现，一些丘陵山区的农户选择常年外出务工，非农就业工资高而稳定，迫于抛荒被收回承包地且没有地力保护等三项补贴压力时，并不在意将农地采用什么样的租金形态流转给亲友邻里；对于愿意支付少量货币（如100～200 元/亩）的，转出户会"欣然同意"进而达成口头契约的货币租流转协议；而部分亲友邻里不愿意支付现金，进而选择支付"人情"的方式转入土地，该农户同样表示"非常愿意"。当农户不再支付货币租金，选择

"亏欠人情"时，原有的货币租流转市场将演化为人情租非正式农地市场；当农户不再支付人情时，也可能选择货币支付或者选择不再流转。

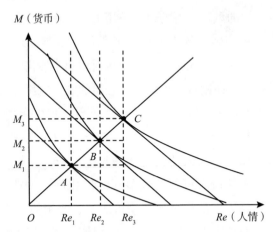

图 5-6　人情租或货币租形式相同效用函数

资料来源：笔者绘制。

第二，有且仅能选择货币租流转或人情租流转。

在图 5-7 中，同样与图 5-6 相似的是，Y 轴 M 反映了货币租农地流转，X 轴 Re 仍然表示人情租农地流转；此时，农地租出者 A 和 B 在租金形态上的偏好大为不同，因此其无差异曲线的斜率就会发生变化。农地租出者 A 与 B 农户家庭均分别拥有 Re_1 个单位的人情存量与 M_1 个单位的货币存量，且初始状态依次处于 $C(Re_1, M_1)$ 与 $F(Re_1, M_1)$ 两点。

若耕地租出者农户家庭 A 作出流出土地的决策并按照当地的市场均衡地租愿意收取 M_1M_2 个单位的货币租金，那么，耕地租出者 A 农户家庭的最大化效用将由最初的点 $C(Re_1, M_1)$ 向上移动到均衡点 $B(Re_1, M_2)$。另外一种可能是，如果耕地租出者农户家庭 A 作出了选择非正式农地流转的行为决策，那么，他们将更偏好于获得 Re_1Re_2 个单位的人情租金，此时的效用最大化均衡点将由原始的 $C(Re_1, M_1)$ 向右移动到均衡点 $D(Re_2, M_1)$。图 5-7（a）中，耕地租出者农户家庭 A 若更倾向于偏好人情租流转带来的综合效用或者评价更高，则其效用均衡点可能会落在点 $B(Re_1, M_2)$，然而无差异曲线的状态并不固定，甚至可以向右向外移动，那么此时的耕地租出者农户家庭 A 就没法实现家庭总体效用的最大化，当该农户家庭进一步追求更高的"人情效用"时，效用均衡点最终可能会位于 $D(Re_2, M_1)$。总之可以认为，耕地租出者农户家庭 A 作出了非正式农地流转决策，并选择了人情租农地流转形态，属于人情租流转选择者。

同理，若耕地租出者农户家庭 B 作出远离流出家里承包地的同时，更偏好于 $M_1 M_2$ 个单位的货币租金，那么，我们可以得到耕地租出者农户家庭 B 实现效用最大化的均衡点将由原来的 $F(Re_1, M_1)$ 大幅度向上移动到均衡点 $E(Re_1, M_2)$；若农户 B 选择非正式农地流转，则将选择收取 $R_1 R_2$ 个单位的人情租金，则其最大化效用点将由点 $F(Re_1, M_1)$ 移动到点 $G(Re_2, M_1)$。

在图 5-7（b）中，耕地租出者农户家庭 B 更为偏好货币租，或者其对货币租农地流转的效用评价更高，当效用均衡点处于点 $G(Re_2, M_1)$ 的位置时，该农户没有实现最大化家庭效用，其对应的无差异曲线应该会继续向外向右移动，耕地租出者农户家庭 B 追逐更大所谓的"货币效用"时，最终的均衡点会趋向于点 $E(Re_1, M_2)$。那么此时，农户家庭 B 的决策是参与正式农地流转市场的货币租流转，基于此，农户 B 属于货币租流转选择者。

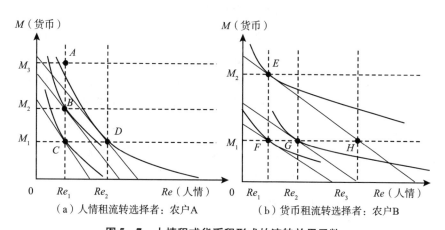

（a）人情租流转选择者：农户A　　　（b）货币租流转选择者：农户B

图 5-7　人情租或货币租形式的流转效用函数

资料来源：笔者绘制。

可以预见，随着市场经济的发展与租赁市场的逐步完善以及确权后产权强化、地租的增加，长远来看，非正式农地流转市场上选择人情租的农户 A 最终会逐渐转型为货币租租赁者农户 B。如果市场地租提高（M_1M_2 变到 M_1M_3），若选择货币租农地流转的比率越来越高的话，那么农户 A 选择租出自家承包地的效用会落在均衡点 $A(Re_1, C_3)$，也可以理解为他将放弃人情租而选择货币租农地流转。基于此，可以得出：当土地租赁市场上的选择货币租农地流转能带来更高的家庭效用时，所有的村庄租出者就更偏好选择货币租流转而不是人情租流转。

根据上面的讨论，货币租农地流转与租赁市场价格、地域人情社会关系、地域经济发展水平等因素紧密相关。另外，与之相对应的是，同理可以得出如果非正式农地流转市场上选择人情租流转给农户家庭带来的效用更大时，承包地租出者就会选择人情租农地流转。依据上述讨论可知，以人情租农地流转为代表的非正式农地流转的发生率与众多因素紧密相关，如必然受到农户决策家庭面临的风险收益、人情收益、当地一定区域内土地租赁市场的发育程度高低以及区域内租出与租入个体的绝对数量等的主要影响。

（3）基于风险收益视角的解释

人情租流转行为是农户在权衡整体利益最大化后的生产决策。为分析人情租流转行为发生的原因，首先构造了农户收益基准理论模型。假设农户生产函数为柯布—道格拉斯（C – D）形式：

$$F(K,\ L,\ T) = AK^{\alpha}L^{\beta}T^{\gamma} \tag{5-20}$$

其中，F 为产量，A 为全要素生产率指数；K 为投资，L 为劳动投入，T 为农户拥有土地资源的初始禀赋；设产出价格为单位 1，则农业经营收入为 F；α、β、γ 分别为投资、劳动、土地的产出弹性。则农户的农业纯收益 FAR 为：

$$FAR = F - M_k \times K - M_L \times L \tag{5-21}$$

其中，M_k 为单位投资价格，M_L 为单位劳动投入价格；在考虑人情租流转、货币租金、就业冲击、兼业就业以及土地流转市场价格之后，继续假设：非农就业净工资或者就业的机会成本与兼业报酬分别为 W_{all}、W_{part}，两种就业方式在一年内只能择其一，且 $W_{all} > W_{part}$；T_0 为人情租流转土地量（$T_0 <$ T），HRR 为农户选择人情租获得的"人情收入"；M_t 为单位土地租金（市

场流转价格）。那么，农户选择人情租流转时候农户整体收益 $RHRR$ 的基准方程为：

$$RHRR = (W_{all} + HRR) - [FAR \times (T - T_0) + M_t \times T_0 + W_{part}] \quad (5-22)$$

由于本书不涉及农户土地抛荒行为，农户在土地上的生产选择行为就包括：人情租形式转给他人耕种、货币租金形式转给他人耕种、自己耕种半耕半农、完全自我耕种。为此，可以分别推导出四种行为的发生基准条件：

第一，当满足 $W_{all} + HRR > FAR \times (T - T_0) + W_{part} + T_0 \times M_t$ 时，此时农户会选择"人情租流转"；农户的生产决策是将选择全部土地人情租流转给亲朋好友且放弃货币租流转租金收入，则生产为 $F(K; L; T_0) = 0$，$F = 0$，$K = L = 0$，农户总收益为 $RHRR = W_{all} + HRR$，即非农就业净工资与人情收入总和的价值形式。

第二，当满足 $W_{all} + T \times M_t - FAR \times T > HRR + W_{part}$ 时，此时农户会选择"货币租流转"；农户的生产决策是将选择全部土地出租，获取租金，则生产为 $F(K; L; T) = 0$，$F = 0$，$K = L = 0$，农户总收益为 $RTRA = W_{all} + T \times M_t - FAR \times T$，即非农就业收入与租金收入总和的价值形式。

第三，当满足 $FAR \times T + W_{part} > W_{all} + HRR + T \times M_t$，此时农户会选择"半耕半农"；此时农户的生产决策是选择不放弃农业同时大量兼业，则生产函数为 $F(K; L; T) > 0$，农户的总收益为 $RHPR = F - M_L \times L - M_k \times K + W_{part}$，即农业经营收入与兼业报酬之和抛出生产成本之后的剩余价值形式。

第四，当满足 $FAR \times T > W_{all}(W_{part}) + HRR + T \times M_t$，此时农户为纯农户，会选择"自己耕种"；则生产为 $F(K; L; T) > 0$，农户的总收益为 $RFAR = F - M_L \times L - M_k \times K - W_{all}(W_{part}) - HRR - T_0 \times M_t$，即农业经营纯收入除了非农就业的机会成本、人情收入、潜在的租金收入之后的剩余。

由于人情租流转体现人情，人情内涵丰富，人情价值往往很难评估，具有"隐蔽性"，因此假设人情租折现货币价值高于货币租金。通过对比分析四种行为的收益可知，一般情况下，可以得出 $RHRR > RTRA > RHPR > RFAR$，即选择人情租时整体收益最大，而自我耕种收益最小。但农户四种生产行为选择还会受到产权风险收益、被征地后的补偿预期收益等因素影响（王亚楠等，2015）。不追求租金的流出户往往更加惜地，有研究显示将农地无偿流转给亲朋好友被认为是一种保墒行为（郭熙保等，2016），也是一种在相对稳定的"地权在握"下对土地的长期投资。

为此，考虑到风险—收益因素，在基准模型的基础之上，建立分析风险收益下农户生产决策行为模型。为简化分析，假设产权风险损失的价值形式为 PR，θ 为风险系数；产权与老年就业保障收益的价值形式 PE，农地肥力收益的价值形式为 LF，征地预期收益为 LE。那么，基准模型（5 - 22）变为：

$$
\begin{aligned}
RHRR^* &= (W_{all} + HRR) - [FAR \times (T - T_0) + M_t \times T_0 \\
&\quad + W_{part}] + \theta \times (PE + LF + LE) \\
&= W_{all} + HRR + \theta \times (PE + LF + LE) - [T_0 \times (M_t \\
&\quad - FAR) + FAR \times T + W_{part}]
\end{aligned}
$$

$$(0 \leqslant \theta \leqslant 1) \tag{5 - 23}$$

对式（5 - 23）进行进一步分解，可以得到"人情租流转、货币租流转、半耕半农、自我耕种"四种情形下的整体收益与潜在损失（见表5 - 4）。依据前景理论（Prospect Theory）可知，人们在面临收益时是风险规避的，而在面临损失时是风险偏好的（Tversky，1979）。可知相比货币租流转，人情租可以得到一个确定的更大的整体收益，因此部分农户会选择人情租流转；在人情租流转与半耕半农、自我耕种的收益损失对比中，也容易得出相似的结论。

总之，当农户更加关心土地的产权稳定、被征用预期收益、失业保障、农地地力可持续以及维系社会关系时，往往会放弃货币租流转机会而承担损失，选择人情租流转；当农户拥有稳定的"全业"而不是兼业的工作且更加注重租金收益时，往往会规避选择人情租流转带来的损失，进而作出货币租农地流转选择。

表 5 - 4　　　　　　　　　　　四种生产行为的整体收益与潜在损失估计

项目	收益	损失
人情租流转	$Wall + HRR + PE + \theta \times LF + \theta \times LE$	$T \times FAR + T \times Mt + Wpart$
货币租流转	$Wall + T \times Mt$	$T \times FAR + \theta \times (PR + PE + LF + LE) + HRR + Wall$

续表

项目	收益	损失
半耕地半农	$Wpart + T \times FAR + PE + LF + LE$	$T \times Mt + Wall + HRR$
自我耕种	$T \times FAR + PE + LF + LE$	$T \times Mt + Wpart + Wall + HRR$

资料来源：笔者绘制。

5.2.3 口头契约与交易期限的形成机理

（1）一般性交易契约博弈分析

将一般性交易契约的界定明确为签订至少一年以上的书面流转契约并约定交易的承包地的价格。通常来讲，在交易期内达成单次交易，而不是面向多元转入对象的多方交易。农地交易导致契约关系中双方均为博弈要素中的"局中人"，一方为转出方，一方为转入方。

假设转出转入双方的收益（G）分别是交易价格（地租 R）的函数：分别记为 $G_{out}(R)$ 和 $G_{in}(R)$，在完全竞争市场下均衡的市场地租价格为 R_m、个体签订契约真实地租价格为 R_c；那么，这一次的交易就可以形成所谓的单次博弈，写出参与单次博弈双方的博弈矩阵如表 5-5 所示。

表 5-5   单次农地交易双方的策略博弈矩阵

农地转出方	农地转入方		
	策略	履约	违约
	履约	$G_{out}(R_c)$，$G_{in}(R_c)$	$G_{out}(R_c)$，$G_{in}(R_m)$
	违约	$G_{out}(R_m)$，$G_{in}(R_c)$	$G_{out}(R_m)$，$G_{in}(R_m)$

资料来源：笔者绘制。

第一，当 $R_m = R_c$ 时，农地流出流入双方均不会发生违约行为。

第二，当 $R_m > R_c$ 时，有 $G_{out}(R_m) < G_{in}(R_c)$，即农地租入者所面临的收益函数要大于参与博弈的对方，即农地租出方，排除突发如村集体用地、政府征地等"意外性"事件并涉及较大利益纠纷和威胁到农地产权时，这时

候往往农地转出方倾向于违约，重新签订更高地租的合同。

第三，当 $R_m < R_c$ 时，有 $G_{out}(R_m) > G_{in}(R_c)$，即地租入者所面临的收益函数要小于参与博弈的对方，排除突发如村集体用地、政府征地等"意外性"事件并涉及较大利益纷争和威胁到农地产权时，这时候往往转入方倾向于违约，重新签订更廉价的地租合同。

可见，在农地流转单次交易中，只要市场地租和实际签订租金不一致，履约双方均可能发生违约行为；流转书面契约并没有太大的约束力。由于农业生产的季节性和自然属性需要生长、成熟的周期与时间，农地转入者在契约交易期限内的违约概率较小，但也必须要排除极端自然灾害等影响了农作物的大幅减产的情况，往往会导致承租者的"毁约跑路"。

就契约期限来讲，非正式的农地流转一旦达成口头契约"给你种着"，往往会形成长期履约的习惯，即使是最近几年普遍推行的"一年一签"的正式契约，农地流转双方往往会因为"发生过交易（打过交道）"，而产生一定的"信任机制"，下一年度一般会继续履约，而后达成一个长期"履约"的过程。于是，这种无限制的农地流转契约协议的签订，一般来讲，就可以被认为是所谓的"无限次重复博弈"（洪名勇，2013）。

假设农地流转共同的时间贴现因子为 $\delta(1 > \delta > 0)$；如果有意向租出承包地的农户决策者选择高度信任承租者，那么为了避免参与双方一方违约带来的惩罚风险或是契约中规定的惩罚清单，也为获得未来预期收益，假设为 ω，农地的承租者就会珍惜农户的信任。在参考已有文献（Kreps and Wilson，1982；洪名勇，2013；刘丽与吕杰，2018）的基础之上，如果农地流转双方相互信任、相互履约，在无限期界下，那么就可以写出农地转出、转入方的收益函数分别为：

$$G_{out}^c = G_{out}(R_c) + \delta G_{out}(R_c) + \delta^2 G_{out}(R_c) + \delta^3 G_{out}(R_c) + \cdots = \frac{G_{out}(R_c)}{1-\delta}$$

$$(5-24)$$

$$G_{in}^c = G_{in}(R_c) + \delta G_{in}(R_c) + \delta^2 G_{in}(R_c) + \delta^3 G_{in}(R_c) + \cdots = \frac{G_{in}(R_c)}{1-\delta}$$

$$(5-25)$$

首先，如果农地转出方在合同期间第 $t(R_m > R_c)$ 年时违约，不再信任承租者，则农地转出、转入方的收益函数式（5 - 24）变为式（5 - 26），式（5 - 25）变为式（5 - 27），为简便起见，记 $G_{out}(R_m) = A$，$G_{in}(R_m) = B$，则有：

$$G_{out}^0 = A + \delta A + \delta^2 A + \cdots + \delta^{t-2} A + \delta^{t-1} A - \omega = \frac{A}{1-\delta} - \omega \qquad (5-26)$$

$$G_{in}^0 = B + \delta B + \delta^2 B + \cdots + \delta^{t-2} B + \delta^{t-1} B + \omega = \frac{B}{1-\delta} + \omega \qquad (5-27)$$

此时，农地转出方的"违约不守约"激励约束为：$G_{out}^0 > G_{out}^c$，也即是：

$$\frac{G_{out}(R_c)}{1-\delta} > \frac{G_{out}(R_m)}{1-\delta} - \omega$$

求解得：

$$\delta < \frac{\omega + G_{out}(R_c) - G_{out}(R_m)}{\omega} \qquad (5-28)$$

其次，如果农地转入方在合同期间第 $t(R_m > R_c)$ 年时违约，不再信任承租者，则农地的转出、转入方的收益函数式（5 - 24）变为式（5 - 29），式（5 - 26）变为式（5 - 30）：

$$G_{out}^1 = A + \delta A + \delta^2 A + \cdots + \delta^{t-2} A + \delta^{t-1} A + \omega = \frac{A}{1-\delta} + \omega \qquad (5-29)$$

$$G_{in}^1 = B + \delta B + \delta^2 B + \cdots + \delta^{t-2} B + \delta^{t-1} B - \omega = \frac{B}{1-\delta} - \omega \qquad (5-30)$$

此时，农地转入方的"违约不守约"激励约束为：$G_{in}^1 > G_{in}^c$，也即是 $\frac{G_{in}(R_c)}{1-\delta} < \frac{G_{in}(R_m)}{1-\delta} - \omega$。

求解得：

$$\delta > \frac{G_{in}(R_c) - G_{in}(R_m) - \omega}{\omega} \qquad (5-31)$$

由此，可以得出在契约合同中包含了惩罚机制条件下的双方存在都不违约、一直保持履约的条件：

$$0 < \frac{G_{in}(R_c) - G_{in}(R_m) - \omega}{\omega} < \delta < \frac{\omega + G_{out}(R_c) - G_{out}(R_m)}{\omega} < 1 \qquad (5-32)$$

由式（5-32）可知，当贴现因子处于特定的集合空间时，农地流转双方均无违约意愿，能够较好地履行已经达成的契约。这个集合显然包括了地租市场价格、地租合约价格、违约惩罚金额等变量。除此之外，正式性合约的违约与履约还受到资产专用性 I_t（先不考虑折旧）和信誉机制（F_t）的影响，均是时间 t 的函数。如果流转双方相互信任、相互履约，信誉度将会增加，给博弈中局中人带来的收益增量记为 ΔF_t，则此时依据前面的论述，重复前面的步骤，写出收益函数，并分开违约讨论，最终可以推导出双方履约的激励约束条件为：

$$0 < \frac{G_{in}(R_c) - G_{in}(R_m) - \omega - \Delta F_t - I_t}{\omega} < \delta < \frac{\omega + \Delta F_t + I_t + G_{out}(R_c) - G_{out}(R_m)}{\omega} < 1$$

$$(5-33)$$

对比式（5-32）与式（5-33）可知，当加入专用性资产和信誉变量时，履约的空间在扩大，这表明资产专用性越高的农地流转之后的履约时间越长、越规范，这就为种植水果蔬菜的农地的流转违约纠纷少于大宗粮食作物提供了可能的解释。与此同时，上述结论还可以得出，如果参与农地流转博弈的双方均属于爱惜自己在一定固定范围内（通常是村社内）的声誉和名声，那么则发生违约事件的概率就越小。

（2）非正式契约博弈分析

与一般性或正式性合约不同的是，中国农地流转市场中还大量充斥着大量的口头合约、无固定期限合约、无租金合约（人情合约），统称为非正式契约。通过已有文献可知，非正式契约除了受到经营者投入资产的固定性或专用性（李孔岳，2009；钟文晶与罗必良，2014）以及双方的信誉机制（洪名勇与钱龙，2015）的影响外，还受到转出方的产权风险（胡霞与丁冠淇，2019）、就业风险（许庆，2018）、征用预期收益（王亚楠等，2015）、维系乡里社会网络关系、保护耕地地力（郭熙保与苏桂榕，2016）等因素的影响。

第一，非正式契约的达成往往受到农地交易双方前期投入的专用性、固定性的资产，比如水渠、大棚、灌溉、机井、农用机械等长期性设施或设备。转出方签订非正式流转契约是为了维护专用性资产的权属稳定，转入方一旦决定投资长期性专用性资产，则不会轻易违约，会采取"节日送礼等人情交易"稳定契约的正常履行。

一旦非正式农地契约终止，转出方将获得某些折旧后的专用资产，假设折旧系数为 γ，假设转入方对非正式转入土地投入了专用性资产，转出方没有资产投入。因为此时的地租价格为零，转出转入双方的收益（G）不再是交易价格（地租 R）的函数，也不存在正式契约惩罚，但可能在转入方投入固定资产时转出方必须支付补偿金，记为 C。

第二，克莱普斯德·威尔逊（Krepsand Wilson，1982）等学者认为声誉就是一种隐性合约，并建立了声誉机制模型，证明了声誉在不完全信息博弈中对履约的正向激励作用。声誉是农村区域内、熟人社会组织内部成员通过口头交流对交易双方尤其是农地转入方的主观评价（洪名勇与钱龙，2015）。

第三，分别记转出方的产权风险、就业风险、征用预期收益、保护耕地地力为 PR、PE、LE、LF，风险系数为 θ；并记维系乡里社会网络关系变量为 SO。

如果非正式的农地流转合约中的租出者选择在第 i 年违约，转出方则通过"敲竹杠"的方式获得了无法撤出的如机井、水渠等固定性专用资产（考虑折旧），则非正式合约中的转出方的收益函数为：

$$G_{out}^2 = \delta^i \gamma I + \delta^{i-1} \gamma I + \delta^{i-2} \gamma I + \cdots + \delta^1 \gamma I - \Delta F - SO - C + \theta(PR + PE + LE - LF)$$

$$= \frac{\delta \gamma I}{1 - \delta} - \Delta F - SO - C + \theta(PR + PE + LE - LF) \qquad (5-34)$$

可以类推导非正式农地流转中的口头协议转出方包含上述因素时的履约约束条件：$G_{out}^2 > G_{out}^c$，即：

$$\frac{\delta \gamma I}{1 - \delta} - \Delta F - SO - C + \theta(PR + PE + LE - LF) > \frac{G_{out}(R_c)}{1 - \delta} \qquad (5-35)$$

求解得出守约条件为：

$$\delta < \frac{\Delta F + SO + C - \theta(PR + PE + LE - LF) + G_{out}(R_c)}{\Delta F + SO + C - \theta(PR + PE + LE - LF) + \gamma I} < 1 \qquad (5-36)$$

如果签订非正式农地流转契约的承租者选择在第 i 年违约，那么，农地承租者的收益函数为：

$$G_{in}^2 = G_{in}(R_c) - \gamma I - \delta \gamma I - \delta^2 \gamma I \cdots - \delta^t \gamma I - \Delta F - SO + C$$

$$= G_{in}(R_c) + \frac{\gamma I}{\delta - 1} - \Delta F - SO + C \tag{5-37}$$

同理，可以解得守约条件为式（5-38），如下所示：

$$0 < \frac{\Delta F + SO - C + \gamma I}{\Delta F + SO - C - G_{in}(R_c)} < \delta \tag{5-38}$$

因此，可以类推导非正式合约中的双方包含考虑到资产专用性等诸多因素时的履约约束条件：

$$0 < \frac{\Delta F + SO - C + \gamma I}{\Delta F + SO - C - G_{in}(R_c)} < \delta < \frac{\Delta F + SO + C - \theta(PR + PE + LE - LF) + G_{out}(R_c)}{\Delta F + SO + C - \theta(PR + PE + LE - LF) + \gamma I} < 1$$

$$\tag{5-39}$$

对比式（5-32）与式（5-39）可知，加入资产专用性、声誉机制、产权风险、就业风险、征用预期收益、保护耕地地力、维系乡里社会网络关系等影响非正式契约因素之后，流转双方的履约空间进一步变大，由此可以推断出一般性流转契约的违约概率高于非正式口头契约的违约概率，表明更看重除了货币租金外的其他"隐性收益"的农户，往往会选择签订非正式口头契约。

第四，考虑交易成本因素。通常来讲，由于菜单成本的存在，签订书面交易契约往往会出现不可避免的交易成本，包括第三方介绍人（现实中一般是村委会）、鉴定人、保证人等都需要支付除了地租外的额外的谈判费用，甚至包括具有法律效益的契约公章签章和纸质合同的菜单成本（当一般性书面交易契约在面对多个可转出对象时）。基于此，在不考虑其他因素仅仅考虑交易费用时，在熟人社会下签订的非正式合约可能性也更大。

5.3 本章小结

本章重点依次运用地租理论、契约理论、博弈理论等对非正式农地流转的形成机理进行了深入分析。任何事物的形成并不具备偶然性，非正式农地流转的形成也不例外。我们认为，中国非正式农地流转是在中国情景下的产业时代、二元城乡关系、熟人社会和特色的土地制度下的必然结果，更是微观主体农户对于自身利益最大化的主动选择行为。具体来讲，本章得出：处于产业时代背景下，"以农为生"的格局嬗变是低租金流转的开端；在城乡中国格局下，农业剩余劳动力的产业转移并不再"以地为生"，为人情租流转的发生提供了可能；在熟人社会网络中，人情网络与口头合约降低了农地流转交易费用；在特色的农地制度框架内，受限制农地产权制度约束助推了短期流转交易行为。在微观机理部分中，分别重点推导了一般性地租、人情租金、口头和短期契约的形成机理。主要得出，当农户更加关心土地的产权稳定、被征用预期收益、失业保障、农地地力可持续以及维系社会关系时，往往会放弃货币租流转机会而承担损失，选择人情租流转；当农户拥有稳定的"全业"而不是兼业的工作且更加注重租金收益时，往往会规避选择人情租流转带来的损失，进而作出货币租农地流转选择。如果在非正式农地流转市场上选择人情租流转给农户家庭带来的效用更大时，承包地租出者就会选择人情租农地流转。当加入资产专用性、声誉机制、产权与就业风险、征用预期收益、保护耕地地力、维系乡里社会网络关系等影响非正式契约因素之后，流转双方的履约空间进一步变大，由此可以推断出一般性流转契约的违约概率高于非正式口头契约的违约概率，表明更看重除了货币租金外的其他"隐性收益"的农户，往往会选择签订非正式口头契约。接下来的章节首先需要对非正式农地流转的影响因素进行实证检验，尤其是对上述理论分析得出的重要因素进行考察。

第 6 章

非正式农地流转的影响因素实证检验

第 5 章重点分析了非正式农地流转的形成机理，本章将进一步验证非正式农地流转的核心影响因素。非正式农地流转最为重要的特征或农户行为之一是人情租农地流转，明显有别于正式农地流转市场中的货币租流转行为。因此，回答人情租流转与货币租流转行为差异有助于在对比分析中进一步厘清非正式农地流转行为发生的内在机理，不仅是对前面最为核心理论章节的验证，也是对后面开展"非正式农地流转的影响研究"的基础。基于此，本章重点对前面"形成机理"部分所得出影响非正式农地流转的重要变量进行实证验证，利用 CHIP2013 微观调查数据的对人情租流转行为与货币租流转行为差异进行了实证，验证了非正式农地流转的微观形成机理。本章其余部分的构成如下：第一部分为问题的提出；第二部分为数据来源与本章所使用的相关变量的选择；第三部分为本章使用的方法与计量模型的回归结果分析；第四部分为稳健性与异质性讨论；第五部分为本章小结。

6.1 引　言

人情租农地流转①在中国农村土地流转市场中一直大量存在，不容忽视。早期的一些学者开展的小范围调查开始提及了中国农地流转过程中存在

---

①　参考第 2 章的界定。

租赁费用较低甚至完全无偿的流转现象（张照新，2002）。此后，一系列区域性的大型调查随即展开，已有文献均论证了人情租流转的存在性，无论是早期的调查还是新近的研究，不论是山区、平原、片区还是全国总体范围，中国农地租赁市场均表现出了"非正式流转市场"的特征。

　　非正式农地流转中的人情租明显有别于世界各国的高租金，也与中国历史上的永佃制高租金及台湾地区的土地租佃形成了极大的反差。数据显示①，埃及耕地的年平均货币地租从 1935 年的 7.2 埃镑每亩，上升到 1952 年的 45 ~ 60 埃镑每亩，约占每费丹土地净收入的 60% ~ 75%。日本 1970 年的可耕地平均价值为 1.09 万元/亩，到 1980 年上涨至 3.10 万元/亩；美国 1970 年的土地租金为 500 元②/亩，而到 1980 年高达 1540 元/亩③。一些国家也尝试了限定土地租金的最高金额：如亚洲的日本将土地租金进行了法律限制：水田地租的最高额不能大于该水田稻米产量的 25%，旱地的租金则必须要低于其种植主要农作物产量的 15%④；荷兰的租赁法也规定最高租金为土地农业价值的 2%。从国内来看，历史上，三国时吴国⑤、秦汉⑥、宋元代⑦、明清时期⑧地租基本都在产量的 50% 以上；到了民国时期，有相

---

　　①　埃及农业部提供的数据显示，埃及每费丹（1 费丹 = 6.3 亩）耕地的平均货币地租从 1935 年的 7.2 埃镑（约 2.83 元），升至 1946 年的 17.1 埃镑（约 6.73 元）、1947 年的 22 埃镑（约 8.66 元）、1948 年的 23 埃镑（约 9.06 元），到 1951 年高达 25 埃镑（约 9.84 元）；到 1952 年土改前夕，埃及米尼亚省戴伯拉赫镇每费丹农业用地的年均地租高达 45 埃镑（约 17.72 元）至 60 埃镑（约 23.62 元），占每费丹土地净收入的 60% ~ 75%。

　　②　有关汇率的说明：根据本书写作时 2022 年的美元兑换人民币的汇率平均值估算而得。

　　③　资料来源：速水佑次郎. 农业发展的国际分析 [M]. 北京：中国社会科学出版社，2000：570 - 580（分别采用相应年份当期人民币与外汇兑换率计算得到）。

　　④　资料来源：日本政府于 1946 年 10 月颁布的《农地调整法修正案》和《建立自耕农特别措施法》。

　　⑤　长沙出土的简牍《吏民田家莂》中记载：三国时的吴国存在官府以大量国有土地出高额租给吏民。

　　⑥　秦汉时期，《汉书》卷二四《食货志》中所引的董仲舒之言："或耕豪民之田，见税什五"，即地主和佃农的分益比率通常是各占产量的一半。

　　⑦　宋元时期，《宋史·食货志》："淳化五年令（994 年），凡州县旷土，许民请佃为永业，以三年租，输三分之一。"

　　⑧　明清以来，永佃制下佃农受剥削加强，把佃农长期锁在土地上接受剥削的枷锁，带有欺骗性；参见陶宗仪. 南村辍耕录（卷13）[M]. 北京：中华书局，1959。

关的租佃田野调查结果显示，民国各地的地租产出均大于40%。可见，高租金是历史上土地租佃的常态，与当今的中国农地租赁市场中出现的不收取实物与货币租的人情租农地流转事实形成鲜明对比。当前中国农村土地租赁市场还存在最为主要的问题是：充斥着大量的非正式流转；流转租赁价格出现了大量的无偿化、人情租现象。

问题在于，人们为什么会选择人情租流转呢？早期学者将人情租流转行为归结为交易费用，并认为阻碍了正式农地流转市场发育。一些学者调查表明，交易成本与农产品价格是地租无偿的原因（陈曦与罗进华，2004），这也与邓大才（2009）的研究结论一致。过高的农地交易费用对于农户以及经济组织的农地转入需求甚至对可流转农地供给的增加都会产生负面影响，最终影响交易效率，导致租赁市场的发育不良（Deininger et al.，2006；黄祖辉等，2014）。降低交易费用最直接的方式是对契约对象进行选择和控制。郜亮亮等（Gao et al.，2012）认为人情租流转的契约对象更多是以零租金的价格并采取非正式流转方式，转给了"剩"在农村的邻里亲友。人情租农地流转行为大部分发生在农村"熟人社会"内部（高名姿等，2015），因此不仅是经济合约，更是社会性合约（田先红与陈玲，2013），显然仅仅采用交易费用还远不能完全诠释。

近年来，人情租流转行为发生的社会学原因也被大量探讨。如贺雪峰（2013）研究认为无偿流转农地并非为了收益，而是为了留住乡愁，农民天然地对土地存在着浓厚的情感依赖（Pierce et al.，2003）。农村亲戚社会存在的专有性血缘、地缘关系（马元等，2009），使得土地交易更多体现为人情，"无偿"实质上意味着人情换租金（王亚楠等，2015），传统的人情规则已是农村土地流转的基本规则（王倩等，2018）。人们出于对亲情、人情的考虑（杨华，2015），土地交易也必然讲感情、讲人情、讲面子，并受到乡土伦理规范的约束。陈奕山等（2017）将人情租流转行为的原因归纳为租入户的照看老弱、节日送礼、生产帮扶等人情交换内容，并认为人情租是中国农地流转中的一种特殊土地租赁形式。无偿流转是人情的"互惠"而非经济交易，能够保护事关转出户"生存"的土地产权安全（胡霞与丁冠淇，2019），以便其"需要"时及时收回土地产权。土地无偿转包者具有维护现有产权安排的激励和能力，除了避免农地产权的丧失，刘芬华等（2011）还认为非农就业的农户更多会选择人情代耕行为，是因为存在控制权偏好；偏好越强烈，越可能在经济不发达地区达成无偿契约（钱龙等，2018）。

已有研究多从经济、社会、情感与政策制度等方面解释了人情租流转行为，对人情与风险的考察不足。同时，尝试着解释人情租流转的已有文献多是"重结果、轻机理"，也未在统一的理论框架下对比分析人情租流转与货币租流转的差异。不同于已有研究，本章是将人情、风险变量与生产决策系统结合，在前面机理中分析人情租流转、货币租流转、半耕半农、自我耕种四种农户生产决策选择行为理论的基础之上建立统一的理论框架，重点实证研究人情租流转与货币租流转的差异，以反映人情租流转行为的形成机理，以为中国农地租赁市场的完善建言献策。

6.2　数据来源与变量选择

6.2.1　数据来源

本章所使用的数据来源于中国家庭收入调查项目第五轮全国范围调查（简称为 CHIP2013）。数据的具体介绍参见第 3 章。选择该套数据的缘由：一是数据的可得性。在对比众多如 CLDS、CFPS 等多个公开数据库后，最终选择了全国收入分配调查数据 CHIP2013 数据进行研究；该数据分五年开展一次调查，最新公布数据仅仅到 2013 年，因此最新可公开获得数据只能是 CHIP2013。二是数据的适宜性。2013 年左右正是农地流转正在发生较大变化的时期，距今已经过去了 6～7 年时间，研究会因为时滞性而影响到结果吗？答案是这并不影响本章的研究，因为 2013 年的调查数据开始于 2014 年，而 2013 年前后无论是正式的货币租流转还是非正式农地流转现象均已存在多年（王亚辉等，2018；黄季焜等，2012），更为重要的是，CHIP2013 数据提供了我们理论部分所推导出的大多数变量，譬如产权风险、就业风险、养老保险、医疗保险、保持地力长期投资、亲朋好友信任度、生病负债、维系乡里社会网络关系（邻里帮工天数）等，这为本章对"形成机理"的数据验证提供了可能。

6.2.2 变量选择

（1）被解释变量

分别选取"是否发生流转（否 = 0，是 = 1）""是否人情租流转（令无偿流转面积大于 0 亩 = 1，否则为 0）""是否货币租流转（令有偿流转面积大于 0 亩 = 1，否则为 0）"三个离散变量作为被解释变量（见表 6 - 1）。统计发现，按照农户的数量统计，34.6%的农户发生了土地流转行为；19.9%的农户发生了货币租流转行为，16.7%的农户选择了人情租流转。值得注意的是，由于部分农户往往会同时选择人情租与货币租流转，故两类农地流转比率之和可能存在大于整体的土地流转率的情况；同时，流转农户也还会选择其他如互换、入股等流转方式，但在回答是否有偿无偿流转时却选择"跳过"不填写，因此流转的户数也不等于人情租和货币租流转之和。

表 6 - 1   变量赋值与描述性统计

变量		具体含义	观察值	均值	标准差	最小值	最大值
因变量	是否流转	否 = 0，是 = 1	16685	0.346	0.476	0	1
	是否人情租流转	否 = 0，是 = 1（无偿流转面积大于 0 亩）	13422	0.167	0.373	0	1
	是否货币租流转	否 = 0，是 = 1（有偿流转面积大于 0 亩）	13816	0.199	0.399	0	1
资本	地租	流转租金/价格（元/亩）	13816	248.309	303.862	98	1500
	农业收入占比	农业收入/家庭可支配收入	13422	0.647	0.168	0	0.99
劳动力	家庭人数	农户家庭人数（人）	13422	4.264	1.748	1	14
	健康状况	1 = 非常好，2 = 好，一般 = 3，不好 = 4，很不好 = 5	13422	2.014	0.905	1	5

续表

变量		具体含义	观察值	均值	标准差	最小值	最大值
土地	人均承包面积	家庭人均承包耕地面积（亩/人）	13422	3.321	5.854	0	225.5
	人均闲置面积	人均承包耕地闲置面积（亩/人）	13422	0.388	1.512	0	40
风险	就业风险	见注释①	13422	3.717	1.546	1	5
	养老保险	0＝没有参加，1＝新型农村养老保险，2＝参加其他保险	13422	0.775	0.618	0	2
	医疗保险	0＝没有，1＝农村合作医疗，2＝其他医疗	13422	1.056	0.362	0	2
	保持地力长期投资	固定资产长期投资（万元）②	13422	0.750	2.541	0	70
人情变量	邻里帮工	给村里亲邻帮工（天）	13422	4.900	9.059	0	210
	亲朋好友信任度	1＝很不可信，2＝不太可信，3＝一般，4＝比较可信，5＝非常可信，6＝不清楚	13422	3.852	0.895	1	6
	生病负债	家庭成员生病负债（万元）	13422	0.141	0.854	0	30
政策	是否确权	否＝0，是＝1③	13422	0.108	0.202	0	1
农户个体特征	性别	男＝1，女＝2	13422	1.479	0.500	1	2
	年龄	周岁（岁）	13422	44.659	15.575	16	105
	教育年限	年	13422	7.392	3.516	0	21
	婚姻状况	未婚＝0，已婚＝1，其他（离异、丧偶）＝2	13422	0.7313	0.5382	0	2
	非农就业经历	没有＝0，有＝1	13422	0.197	0.398	0	1

注：地租变量按照货币租流转的变量清理，而其余变量的样本量按照样本量最小的人情租流转户样本量进行清理。①就业风险变量包括：1＝因年老、生理、个人能力问题而失业；2＝因照顾老人小孩亲人而被迫留守，病人失业；3＝因从事农业生产被土地束缚而失业；4＝因本地小本生意亏损失业；5＝其他。②固定资产长期投资包括了经营性固定资产，是指农业生产经营户在家庭或个人从事的农业生产经营活动中，所拥有的使用期限较长、直接参加或服务于生产经营过程的房屋建筑物、机器设备、器具工具、役畜、产品畜等资产。固定资产现价估计净值是指用2013年末的市场价格衡量的固定资产原值减去累计折旧后的价值。③由于CHIP2013并没有确权指标，因此通过县域进行构造是否确权虚拟变量，后面有详细描述。

资料来源：CHIP2013。

（2）核心解释变量

依据前面理论推导，核心解释变量包括人情变量与风险变量。

①人情变量。用邻里帮工天数、亲朋好友可信度以及生病负债进行衡量。近年来，农村劳动力人均价格大幅上涨到 150～200 元/天，亲朋邻里在农事与生活上的帮扶会消耗其宝贵的兼业劳动时间，充分体现人情，在人情社会中也使得多数转出户为"还"人情而选择承包地的人情租流转。亲朋好友可信度可以衡量农户所在村庄的邻里社会关系（胡霞与丁冠淇，2019），可信度越高，双方的社会关系越好，越容易缔结"人情合约"，选择人情租农地流转。生病负债之所以能一定程度上体现人情变量，是因为在熟人社会下，因病负债中的债务多来自亲戚、好友、邻居，因病缺乏劳动力的家庭为"报恩与还债"，往往以无偿的形式将承包地流出给亲友邻居。

②风险变量。农户在作出流转决策时往往会考虑风险，包括就业风险、养老风险（采用是否参加养老保险来衡量）、医疗风险（采用是否参加医疗保险来衡量）以及对农地的固定投资风险。就业风险来自农户在外务工容易发生经常性失业与老年失业。养老与医疗保险能够较好地保障农民的基本生活与应对生病风险，一定程度上减弱了拥有土地的农户对高额土地租金的向往。对于转出户而言，在转出户流转承包地之前，从事农事生产必然要投入如机械、水渠等固定资产，流转土地后部分固定资产面临闲置且承担折旧损失。不仅如此，转出户还对自家承包地地力因转入户掠夺式经营而下降存在担忧。对于转入户而言，转入土地进行规模经营，不可避免地要进行一部分长期投资。追求产量的转入户获得稳定的产出促进增收，从而也倾向于保护地力，进而选择进行深耕深松、秸秆粉碎还田、打井等长期的固定投资。当流转纠纷发生时，流转契约就会发生相应的变化，转入户会面临长期投资带来的风险损失。

（3）控制变量

依据前面的理论，生产决策还取决于农户家庭的资本、劳动、土地等要素配给情况。

①资本要素。当前，农业比较收益低下是农地流转的根本性制约因素（钟怀宇，2009），农户选择摆脱土地束缚外出务工，正是由于农业生产的

比较效益低，因此采用农业收入占比（农业收入/家庭可支配收入）衡量农户对土地的依赖性。对于转入户来讲，以极低租金流入土地，可以降低租金成本而获得土地耕作的相对增值收益，因此租金影响农户流转决策。

表 6 - 1 显示，农业收入占比最大为 0.99，表明农户家庭可支配收入完全依靠农业收入的仍然存在；但均值为 0.647，表明 64.7% 家庭可支配收入源于农业收入；兼业与打工收入占到 35.3%；这可能是因为 CHIP2013 的样本多来源于农村的传统小农户，所以农业收入的占比较高。对发生了货币租流转的成交价格进行统计后发现，地租从 98 ~ 1500 元/亩不等，均价为 248.309 元/亩。事实上，存在较大差异的流转决策受到租金的显著影响，往往高租金与正式的书面合约相对应，而低租金对应于非正式的人情合约。正如前文描述性统计所得结论一样，租赁形式（人情租、货币租）的选择必然受到了地区经济发展水平的影响，家庭收入和当地的农地流转市场租金能很好地反映这一事实：一般来讲，农户的家庭收入普遍较高且农地流转的租金普遍较高，那么这一区域的经济发展水平一定优于周边区域。

②劳动力要素。家庭人数能反映一个家庭的劳动力数量，人数越多，越有可能选择自己耕种，但近些年的机械化普及代替了大量的劳动力，因此家庭劳动力数量多的家庭要么选择租入土地扩大规模，要么选择兼业或全业外出获取收益更高的工资性收入。在知识经济时代，劳动力的质量也显得更为重要，因此本章还将选择农户身体健康状况与受教育年限的交互项作为衡量劳动力质量指标。

③土地要素。农户流转决策以及租金形式的选择受到土地要素禀赋本身的限制：家庭人均承包地面积越小、细碎化越严重、地块质量越差，越容易选择人情租流转，而承包地面积越大、地块越大且地块质量越好的农户越倾向于规模化的货币租流转。遗憾的是 CHIP2013 并未统计土地质量与地块指标，通常来讲，山区的土地地块破碎、地块地力差，平原则相反，因此本章加入省份虚拟变量能够对土地质量进行一定程度上的控制。随着劳动力的大量外出，农地除了流转之外还存在抛荒，农户家庭人均闲置面积体现了抛荒程度，同时抛荒地域往往存在大量的人情租流转。

④确权政策变量。另外，确权政策是稳定与固化农户地权的重要手段，

一定程度上能提升产权预期，提高租金价格（程令国等，2016），因此影响流转决策。由于 CHIP2013 并无直接的确权指标，故依据农业农村部确定的北京市平谷区等 105 个县（市、区）确权试点区域构建确权指标。最终选择出了 CHIP2013 数据库中 14 省（区、市）中的 51 个试点县（市、区）[①]作为已确权县，剩余 200 个县作为对照组。

由于 CHIP2013 是 2014 年 7 月、8 月开展的调查，因此这里假设 2013 年的 105 个试点县（市、区）基本完成确权。另外，由于农户决策行为往往也受到户主个体特征的影响，因此参考已有文献的常规做法，选择农户的性别、年龄、受教育年限、婚姻状况、非农就业经历等衡量农户个体特征（孙光林等，2019）。

6.3　研究方法与实证结果

6.3.1　研究方法

人情租流转在整个农户生产行为决策中遵循了分步决策过程。首先，决定是否要流转承包地；其次，选择具体的流转形式，人情租流转还是货币租流转。因此，本章研究的问题可以分为两步：一是探析风险与人情变量对农户选择承包地流转可能性的影响；二是风险与人情变量对农地流转形式（人情租或货币租）的影响。直接估计农户对承包地流转形式选择的影响可能存在"注重结果而忽视选择"的样本偏误，为避免样本选择带来的内生

---

① 北京市的平谷区，山西省的潞城市、孝义市、平鲁区，辽宁省的清原县、新民市、东港市、彰武县，江苏省的高淳县、兴化市、铜山区、昆山市，安徽省的金安区、潜山县、黟县、含山县、涡阳县，山东省的肥城市、滕州市、乐陵市、沂水县、沂南县，河南省的通许县、民权县、永城市、平桥区，湖北省的建始县、武汉黄陂区、通城县、汉南区，湖南省的岳阳县、溆浦县、双峰县、桃江县，广东省的高要市，重庆市的梁平县，四川省的江油市、安县、米易县、泸县、广安区、巴州区、剑阁县，云南省的弥勒县、剑川县、开远市、沾益县，甘肃省的宁县、麦积区、红古区、临夏县 51 个县（市、区）。

性问题，本章采用（Heckman，1979）两步法进行分析。

第一阶段，由于两个因变量都具有二值属性，采用二值 Probit 模型分析农户是否选择承包地的流转，表示如下：

$$Y_{1i} = \alpha_0 + \alpha_{1i}X_{1i} + \alpha_{2i}Z_{1i} + \alpha_{3i}D + \varepsilon_{1i} \tag{6-1}$$

其中，X_{1i} 为第 i 个个体的风险人情核心变量，Z_{1i} 表示第 i 个个体的控制变量，而 D 为地区虚拟变量，ε_{1i} 为误差项；Y_{1i} 是由可观测的变量 X_{1i} 和 Z_{1i} 以及不可观测的变量 α 共同决定的，如果农户选择进行承包地流转，则 $Y_{1i} = 1$；否则，$Y_{1i} = 0$；通过式（6-1）计算逆米尔斯比率：

$$\lambda_i = \Phi(a_0 + a_{1i}X_{1i} + a_{2i}Z_{1i} + a_{3i}D + \varepsilon_{1i})/\varphi(a_0 + a_{1i}X_{1i} + a_{2i}Z_{1i} + a_{3i}D + \varepsilon_{1i})$$

$$\tag{6-2}$$

其中，$\Phi(\cdot)$ 与 $\varphi(\cdot)$ 分别表示标准正态分布的密度函数和累计密度函数。

第二阶段，利用农村承包地流转选择的不同形式的样本，加入逆米尔斯比率，修正样本选择偏差，并采取线性回归：

$$R_{1i} = \beta_0 + \beta_{1i}X_{1i} + \beta_{2i}Z_{1i} + \beta_{3i}D + \rho\lambda_i + \mu_{1i} \tag{6-3}$$

其中，R_{1i} 是第二阶段回归模型的被解释变量：人情租流转或货币租流转；λ_i 是由式（6-3）计算得到的第 i 个样本的逆米尔斯比率，μ_{1i} 是误差项。然而，Heckman 两步法往往关注的是可观察的方程，通过逆米尔斯比率纠正样本选择偏差。然而，内生转换模型（ESR）可以对那些不可观测的选择偏误进行校正而广为应用（Adamchik et al.，2000）。为此，在后面稳健性检验中进一步采取内生转换模型进行估计。

6.3.2　实证结果分析

（1）人情租、货币租流转行为影响因素的两步法回归结果

为考察人情租、货币租流转行为的影响因素采取 Heckman 两步法进行回归，结果见表 6-2。同时用极大似然估计法作为两步法的稳健性检验，结果见表 6-3。表 6-2 中的 Wald 检验与逆米尔斯比率均值在 1% 的显著性水平上显著，说明样本确实存在选择偏差，利用 Heckman 两步法进行回归

具有科学性。

表 6-2   人情与风险变量对人情租流转行为的影响估计结果（Heckman 两步法）

变量	人情租流转		货币租流转	
	选择方程	结果方程	选择方程	结果方程
	是否流转	是否人情租流转	是否流转	是否货币租流转
就业风险	-0.005 (0.008)	0.005 (-0.004)	0.003 (-0.007)	-0.003 (0.005)
养老保险	0.059 * (-0.036)	0.036 * (-0.019)	0.056 (-0.036)	0.038 * (0.023)
医疗保险	0.034 (-0.055)	-0.090 *** (0.029)	0.033 (-0.055)	0.003 (-0.030)
保持地力投资	0.027 * (-0.015)	0.010 (-0.007)	-0.026 * (0.014)	-0.008 (0.008)
邻里帮工天数	0.001 (-0.004)	0.003 * (-0.002)	0.004 (-0.004)	0.004 * (-0.002)
亲朋好友信任度	0.022 (-0.023)	0.003 ** (-0.001)	0.009 (-0.021)	0.020 (-0.016)
生病负债	0.011 (-0.027)	0.043 *** (-0.015)	-0.007 (0.032)	-0.016 (0.023)
是否确权	0.300 ** (-0.135)	0.052 (-0.073)	0.311 ** (-0.135)	0.038 ** (-0.016)
地租	0.004 *** (0.000)	-0.001 *** (0.000)	0.004 *** (0.000)	0.001 *** (0.000)
农业收入占比	-0.239 ** (0.102)	0.212 *** (0.054)	-0.210 ** (0.101)	0.133 ** (-0.066)
家庭人数	-0.076 *** (0.022)	-0.032 *** (0.012)	-0.065 *** (0.022)	0.020 (-0.015)
劳动力质量	-0.021 (0.025)	-0.010 (0.015)	-0.012 (0.027)	0.018 (-0.017)
家庭人均面积	-0.063 *** (0.009)	-0.007 (0.006)	-0.051 *** (0.009)	0.011 * (-0.006)
人均闲置面积	0.349 *** (-0.065)	0.129 *** (-0.038)	0.336 *** (-0.064)	-0.072 (0.046)

续表

变量	人情租流转		货币租流转	
	选择方程	结果方程	选择方程	结果方程
	是否流转	是否人情租流转	是否流转	是否货币租流转
常数项	−2.141 *** (0.274)	−0.771 *** (0.214)	−2.381 *** (0.272)	1.921 *** (−0.258)
农户特征	已控制	已控制	已控制	已控制
省份	已控制	已控制	已控制	已控制
Wald 检验	245.9 ***		390.7 ***	
逆米尔斯系数	0.406 ***		−0.294 ***	
观测值	7803		7864	

注：* 、** 、*** 分别表示1%、5%、10%的显著性水平，括号中为通过 Z 值计算的稳健标准误；农户特征变量包括：性别、年龄、受教育年限、婚姻状况、非农就业经历等。

资料来源：CHIP2013。

①就核心解释变量来讲，衡量人情变量的邻里帮工天数、亲朋好友信任度并不影响农户的农地流转选择，但是一旦发生流转，会正向影响农地流转的形式与结果，对人情租流转的结果产生正向影响。表明了流转缔结双方之间的可信度越高，相互之间的生产帮扶时间越长，越容易发生人情租流转。这说明，"人情"或熟人社会（费孝通，2013）是维系人情租土地流转的纽带，而货币租土地流转关系的缔结是"货币"。生病负债在1%的显著性水平上人情租流转产生影响显著，这说明生病负债的农户家庭急需向亲朋好友无息借取货币以支付医疗，容易因"钱债"而产生"情债"，为还"情债"在农地流转选择中更容易发生人情租形式的流转行为。就风险变量来讲，就业风险对流转选择与结果均不产生影响，与预期不符，可能的原因是与该变量的定义中并未包含那些不可观测或未预料到的就业风险因素有关。

养老保险在10%的显著性水平上对农户是否流转以及人情租流转形式产生正向影响，不影响农户的货币租流转选择；这说明鼓励农户参加养老保险促进了人情租流转，降低了货币租流转。医疗保险仍然不影响农户流转选择，但在1%的显著性水平上负向影响人情租流转行为；这说明鼓励农户参加或者完善农村医疗保险，能够降低人情租流转的发生率。这是因为当农户家庭成员或户主发生健康风险时，人情租流转能够利用农地流转中的"人情"获得资金借贷，一定程度上保障医疗风险；而当农村医疗保障水平逐步提高时，农户面临医疗风险下降，因此人情租流转会降低。保持地力投资仅对人情租、货币租流转选择分别产生正向、负向影响，这印证了"选择人情租流转行为是农户选择地力保墒的一种投资行为"的观点，也一定程度上从侧面解开了"为什么货币租流转后的土地肥力更容易下降"的疑惑。调研访谈中得到，货币租流转地力下降（尤其是短期契约下的货币租流转行为），存在具有天然的合理性：多数农作物的农业生产周期多为一年甚至半年几个月，近年来农产品价格（包括粮食价格）波动幅度较大，货币租转出农户可以依据农产品价格调整下一年度地租价格，并不"关心地力保护"；货币租转入户则可以依据上一年度的农产品价格带来的"利润盈亏与否"灵活调整生产经营规模，为实现利润最大化，尽可能地开展"掠夺式"经营，危害了地力。

②就生产要素来看，在1%的显著性水平上地租对农户是否流转作出选择的影响为正，但对人情租流转结果影响为负、对货币租流转结果影响为正，这说明提高土地租赁市场流转价格可以提高农户选择流转农地的积极性。农业收入占比对农户是否流转决策产生负向影响，表明农户在土地上获取的农业生产收入占到家庭可支配收入的比重越高，即土地依赖性增强，越不容易发生流转行为。农户家庭农业收入的占比分别正向、负向影响人情租、货币租农地流转结果，表明出于对货币的追求，农户有可能会降低人情租流转面积而增加货币租流转面积。家庭人数对是否选择农地流转影响为负，对人情租流转形式产生负向影响，表明农户家庭人口数量越大，劳动力越充裕，能够实现土地的自我耕种与管理，即使货币租流转需求大也因为"劳动力束缚"而很难发生流转行为。劳动力质量对因变量的影响不显著，这是因为当前中国农业依然是传统的小农户占主导，土地经营能够满足大量低质量劳动的就业需求。家庭人均耕地面积与人均限制面积的显著性表明，人均家庭耕地面积越大，越不会选择流出承包地，而当家庭闲置的土地越多，就越容易发生人情租流转。

表 6 - 3　　人情与风险变量对人情租流转行为的影响估计结果（MLE）

变量	人情租流转		货币租流转	
	选择方程	结果方程	选择方程	结果方程
	是否流转	是否人情租流转	是否流转	是否货币租流转
就业风险	- 0.005 (0.007)	0.006 (- 0.004)	0.004 (- 0.008)	- 0.002 (0.004)
养老保险	0.055 * (- 0.033)	0.024 * (- 0.014)	0.041 (- 0.036)	- 0.034 (0.021)
医疗保险	0.045 (- 0.056)	- 0.091 *** (0.026)	0.070 (- 0.054)	0.018 (- 0.031)
保持地力投资	0.026 * (- 0.015)	0.007 (- 0.006)	- 0.034 ** (0.015)	- 0.012 (0.008)
邻里帮工天数	0.001 (- 0.003)	0.003 * (- 0.002)	0.005 (- 0.004)	0.004 * (- 0.002)
亲朋好友信任度	0.023 (- 0.024)	0.001 ** (0.000)	0.014 (- 0.022)	0.023 (- 0.015)
生病负债	0.011 (- 0.028)	0.041 *** (- 0.015)	- 0.007 (0.032)	- 0.019 (0.023)
是否确权	0.294 ** (- 0.135)	- 0.025 (0.068)	0.253 * (- 0.135)	0.094 ** (- 0.044)
地租	0.004 *** (0.000)	- 0.001 *** (0.000)	0.004 *** (0.000)	0.001 *** (0.000)
农业收入占比	- 0.232 ** (0.102)	- 0.181 *** (0.050)	- 0.163 (0.101)	0.126 ** (- 0.060)
家庭人数	- 0.074 *** (0.022)	- 0.019 * (0.011)	- 0.063 *** (0.022)	0.010 (- 0.014)
劳动力质量	- 0.021 (0.024)	- 0.002 (0.015)	- 0.014 (0.025)	0.011 (- 0.015)
家庭人均面积	- 0.062 *** (0.009)	0.004 (- 0.005)	- 0.046 *** (0.008)	0.004 (- 0.006)
人均闲置面积	0.354 *** (- 0.065)	0.063 * (- 0.034)	0.343 *** (- 0.064)	- 0.015 (0.041)

变量	人情租流转		货币租流转	
	选择方程	结果方程	选择方程	结果方程
	是否流转	是否人情租流转	是否流转	是否货币租流转
截距项	-2. 159 *** (0. 274)	-0. 103 (0. 187)	-2. 483 *** (0. 271)	1. 268 *** (-0. 222)
农户特征	已控制	已控制	已控制	已控制
省份	已控制	已控制	已控制	已控制
Wald 检验	Prob > chi2 = 0. 000		Prob > chi2 = 0. 000	
逆米尔斯系数	Z = 6. 85		Z = -9. 36	
观测值	7803		7864	

注：* 、** 、*** 分别表示1% 、5% 、10% 的显著性水平，括号中为通过 Z 值计算的稳健标准误；农户特征变量包括：性别、年龄、受教育年限、婚姻状况、非农就业经历等。

资料来源：CHIP2013。

③就政策变量来讲，相比未确权的农户，确权显著促进了农户土地流转，这与程令国等（2016）研究结果保持一致。确权政策而正向影响农户选择货币租流转形式，相比未确权的农户，确权后的货币租形式的农地流转率增加了约 3.8% ，也就是确权政策促进了正式化农地流转，这与罗必良（2017）的研究结论不谋而合。理论上来讲，传统理论认为清晰的土地权属能显著增加地权的稳定性，而稳定性的地权能够激发"地权在握"的农户增加对耕地的产权信心，流转价格的提高，利于提升传统农户转出土地的积极性。而土地确权政策的初衷也是为了强化农民土地权属、落实承包地"三权"分置、增加正式的书面合同与长期性的流转、减少流转纠纷，以促进正式化的经营权流转。此外，表6 - 2 汇报的是两步法的结果，作为稳健性检验，采用极大似然估计（MLE）回归，结果的显著性、系数大小基本上与两步结果类似，因此结果是稳健的。

（2）人情租流转、货币租流转的边际回归结果

由于对核心变量的边际回归能够直接反映边际效果，因此采用常用的边际二值回归方法（Dprobit）分别对人情租、货币租流转进行回归。两个模

型的沃尔德（Wald）检验值满足 Prob > chi2 = 0.000，表明模型运行结果在
统计上有效，具体的回归结果如表 6 - 4 所示。核心解释变量与生产要素变
量的显著性以及符号与两步法回归结果类似。

表 6 - 4　　　　　　　人情租流转行为发生的影响因素边际回归结果

变量	是否人情租流转		是否货币租流转	
	边际影响	稳健标准误	边际影响	稳健标准误
就业风险	0.001	0.001	- 0.0003	0.001
养老保险	0.011 ***	0.004	0.003	0.003
医疗保险	- 0.019 ***	0.007	- 0.002	0.006
保持地力投资	0.003 *	0.002	- 0.004 ***	0.001
邻里帮工天数	0.001 *	0.001	0.0001	0.000
亲朋好友信任度	0.007 ***	0.003	- 0.0001	0.002
生病负债	0.026 ***	0.010	0.004	0.003
地租	- 0.018 ***	0.005	0.015 ***	0.005
常数项	- 0.391	0.383	- 7.128 ***	0.357
其余控制变量	已控制		已控制	
省份	已控制		已控制	
观测值	7429		7693	

注：* 、** 、*** 分别表示 1%、5%、10% 的显著性水平，稳健标准误通过 Z 值计算。其余
控制变量包括：是否确权、农业收入占比、家庭人数、劳动力质量、家庭人均面积、人均闲置面
积、性别、年龄、受教育年限、婚姻状况、非农就业经历等。
资料来源：CHIP2013。

就风险变量来讲，养老保险、医疗保险对人情租流转行为的边际影响系
数分别为 0.0112 与 - 0.0191，表明农村养老保险水平每提高 1%，则人情
租农地流转会提高 1.12%；当失去医疗保险的风险每增加 1%，人情租流转
行为会提高 1.91%。保持地力投资每增加 1%，则货币租农地流转率降低
0.36%，人情租农地流转率增加 0.29%。保持地力投资对货币租流转行为

产生负向影响，这说明农户的货币租流转选择行为受到对土地长期投资的显著制约，而人情租流转具有"动态调整"性质可以及时终止长期投资也能随时收归经营权而受到制约较小。

就人情变量来讲，邻里帮工天数每增加1天，人情租农地流转行为会增加0.08%，亲朋好友信任度每提高1%，则人情租流转行为增加0.74%，而农户因生病而产生的负债每提高1%，则人情租流转率提高2.57%。土地租金每提高1%，则人情租、货币租农地流转分别提高 -1.80%、1.47%，这说明提高土地的租赁市场价格，可以减少非正式的人情租流转行为的发生概率，而增加正式性的货币租流转行为的发生概率。

6.4 稳健性检验与异质性分析

6.4.1 稳健性检验

前面的 Heckman 两步法往往关注的是可观察的方程，通过逆米尔斯比率纠正样本选择偏差。对比而言，内生转换回归模型（ESR）可以对那些不可观测的选择偏误进行校正而广为应用（Adamchik et al.，2000）。该模型能够弥补 Heckman 模型不能处理"不可观测"变量的缺陷，不仅能够拟合参与和未参与土地流转的农户的影响因素方程，即选择是否流转的方程，而且还考虑了可观测因素和不可观测因素引起的选择偏差问题。因此，采用内生转换模型进行稳健性检验，结果如表 6-5 所示。回归结果显示，独立模型沃尔德（Wald）检验都至少在10%显著性水平上拒绝了行为方程和结果方程相互独立的原假设，说明将本章构建的选择方程和结果方程进行联合估计是合适的，那么本章的 ESR 模型设定合理。

表 6－5　　　　　　　　　　　内生转换回归模型的估计结果

变量	流转结果方程 人情租流转			流转结果方程 货币租流转		
	T＝0	T＝1	选择方程	T＝0	T＝1	选择方程
就业风险	0.002 ** （－0.001）	0.001 （－0.007）	—	0.001 （0.001）	0.003 （0.009）	－0.004 （0.012）
养老保险	－0.004 （0.003）	－0.003 （0.018）	—	0.001 （0.002）	0.031 （0.026）	0.100 *** （0.033）
医疗保险	－0.003 （0.005）	－0.045 * （0.026）	0.028 （－0.050）	－0.009 ** （0.003）	－0.014 （0.037）	0.102 * （0.053）
保持地力投资	0.001 （－0.002）	0.016 ** （0.007）	－0.028 * （0.015）	0.001 （0.001）	－0.014 * （0.008）	－0.020 * （0.011）
邻里帮工天数	0.001 （0.000）	0.006 *** （0.002）	－0.006 （0.003）	0.000 （0.000）	0.002 （0.002）	－0.004 （0.003）
亲朋好友可信度	0.004 ** （－0.002）	0.004 （－0.012）	－0.016 （0.021）	—	—	－0.045 ** （0.020）
生病负债	－0.003 （0.002）	0.051 *** （－0.016）	0.027 （－0.025）	－0.001 （0.002）	－0.051 * （0.030）	－0.069 * （0.036）
是否确权	－0.015 （0.011）	－0.154 ** （0.064）	0.313 ** （－0.123）	0.000 （0.007）	0.329 *** （0.088）	0.246 ** （0.117）
截距项	0.002 （－0.013）	0.446 *** （－0.086）	－0.998 *** （0.187）	－0.897 *** （0.028）	－0.472 * （0.264）	－0.768 *** （0.189）
要素变量	已控制	已控制	已控制	已控制	已控制	已控制
个体特征	未控制	未控制	已控制	已控制	已控制	已控制
省份	已控制	已控制	已控制	已控制	已控制	已控制
RHO_0	0.014 （0.074）			0.004 ** （0.067）		
RHO_1		0.276 *** （0.058）			0.211 （0.304）	
Wald 值	22.16			1319.74		
观测值	7744			6870		

注：括号内为稳健标准误；***、**、* 分别表示在 1%、5%、10% 水平上显著。个体特征包括性别、年龄、受教育程度、婚姻状态、非农就业经历等；要素变量包括地租、农业收入占比、家庭人数、劳动力质量、家庭人均承包面积等。
资料来源：CHIP2013。

6.4.2 异质性分析

虽然采取了 ESR 模型进行了稳健性检验，但不同群体行为之间可能仍然存在异质性，如不同年龄阶段的农户存在不同的流转决策，因人口迁移而发生户籍变化（仍然拥有承包地）的样本很可能与仍未发生户籍变动的农户样本在人情租、货币租流转行为上存在一定的差异。因此，将全部样本分为农村户籍群体和非农户籍群体进行异质性分析，结果如表 6－6 所示。依据代际分工理论，将样本分为"农一代"外出务工群体（33～60 岁①）、"农二代"外出务工群体（33 岁及以下）、老龄群体（60 岁及以上），采用 Heckman 两步法进行估计，结果见表 6－7。结果显示，不同群体间存在一定的行为差异。

表6－6   分群体的异质性检验结果

变量	人情租流转		货币租流转	
	结果方程	结果方程	结果方程	结果方程
	农业户口群体	非农户口群体	农业户口群体	非农户口群体
就业风险	-0.001 (0.014)	0.022 (-0.015)	-0.006 (0.010)	0.025 (-0.019)
养老保险	-0.012 (0.024)	0.083** (-0.033)	-0.009 (0.025)	0.070 (-0.044)
医疗保险	0.014 (-0.037)	-0.102** (0.048)	-0.079* (0.042)	-0.007 (0.064)
保持地力投资	0.019** (0.009)	0.079* (0.043)	-0.001 (0.010)	-0.153** (0.061)

---

① 需要说明的是，33 岁的选取原则是数据来源于 2013 年，则 33～60 岁阶段的样本代表出生"80 后"之前的"农一代"样本；"农二代"则包含了"80 后"与"90 后"群体，年龄最小者 16 岁，也就是 1997 年出生，因此不包含"00 后"。

续表

变量	人情租流转		货币租流转	
	结果方程	结果方程	结果方程	结果方程
	农业户口群体	非农户口群体	农业户口群体	非农户口群体
邻里帮工天数	0.006 ** (0.003)	0.007 * (0.004)	0.005 * (−0.003)	0.000 (0.000)
亲朋好友可信度	−0.019 (0.016)	0.089 *** (−0.029)	0.057 *** (−0.016)	0.012 (−0.039)
生病负债	0.057 *** (−0.017)	−0.143 (0.188)	−0.060 *** (0.023)	0.116 (−0.290)
是否确权	−0.067 (0.116)	0.131 (−0.088)	0.291 ** (−0.127)	0.395 *** (−0.121)
截距项	−0.201 (0.170)	−0.499 (0.324)	1.212 *** (−0.181)	−0.006 (0.600)
其余控制变量	已控制	已控制	已控制	已控制
省份	未控制	未控制	未控制	未控制
观察值	6483	1316	6671	1388

注：括号内为稳健标准误；***、**、* 分别表示在 1%、5%、10% 水平上显著。已控制变量包括"地租、农业收入占比、家庭人数、劳动力质量、家庭人均承包面积、性别、年龄、受教育年限、婚姻、非农就业经历"等，为节省空间仅展示结果方程。

资料来源：CHIP2013。

首先，对于人情租农地流转行为而言：相比"农二代"和老龄群体，更加注重保持地力投资、邻里之间的帮扶的"农一代"群体更容易发生人情租农地流转行为。人情与风险变量对于"农二代"群体的影响较小，原因在于这部分群体多选择进城安家落户的是"90 后"与"80 后"群体。核心变量养老保险、医疗保险和亲朋好友可信度对非农群体选择人情租流转行为会产生显著影响。地力投资、邻里帮扶、生病负债等对农业户籍群体选择人情租流转的正向影响更为显著。老龄群体出于身体健康的重视，会在 10% 的显著性水平上正向促进人情租农地流转。

表 6 - 7 分群体的异质性检验结果

变量	人情租流转			货币租流转		
	结果方程	结果方程	结果方程	结果方程	结果方程	结果方程
	"农二代"	"农一代"	老龄群体	"农二代"	"农一代"	老龄群体
就业风险	0.011 (-0.015)	0.014 (-0.011)	-0.035 (0.040)	0.006 (-0.015)	-0.028 ** (0.012)	0.010 (-0.021)
养老保险	-0.029 (0.032)	0.023 (-0.027)	-0.113 (0.130)	0.072 ** (-0.034)	-0.031 (0.031)	-0.015 (0.071)
医疗保险	-0.011 (0.052)	-0.067 (0.041)	0.151 (-0.191)	-0.109 ** (0.055)	-0.005 (0.045)	-0.069 (0.101)
保持地力投资	-0.011 (0.014)	0.021 ** (0.010)	-0.053 (0.042)	0.013 (-0.015)	-0.008 (0.011)	-0.039 (0.026)
邻里帮工天数	-0.013 (0.010)	0.007 *** (0.003)	0.008 (-0.008)	0.015 ** (-0.007)	0.004 * (-0.002)	-0.006 (0.004)
亲朋好友可信度	-0.011 (0.027)	-0.001 (0.025)	-0.024 (0.065)	0.040 (-0.028)	0.053 *** (-0.020)	0.023 (-0.035)
生病负债	0.051 (-0.038)	0.056 *** (-0.021)	0.140 * (-0.084)	-0.055 (0.052)	-0.036 (0.040)	-0.072 * (0.038)
是否确权	0.004 (-0.133)	-0.133 (0.094)	0.218 (-0.445)	0.373 ** (-0.149)	0.290 *** (-0.105)	-0.251 (0.259)
截距项	-0.078 (0.252)	-0.174 (0.169)	-1.120 (1.037)	0.533 ** (-0.251)	1.070 *** (-0.184)	0.705 (-0.467)
其余变量	已控制	已控制	已控制	已控制	已控制	已控制
省份	未控制	未控制	未控制	未控制	未控制	未控制
观察值	2125	4259	1415	2203	4405	1451

注：稳健标准误和显著性同上表。已控制变量包括"地租、农业收入占比、家庭人数、劳动力质量、人均承包面积、性别、年龄、受教育年限、婚姻、非农经历"等，为节省空间仅展示结果方程。

资料来源：CHIP2013。

其次，对于货币租农地流转而言：在农地确权后，对养老、医疗保险的重视会促进"农二代"群体选择货币租流转，而"农一代"群体同样在获得稳定的地权后，如果在就业风险的弱化和亲朋好友可信度提高的背景下，会倾向于选择货币租流转。无论户籍状况如何，农村土地确权均能够促进农户的货币租流转行为。在非农户籍群体中，保持地力的长期投资越大，则越不容易发生货币租流转；在农业户籍群体中，生病负债会负向影响货币租流转，而信任度越高也越容易发生货币租流转。这说明，熟人社会的"信誉机制"也是影响农户选择货币租流转土地的重要因素。

6.5　本章小结

本章利用 CHIP2013 数据，在人情变量与风险视角下，运用 Heckman 两步法和边际二值回归法，实证估计了人情、风险等变量对人情租农地流转与货币租流转的影响差异，并用 ESR 模型进行了稳健性检验和对不同群体进行了异质性分析。主要得出以下几点结论。

第一，熟人社会中的"人情"是维系人情租土地流转的纽带，而货币租土地流转关系的缔结是"货币"（姚志与郑志浩，2020）。邻里帮工天数每增加 1 天，亲朋好友之间的信任度每提高 1%，人情租流转行为分别会增加 0.08%、0.74%。生病负债在农地流转中容易因"钱债"而产生"情债"，为还"情债"更容易发生人情租形式的流转行为。第二，养老保险正向显著影响人情租流转选择与结果。养老保险水平每提高 1%，则人情租流转会提高 1.12%。医疗保险不影响农户是否选择流转，但负向影响人情租农地流转；医疗保险的风险每增加 1%，人情租流转行为会提高 1.91%。保持地力投资对人情租、货币租流转分别产生正向、负向影响，每增加 1%，则货币租农地流转率降低 0.36%、人情租流转率增加 0.29%。第三，地租对农户是否流转影响为正，但对人情租形式影响为负而对货币租形式的影响为正；土地租金每提高 1%，则人情租、货币租流转分别提高 −1.80% 与 1.47%。第四，是否确权正向显著影响农户选择货币租流转形式，与未确权的农户相比，确权后的货币租流转率增加了约 3.8%，即农地确权有利于农地流转的正式化。

　　一般来讲，土地相关的学者最为关心的是"土地的产出和土地的保护"，产出是为了保障粮食安全，地力保护是为了保障生态安全。也正是基于此出发点，本章在研究了非正式农地流转的形成机理以及证实了那些重要的因素影响之后，有必要进一步考虑其对"土地产出和土地保护"所产生的影响；可以说，一个是数量上的，一个是质量上的。因此，在第6章研究非正式农地流转对地块生产率影响之后，紧接着在第7章研究非正式农地流转对耕地质量保护的影响。

第7章

非正式农地流转对土地生产率的影响

第 6 章验证了非正式农地流转的形成机理，接下来的部分将考察其可能产生的"影响"。如前面所述，衡量非正式农地流转最为重要的特征是租金形态（人情租和货币租）和流转契约期限。那么，租金形态和契约期限将会对土地生产效率产生什么样的影响？若人情租流转状态下的土地生产率远远低于货币租流转，则如何规范农地流转市场也成为未来农业规模经营与现代化的重要内容。若短期流转契约下的土地生产率与长期流转契约并无太大差异，那么就需要反思产权强化背景下的土地稳定性在"受到限制"和"被约束"的情况下如何影响农户的农地投资，也就需要为"产权稳定与效率提升"的产权理论在中国的农地改革实践应用中的发生条件与约束机制寻找新的证据。基于此，本章采用 2017 ~ 2018 年的地块调查数据，重点对租金形态、契约期限对土地生产率的影响进行了深入分析。本章其余部分的构成如下：第一部分为引言；第二部分从文献视角，重点分别总结分析了租金形态、农地流转契约期限与土地生产率之间的关系；第三部分提出租金形态和契约期限对土地生产率发生作用的分析框架；第四部分主要内容包括变量的选择与数据的来源描述；第五部分的主要内容是计量回归结果及深度解剖与系列稳健性检验；最后一部分为本章小结。

7.1 引　言

维持地权的长期稳定已经被公认为是清晰农地产权的前提。一般来讲，产权的清晰界定和产权制度的完善以及自由转让的实现，均可以降低交易成本和提高经济效率（Coase，1937，1960；North，1990；张五常，2002）。而那些时常调整土地的村庄的农地地权往往不稳定，则可能会因为稳定降低而大幅度减弱农户采取长期性有益的农地投资的积极性，最终引致了生产率的损失（Jacob et al.，1998；姚洋，1998；Garter and Yao，1999）。农地产权的不清晰、不完善，会通过地权的稳定性、土地的抵押权、土地的交易权三种途径降低农户对土地的投资激励（Besley，1995），长此以往，还会导致农地的土壤肥力逐年下降（俞海等，2003）。陈超然（Chen，2017）发现正是由于发展中国家的土地产权的不清晰，阻碍了土地的流转集中，低效率的农户仍然占据着土地资源无法有效配置到那些相对高效率的农户手中，长此以往，最终会拉低了整个农业的生产效率；假如土地产权是清晰的，那么与该地区现有农业全要素生产率相比，甚至可以提高 82.5%。

为提高土地产出、保障粮食安全，也为改善土壤肥力、保障生态安全，保持农地地权的长期稳定性与清晰地权一直被学术界、政界等多方呼吁。为此，德宁格等（Deininger et al.，2011）和洛沃（Lovo，2016）等都建议全球发展中国家尽快开展清晰农地权利的改革，将农地的部分权利让渡给农民主体。另外，细碎化、碎片化的经营方式必然带来土地生产效率的下降，都强烈要求开展农业的适度规模经营。中国细碎化的农地格局源自家庭联产承包责任制度中"人人有份"的"平均、公平和肥瘦相间"的分地原则，正是由于土地要素的割裂导致了粮食产量的降低（Nguyen，1996）、全要素生产效率的下降（Fleisher，1992）和技术效率的下降（Chen et al.，2009）。与之相反，规模经营则可以集聚土地要素，通过集中投入生产要素与开展机械化作业、专业化经营，提高单位面积产出。因此，包括中国在内的众多发展中国家开始在本国内大肆宣传，鼓励与积极推进农地的流转集中。然而，早期中国的农地流转市场发育十分缓慢（邓大才，1997），自发形成的农地流转市场还涌现出了大量的土地流转纠纷事件（向超与张新民，2019），不仅阻碍了规模经营，也危害了农民的根本利益。为保障农民地权的稳定性、维持土地地力的可持续，为清晰农地产权权属、规范农地的交易行为，也为解决细碎化问题、推动农业的规模经营、提升粮食产出，被给予厚望的中国农村承包地确权于 2008 年拉开试点帷幕。

问题的严重性在于，尽管持续开展了 10 多年的农地确权和经过长达 30 多年推动农业规模经营的努力，中国土地分散化、细碎化的经营格局并没有发生本质性的改观。更为重要的是，以 60% 以上的交易短期化和 30% 左右的租金无偿化为特征的发生在亲友邻居之间的非正式农地流转（叶剑平等，2006；黄季焜等，2012；何欣等，2016），排斥着拥有先进技术的新型经营主体的进入，阻碍了农地的规模经营和现代化。农地交易期限中的短期契约主导了当前中国农地租赁市场的契约期限形式。无论是早期的局部小范围调查数据（钟涨宝与汪萍，2003；洪名勇，2009），还是近几年来一些最新的大样本数据的研究均显示，农户之间选择短期交易的比例仍然偏高，占到 60% 以上，表明租约短期化趋势十分明显（邹宝玲等，2016；钱忠好等，2016；罗必良，2017），非正式农地流转中的短期租约必然对农地流转市场产生了重要影响。此外，作为土地流转市场运转中的重要元素，土地租金却呈现出了市场失灵的"两极分化"状态：高租金流转与零租金流转同时并存。极端的高货币租金形态是指，受到产权强化、工商资本下乡与政策补贴等的影响，土地租金快速上涨，在一些粮食主产地区已经突破了每年 1500 元/亩的高租金水平（范传棋和范丹，2016；朱文珏与罗必良，2018），显著增加了农业生产的成本，也影响了资金以外要素的投入，进而影响到土地的产出效率。更为重要但往往容易被忽略的是，人情"零地租"流转行为在实践中屡见不鲜，占到总流转农户的 25%～43%（王亚楠等，2015；何欣等，2016）。"两极分化"的租赁价格意味着农村农地流转市场的价格失灵（高建设，2019），也反映出中国农村土地流转市场价格形成机制的不健全。

值得进一步思考的是，中国农村土地确权颁证后，农地产权已经强化，从理论上来讲，签订长期契约协议下经营权的稳定性越强，越有利于提高土地生产率。那么，为何现阶段中国农村农地租赁市场中的短期交易仍然占据如此大的比例？多次且不确定的短期契约的签订成本低于一次签订的长期契约？短期契约和长期契约下的土地生产率有差异吗？差异有多大？在产权受限制或受约束的国家，长期契约一定优于短期契约吗？这一系列问题亟待考究。

另外，高货币地租作为土地要素的市场价格，增加了经营者的成本，影响了土地生产率；而以人情租形式转入土地的农户作为流转土地的实际生产经营者，通过无偿的方式扩大了实际耕地面积，提升了小农户的经营规模，实现了产量的增长，增加了农户家庭的总产出。在后疫情时代，农业与粮食生产面临的资源环境约束仍然十分严峻、粮食安全仍需进一步巩固的现实背景下，土地生产率与地力的可持续问题（朱信凯和夏薇，2015），仍然需要重点关注。因此，选择货币租、人情租两类不同租金形态的农户家庭是否在土地生产率上表现出明显的差异？长此以往，不同的租金形态对地力可持续将会产生哪些影响？这一系列问题亟待政界关注和学界的深入研究。

7.2　理论逻辑与研究假说

任何事物的形成一定存在某种理论逻辑和行动规律。为厘清租金形态、契约期限对土地生产效率的作用机制，本章接下来的部分将重点依次分析核心变量对土地生产率的作用机理，并逐步提出本章的研究假说。

7.2.1　农地流转租金形态对土地生产率的作用机理

现有研究认为土地流转，特别是土地转入，能够通过扩大经营规模与激励长期投资等方式推动粮食生产产出效率提升（Ricker - Gilbert et al.，2019）。这一作用机理与影响效果不仅体现在流转户与未流转户之间的效率差别中，而同样也体现在发生了包括货币租流转和人情租流转等不同类型的流转形式中（见图 7 - 1）。

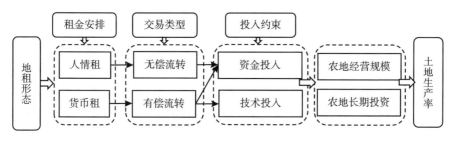

图 7 - 1　农地流转租金形态对土地生产率的作用机理

资料来源：笔者绘制。

　　与人情租流转对应的交易类型为无偿流转，"无偿"意味着直接改变了农户的资金约束空间；理论上来说，人情租转入户拥有了更为自由的资金约束和更大面积的土地安排空间。一是资金投入要素约束的改变。人情租转入户可以将"节约"的资金转移到自家或者转入地块上，在租金成本低廉的情况下，如果人情租转入土地的农户倾向于将节约的租金用于购买化肥、商品有机肥等直接生产资料，则可能会导致产出效率的改善与土壤肥力的稳定可持续或者提高；但多数农户针对产权属性不同的土地地块，更倾向于投入自家地块。反之，如果人情租转入户将节约的租金用于其他生活性消费或储蓄，而非用于生产技术的改进投入，则人情租转入户效率会降低、土壤肥力会持续下降。二是人情租流转改变了土地经营规模。中国农村土地租赁市场中仍然大量存在无序流转与规模小、效率低流转问题，十分棘手，土地的规模经营始终难以全面扩大和形成，导致了农业生产效率的下降（田传浩和方丽，2013）。但大量的民间人情租流转不仅改变了"一户一地"原始经营模式，相对来讲，也扩大了农地的经营规模，虽然由于地块边界产权问题并不能改变细碎化的情形，有可能会因为家庭总体经营土地面积扩大而分散农户的管理、劳动力和投入要素等而降低土地的生产率。

　　依据上述表述，本章提出假设 1 和假设 2：

　　假设 1：人情租流转虽然可以扩大经营规模但可能因管理分散等而降低

土地生产率。

假设 2：人情租流转户如果转约签订货币租流转时，则可以通过优化转入户的资金约束条件、技术投入溢出而提升土地生产率。

与货币租流转相对应的交易类型为有偿流转，"有偿"意味着直接压缩了转入农户的资金约束空间；理论上来说，货币租转入户通过调整租金约束安排和技术投入安排，进而影响到土地生产率。一是有偿的租金支付，提升了转入户的成本，通过增加物质成本而影响农户的对土地投入性、长期性生产资料的采用，进而影响到生产率。二是货币租转入户往往能够打破土地边界界线，集中连片统一经营，解决细碎化问题。货币租流转经营者追求产量与利润的最大化，规模化往往也意味着机械化，从而会改善对地块的技术投入，因而无论是家庭自有承包地块，还是转入地块，生产率均有可能发生变化。保护性经营耕作有利于提升土地地力，掠夺式经营耕作则毁坏农地土壤肥力。如果与契约期限相结合，货币租流转户签订了长期契约，往往能够增加一些如秸秆还田、深耕深松等长期性有益投资，利于提高土地生产率；如果签订一年的短期契约，则往往可能会导致经营规模户为了追求产量而进行过度性施肥、农药投入，虽然能够在短期内一定程度上能大幅度提升土地产量，但长期来讲却损害了土壤肥力。

7.2.2 农地流转契约期限对土地生产率的作用机理

一个好的契约安排往往可以达到降低交易成本、防范机会主义以及产生有效激励的功能（Hart and Moore，2008）。当农地交易期限较短时，运作空间下降以及没有未来预期，往往会让租赁者不敢投入与不会投入（许庆与章元，2005），不仅如此，而且长此以往还会过度消耗地力（姚洋，1998），危害地力可持续发展。然而，与所有理论研究结论不同的是，中国农村的土地流转租约期限均较短，大范围的短期交易盛行已是不争的事实。叶剑平等（2010）的实地调查统计反映出，有接近 60% 以上比例的农地流转将交易期限约定在 1 年时间以内，或者在 5 年期限以内（田传浩与方丽，2013），更有甚者，还有诸多农户在流转土地时未协商明确的、固有的期限。譬如叶剑平与田晨光（2013）对全国 17 个省份的抽样调查就论证了这一现象的存在，来自 1956 个农民的数据显示，其中参与流转的农户中有超过了 51.21% 的交易协议未给出明确的时间期限。同样，何欣等（2016）基于更新的数据对全国 29 个省份的回归分析也得出，租入、租出农户中分别 46.2%、40% 的比例未写明流转的具体时长和期限。显而易见，农户对于短期契约的偏好比想象的严重，那么，契约期限对土地生产率影响的机理是什么？

一般来说，无论是人情租还是货币租转入土地均会采取两种期限契约方式：签订长期契约或短期契约（见图 7-2）。一般情况下，口头契约多为短期契约，书面合约多为长期契约，在承包地和转入地地块上会选择两种投入：长期投资和短期投入。长期投入涉及平整土地、兴修水利、施加有机肥等各种能长期提高土地肥力和利于耕种的投入，短期投入则包括一般性生产资料如种子、化肥农药、劳力等的投入。

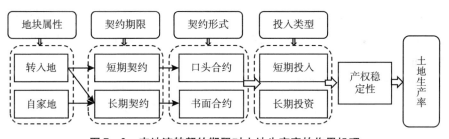

图 7-2　农地流转契约期限对土地生产率的作用机理

资料来源：笔者绘制。

转入地块和承包地块因契约期限的区别而形成不同的土地生产率。一般而言，承包地块的经营期限等于承包期期限，在中国现阶段至少为 30 年，与流转的地块时间相比，拥有更长的经营期限，农户将拥有更多更大的自主性生产决策空间，可能使得经营者具备长期投资的时间条件。不仅如此，土地产权的长期稳定有利于种植大宗粮食作物的农户获得持续稳定的产量，有利于种植经济作物的农户为提高长期经济收益的确定性。经营土地进行长期投资所带来的回报是可以预期的，有助于提高经营者的生产积极性（仇焕广等，2017），因此可能提高农业生产率的同时改善地力。鉴于此，提出本章的假设 3 和假设 4：

假设 3：地块属性影响土地生产率，家庭自有承包地块单产高于转入地块。

假设 4：农户流转中签订长期契约有利于提高地块生产率。

交易契约期限往往通过产权的稳定性影响土地生产率。第一，农户采用短期契约形式租入土地。按照农作物熟制来讲，转入户一般只能获取低于一年两熟的时限性经营权，转出户随时可以收回土地，尤其签订口头协议的人情租流转，无法对下一年甚至下一季度预期，因此现有经营者往往会在转入地块上追求产量最大化，采取掠夺式经营方式、过量投入化肥等，因此可能会在当期提高产量，但也会危害到下一期甚至未来多期的土地生产率和地力可持续。第二，如果签订长期的书面契约，转入户往往会在可预见的期限内对转入地块进行一定的长期投资，如平整土地、深耕深松、秸秆还田、测土配方等，进而又可能会提高土地生产率。与家庭自有承包地相比，很可能转入地地块的自身肥力偏低，转入户为获得长期而稳定的产量提升，利益驱使下被迫对转入地块进行改良，进而提升土地生产率。鉴于此，提出本章的假设 5 和假设 6：

假设 5：流转契约期限通过产权的稳定性影响到土地生产率；

假设 6：针对长期契约，无论是地块属性如何，均有可能提升土地生产率。

7.3 数据来源、变量选择与统计描述

7.3.1 数据来源与说明

（1）2017～2018 年地块调查数据来源

首先，调查数据时间和调查区域的选取。本章的数据来源于 2017～2018 年两轮数据调查。调查的区域集中在湖南和江西两个水稻主产省的农

户与地块。选择这两省的缘由是：第一，两省均为粮食大省且为水稻主产省；宏观数据显示，2019 年湖南全年的粮食产量为 2974.8 万吨，其中稻谷产量高达 2611.5 万吨，[①] 2020 年江西全年的粮食产量为 2163.8 万吨，其中稻谷产量高达 2015.1 万吨。[②] 第二，湖南、江西两省虽然均为中部地区且位置相邻的省份，但经济发展水平差异较大，这可能会导致差异化的农户行为。统计显示，2019 年江西的国内生产总值（GDP）为 24757.5 亿元、人均 GDP 为 53164 元，而湖南的 GDP 和人均 GDP 则分别为 39752.12 亿元、人均 GDP 为 57540.26 元，均高于江西[③]。第三，在 2017～2018 年调查期间，调查地区都有开展新一轮土地经营权确权颁证与推行测土配方施肥政策，有利于分析土地产权强化政策前后地权稳定性增加的背景下的产出效率和耕地保护。

其次，调研农户样本的选择和分布。该数据的获取上运用了分层随机抽样的科学方法，对每个省份下的县域水稻产量进行分层（高、中、低），然后在每个层次里按随机抽取 1 个县作为调查样本，再从每个县域中随机抽选 4～5 个以水稻生产为主的行政村庄，最后从每个村庄中随机抽出 20 个左右的粮食种植户。本次调查包括两年的混合截面数据，总的受访农户为 891 户。从区域的选择来看，湖南调研了汉寿、攸县与赫山 3 个县，包括 7 个乡镇 13 个行政村 480 户农户（两期）；江西则调研了分宜、新余、安义 3 个县，4 个镇 13 个行政村 411 户农户（两期），具体结果见表 7 - 1。

表 7 - 1　　　　　　　　　　　样本选择区域与分布

省份	地级市	县域	乡镇	村庄	户数
湖南	常德	汉寿	沧港镇	祝家岗村（21）、北美村（19）	80
			毛家滩镇	马涧村（20）、五丰村（20）	81

① 参见《湖南省 2019 年国民经济和社会发展统计公报》。
② 参见《国家统计局江西调查总队关于 2020 年粮食产量数据的公告》。
③ 资料来源：中国国家统计局。

续表

省份	地级市	县域	乡镇	村庄	户数
湖南	益阳	赫山	沧水铺镇	珠波塘村（20）	41
			泥江口	高洞村（20）、国庆村（20）	80
	株洲	攸县	谢林港	凤形山（6）、云寨村（14）	39
			皇图岭	市上坪村（20）、鹏江村（20）	79
			宁家坪	笔武村（20）、金水村（20）	80
总计	3	3	7	13	480
江西	赣州	大余	黄龙	头塘村（20）、旱田村（20）、大合村（20）、叶墩村（20）	160
	南昌	安义	东阳	黄城村（24）、马源村（13）、塘口村（25）、站坪村（20）、云溪村（10）	92
	新余	分宜	杨桥	新楼村（19）、顾村（20）	79
			凤阳	凤阳村（23）、张敬坊村（17）	80
总计	3	3	4	13	411

注：虽然2018年的数据调查开展基本上是在2017年所调研村庄基础之上选择的，但由于实践中无法精准全部找到上一年被调查者，实际上仅仅有少量农户被两期同时追踪到，加之考虑地块样本本身获取的难度和样本量本身数量较小，因此，将少量的追踪样本等同于截面样本，直接混合为截面数据。

最后，调查问卷的主要内容介绍。调查所针对的对象是专业水稻种植户或以水稻种植为主的普通小农户。该问卷的核心内容涵盖了农户家庭劳动力结构情况、家庭收支状况、土地利用及作物结构、耕地质量保护行为、水稻生产成本收益、分地块的农业生产情况、风险偏好等内容。值得说明的是，少数缺失的样本采用村级均值代替。

（2）农业普查数据来源

由于调查样本数据的量较小且区域性限制较强，仅仅能代表江西、湖南两个南方省份，因此在后面的分析中也采用2016年国家统计局的农业普查大样本数据进行统计描述，以相互佐证。第一，农业普查数据调查简介。第三次全国农业普查数据（后文均简称为"第三次全国农业普查数据"）。普查的三个重要对象分别为普通农业经营户（小农户）与农业经营单位（规模种植户）以及农业企业，由此也得到三套数据；本章的研究仅限于种植业；大规模户的标准参见国家统计局的分类①。第二，样本的区域分布。该次调查涉及土地、农作物面积等指标，通过将全国分为两类不同要求的测量地区（A 类和 B 类②）。

（3）2015 年地块调查数据库

第一，数据来源介绍。数据来源于 2015 年 8 月地块调查数据③。最终形成了兼具农户与地块两个层面的数据库（后面均统称为 2015 年地块调查数据）。该次农户调研问卷主要内容除了地块层面的投入产出部分之外，还包括了农户家庭基本信息、土地信息、分地块的基本信息（分承包自有最大地块 A 和转入最大地块 B）、地块上的投入与产出（分玉米和水稻两个品种以及两类土地）以及农户技术选择、资产性与消费性投资、信贷需求、风险管理与土地流转纠纷等诸多方面（缺乏耕地质量保护变量，因此仅仅采用此数据在描述性统计中作为检验或者印证）。

第二，数据调查和样本分布。依次介绍省（区、市）、县（市、区）、镇（乡）、村和农户的抽样情况，整个过程调研采用了的分层随机抽样方法。首先，省份的确定。该次调研基本遵循了"选择主产省、南北兼顾、涵盖东西、经济水平差异、作物差别"的原则，最终选取了黑龙江、浙江、河南与四川 4 个粮食大省。浙江和四川代表了以水稻为主且区域经济发展水平差异较大的南方主产区，黑龙江和河南代表了以玉米为主的北方主产区。其次，县（市、区）的抽取。按照调研计划，每个省按照粮食产量分层随机选取 4 个产粮大县；待调查县域确定之后，再抽出大户较多的 2 乡镇，至少包含 24 个以上的种粮大户（一般来讲种植面积大于等于 50 亩）和 40 个普通小农户，每县共计 60 户。因此，确保每个省份至少调查完成 256 户

① 一年一熟制地区露地种植农作物的土地达到 100 亩及以上，一年二熟及以上地区露地种植农作物的土地达到 50 亩及以上，设施农业的设施占地面积 25 亩及以上。

② A 类地区为北京、河北、内蒙古、辽宁、吉林、黑龙江、江苏、浙江、安徽、福建、山东、河南、湖北、广东与新疆 15 个省（区、市）；B 类地区为天津、山西、上海、江西、湖南、广西、海南、重庆、四川、贵州、云南、西藏、陕西、甘肃、青海与宁夏 16 个省（区、市）。

③ 由中国农业科学院农业经济与发展研究所的"财政金融创新与农村发展"创新团队联合南京农业大学、中国人民大学和中国农业大学发起的"粮食规模化生产情况调研"。

（包括 160 户传统小农户和 96 个种植大户）。

第三，乡镇、村庄以及农户的选取。在选出的两个乡镇中至少抽取出 8 个行政村庄（要求包含种粮大户），然后在每个村庄平均抽取 3 个粮食种植的大户（大于 50 亩）与 5 个普通小农户进行实地调研。总体上确保样本覆盖了 16 个县（市、区）和 64 个农户（至少包括 40 个小农户以及 24 个规模大户），农户层面总体计划收取不少于 1040 户样本。最终实际调查获得了有效农户样本来自 4 省 16 县（市、区）34 个乡镇 124 个行政村的 1040 户农户数据和 1709 个土地地块数据，其中含有 980 块自有地块来自农户家庭从村庄集体承包，还包含 729 块租入地块。结果和有效样本见表 7-2。

表 7-2　　　　　　　　　　农户与地块层面的调查数据样本分布

省份	县（个）	乡（个）	村（个）	拟调查农户数（户）	有效样本农户数（户）	实际调查地块数（块）
黑龙江	4	8	24	(40+24)×4	258	456
河南	4	8	16	(40+24)×4	256	398
浙江	4	8	32	(40+24)×4	260	371
四川	4	10	52	(40+24)×4	266	484
合计	16	34	124	1024	1040	1709

资料来源：2015 年地块调查数据库。

7.3.2　变量选择

（1）被解释变量

被解释变量为土地生产率，用亩均稻谷产量进行衡量。一般来讲，农业生产效率是一个综合性概念，是多个要素生产率的综合，具体来讲包括土地、劳动等要素生产率以及全要素生产率（TFP）和技术效率（TE）等，已有研究大多采用单位土地面积产量，即从土地生产率角度研究农业生产效率（李谷成等，2010）。农业生产效率固然重要，但从地块层面来讲，采用土地生产率即以单位地块面积上的粮食产量来衡量农业生产效率更为合适。

此外，按照土地的属性不同，本章还将土地生产率分为农户家庭自有承包最大地块的生产率和转入最大地块的生产率，分别用承包地（或者自有地）地块亩均单产和转入地块亩均单产表示。后面的描述性统计结果显示，被调查的 891 户亩均产出稻谷为 490.822 千克；而样本中有 891 块自有最大地块，通过流转转入的最大地块有 288 块，亩均产出分别为 493.626 千克/亩、472.092 千克/亩，平均而言，转入地块的土地生产率低于承包地块约 21.534 千克/亩（见表 7-3）。

表 7-3　　　　　　　　　　　变量定义与描述性统计

变量		定义	观测值	均值	标准差
被解释变量	土地生产率	地块亩均单产（kg）	891	490.822	88.457
	自有地生产率	自家承包地地块亩均单产（kg）	891	493.626	84.881
	转入地生产率	转入地地块亩均单产（kg）	288	472.092	68.997
核心解释变量	租金形态	租金形式（人情租=0；货币租=1）	288	0.542	0.499
	契约期限	短期契约=流转年限≤3 年和无固定期限，长期契约=流转年限>3 年	288	0.427	0.496
	契约特征	口头协议=0；书面协议=1	288	0.417	0.494
地块特征变量	地块面积	地块经营规模（亩）	891	7.872	9.701
	地块数量	土地细碎化情况（块）	891	6.929	11.011
	地块肥力	土壤肥力（4=差；3=中；2=良；1=优）	891	2.534	0.866
	地块坡度	土地坡度（平地=0；坡地=1）	891	0.191	0.393
	地块距离	地块与农户家的距离（km）	891	1.078	2.749
农户特征变量	户主年龄	户主的实际年龄（岁）	891	57.811	10.296
	文化程度	户主的受教育水平（年）	891	2.496	0.949
	经营年限	种田决策者种水稻年限（年）	891	33.460	13.802
	户主健康	健康程度（0=丧失劳动能力；1=差；2=中；3=良；4=优）	891	2.715	1.129
	风险偏好	风险害怕者=0；风险中立者=1；风险偏好者=2	891	0.643	0.579

变量		定义	观测值	均值	标准差
家庭特征变量	家庭收入	家庭纯收入（万元）	891	3.370	4.580
	非农收入	非农收入（万元）	891	3.037	4.586
	家庭人数	（人）	891	4.990	2.291
	家庭老龄化	60岁以上老人数（人）	891	1.084	0.926
	示范户	是否为示范户（0＝否，1＝是）	891	0.128	0.334
政策	农地确权	是否确权（0＝否，1＝是）	891	0.851	0.357
地区虚拟变量		湖南省＝0；江西省＝1	891	0.457	0.498
县域虚拟变量	大余	（否＝0，是＝1）	891	0.180	0.384
	安义	（否＝0，是＝1）	891	0.099	0.299
	攸县	（否＝0，是＝1）	891	0.178	0.383
	汉寿	（否＝0，是＝1）	891	0.181	0.385
	赫山	（否＝0，是＝1）	891	0.180	0.384

资料来源：2017～2018年的地块调查数据。

（2）核心解释变量

依据前文理论分析，本章核心解释变量主要包括：非正式农地流转上的两个主要特征租金形态和契约期限。

①流转租金形态。当前中国土地流转中的租金形式主要可以分为正式农地流转市场上的货币租和非正式流转市场上的零租金（人情租）以及实物租三种形态。由于实物租的租量与当期粮食价格相乘可以转化为货币租，而且实物租流转的比重往往不足5%（陈奕山，2017），为简单起见，本章仅仅考虑流转租金形态的两大类：人情租流转和货币租流转（定义无偿流转为人情租金＝0；流转收取货币为货币租金＝1）。

②流转契约期限。契约期限是农地流转市场中最为重要的特征之一，契约短期化已成为中国农地流转市场上最为普遍的现象（钱忠好与冀县卿，2016）。参考刘文勇与张悦（2013）的研究，本章将长期契约界定为流转期限大于等于3年，而将短期契约界定为小于3年和无固定期限的"空合

约"，样本地块中的短期契约占57.29%，与邹宝玲等（2016）、钱龙和洪名勇（2018）的调查结论一致。

（3）其余控制变量

①地块特征。地块本身的自然地理特征是决定粮食产出的基础因素。已有研究主要考察了土地面积、地块质量、土地斜坡系数等变量（黄季焜与冀县卿，2012）。本章在此基础之上，还考虑了地块的数量、地块与农户家庭的距离、地块的产权属性等变量的影响，以全面衡量或控制地块特征与属性。

第一，用地块属性（自有最大承包地块＝0；转入最大地块＝1）反映地块社会性特征。一般来讲，农户会区别性投入与使用属性不同的地块，往往在经营自家承包地块时会"谨慎经营、精耕细作、考虑长远"，而对待转入地，尤其是签订短期契约的转入地块①，往往容易产生"掠夺式、粗放式经营方式"，不同的经营态度会导致不同的土地产出和地力，因此需要进行控制。龙云与任力（2017）给出了证明，与自有承包地相比，规模农户往往存在"私心"，可能会在转入地块上有意降低有机肥和绿肥的施用量，甚至不愿意进行挖沟、打井等长期投资行为，从而可能不会采取耕地质量保护行动，因此需要加以控制。

第二，用地块面积、地块数量、地块肥力（优、良、中、差四等）、地块坡度（平地＝0；坡地＝1）表示地块的数量和质量等自然性特征。土地地块的面积大小②、肥力好坏、坡度高低、细碎化程度不同，往往土地的生产率也存在较大的差异。一是地块面积与地块数量。也就是考虑经营规模与土地细碎化问题：一般情况下，地块的面积越小、数量则越多，细碎化则更为严重，不利于规模化统一经营和提高产出效率。虽然经营规模（面积）与生产效率之间的关系仍存争议，但经营面积的大小是影响生产效率的重要指标。二是地块肥力。正是由于地块土壤肥力的差异，中国政府于1984年和1998～1999年的第一、第二轮全国农村承包地平均分配和调整，才按照

---

①　即使在签订流转合约时约定了转入户需要维持转出农户的土地的地力，但实际调查中发现，转入户往往在倾向于违约，与流出户的亲缘关系越远越不会遵守"地力保持合约"。

②　如前文文献部分所述，尽管规模与效率之间的反向关系得到多数研究的认可，但存在争议。

"肥瘦相间、远近搭配"的分田原则进行平均分配，因此地块本身肥力差异是产出差异的重要影响因素，必须加以控制。三是地块坡度。土地的坡度是防止水土流失、保障地块质量的重要指标之一（纪月清等，2017）。往往地势平坦的地块不会存在水土流失、土壤层的厚度也远远高于坡地。而地块坡度较大的农地、水土流失严重、土壤稀薄、有机质流失严重，一般来讲，坡地的土壤肥力往往较差；因此，地块的坡度不同会导致土地产出存在的差异。针对水稻田来讲，地势平坦的地区意味着细碎化程度相对较低、不仅利于蓄水灌溉，也利于大型机械化作业，但也容易遭遇洪涝灾害；然而坡度较大的梯田意味着细碎化程度较高，虽然遇到洪涝灾害的概率很低但也只能使用小微型机械化作业，因此地块的坡度和细碎化程度均是影响单位面积产出的重要因素。

第三，用地块到农户家庭之间的距离远近表示空间特征。通常情况下，距离农户家庭较远的地块会产生较大的运输成本且不便于耕种、田间经营管理，因而常常也是被农户租出的对象；即使在同样投入和同等地力条件下，地块距离较远的土地产出也会因为疏于田间管理而导致土地生产率降低，因此需要加以控制。

②农户特征。在粮食与农业生产经营中，户主本身往往是最主要的劳动力与决策者，必然也影响着家庭的土地流转决策与粮食生产经营效率。一般来讲，"种田能手"的个人经验丰富、种植能力较强，亩均产出总是优于那些边际生产率低的普通农户。已有文献认为，户主的年龄大小（实际年龄）、受教育年限的长短（实际上学年限）、健康程度均对土地生产率产生显著的影响（王建英等，2015），在此基础之上，本章还纳入户主的种植经营年限、户主的风险偏好等重要变量进行控制。

③家庭特征。农户的家庭收入是影响生产决策的重要因素，一般来讲，相对贫穷的家庭会选择人情租流转并通过达成口头契约的方式转入外出就业的亲朋邻里的土地，而采取其他方式偿还"人情"；家庭收入较高的农户拥有较强的支付流转地租能力，为了避免纠纷与争议，双方在签订流转书面契约时则会倾向于选择货币租转入土地。非农收入已经成为大多数兼业农户的主要收入来源，体现其在流转交易中的支付能力，因此也需要加以考虑。

农户的家庭人数和老龄化（定义为 60 岁及以上）的人数关系到家庭劳动力的丰裕程度，而劳动力要素是影响粮食生产效率的重要变量，在研究单要素生产率时，需要加以控制（仇焕广等，2017）。农户家庭是否属于科技示范户也会显著影响粮食单产，王建英等（2015）的研究发现，如果农户是水稻种植科技示范户，则该农户可以实现高产和更高的亩均利润。因此，需要加以控制。

④政策变量。农地确权颁证政策既是落实农地"三权分置"、清晰产权归属的政策方针，也是加快农地流转、促进规模经营、实现农业现代化的行动指南，还是解决农地流转纠纷、保护农民合法权益、提高农民收入的法制保障，更是为深化农村"三块地"产权制度改革与健全农村土地法制、完善承包管理制度提供参考案例（姚志与文长存，2019）。不仅如此，农地确权可以通过促进农户加大农业短期投入提升农业生产效率，但也通过抑制农户水田或水浇地的转入而致使其农业生产效率产生损失（林文声等，2018）。即使农地确权的试点地区是人为选择的结果，并不具备"随机"性，但对单个农户参与流转行为而言，确权可以被视作一个完全外生的政策变量（程令国等，2016）。本章的数据主要调查来源于 2017~2018 年，此时存在部分农户仍未确权颁证，因此必须加以控制和考虑。

⑤其他变量。为了控制区域间的土地生产率的差异，本章引入了省级虚拟变量和县域虚拟变量，将"湖南省 = 0"作为基准变量，"江西省 = 1"；将分宜县作为参考组，汉寿、攸县、赫山、大余、安义等作为研究组。

7.3.3　描述性统计分析

（1）自有地块与转入地块的基本情况

表 7 - 4 反映了自有承包地和转入地地块的基本自然属性比较。总体来看，转入地地块面积远远大于自有承包地块，这说明种植大户通过转入土地可以改善农村承包地的细碎化程度。

具体来看，调查数据包括了自有承包地地块的 891 户和转入地地块的 288 户。自家地块的平均面积为 4.867 亩，而转入地地块的面积平均为 127.785 亩

（显然经过了多块土地的平整集中），最小转入地块面积为 0.6 亩，原因是存在小面积的人情租流转。平均而言，自家地块与转入地块的土壤肥力和坡度并无太大差别，而转入地块距离农户家庭的距离更远，平均为 2.895 千米，最大的距离为 60 千米（见表 7 - 4）。由此可见，在农地流转中，人们更加倾向于流出距离农户家庭较远的地块，以降低运输成本和田间管理费用。

表 7 - 4　　　　　　　　自有承包地和转入地地块基本属性比较　　　　单位：亩

地块属性	变量	观测值	均值	标准差	最小值	最大值
自家地块	面积	891	4.867	3.925	0.4	30
	肥力	891	2.466	0.866	1	4
	坡度	891	0.192	0.394	0	1
	距离	891	1.221	2.054	0	15
转入地块	面积	288	127.785	218.111	0.4	997
	肥力	288	2.507	0.872	1	4
	坡度	288	0.139	0.346	0	1
	距离	288	2.895	7.558	0	60

资料来源：2017~2018 年的调查数据，均属于水稻种植户。

　　总之，转入地块面积普遍大于承包地块的面积，这说明种植大户对转入后的稻田进行了平整合并，一定程度上改善了土地的规模化经营。那么，开展规模经营的种植户与普通小农户存在的粮食生产效率差异到底来自哪里呢？为此，接下来的部分继续分析自有承包地块和转入地地块的效率差异。

　　（2）自有承包地块与转入地块的土地生产率差异情况

　　在对地块肥力进行分类后，对不同属性的地块的水稻单产进行统计，结果参见表 7 - 5。由于地块土壤肥力的实际测量难度较大，多年经营土地的农户对地块土壤肥力的主观评价往往能大致反映该地块的土壤肥瘦程度（Saint - Macary et al.，2010）。因此，与钱龙等（2019）的做法一样，将农户对家庭自有地块和转入地块的主观肥力评价衡量土壤肥力，分为优等、良等、中等、差等地等四类。

表 7 - 5 自有承包地和转入地地块水稻单产比较

耕地质量等级		优等	良等	中等	差等	均值
		1	2	3	4	
土地生产率（千克/亩）	承包地	520.768	490.434	488.947	486.913	496.766
	转入地	484.540	471.095	470.409	466.857	473.225
块数（块）	承包地	125	263	405	98	222.75
	转入地	38	105	110	35	72
块数占比（%）	承包地	14.03%	29.52%	45.45%	11.00%	—
	转入地	13.19%	36.46%	38.19%	12.15%	—
两类地块的生产率差异		+36.228	+19.339	+18.538	+20.056	+23.540

注：地块差异 = 承包地 - 转入地。
资料来源：来自 2017~2018 年调查数据。

　　表 7 - 5 的结果显示，无论是自有承包地块还是转入地块，中等地（3 等地块）占总体样本的比例均最大，分别为 45.45%、38.19%，而优等地地块分别占 14.03% 与 13.19%，这说明调查区域的土地肥力普遍较差。无论地块本身土壤的肥力如何，农户在自有最大承包地地块的水稻产量均高于最大转入地地块，且亩均稻谷产量随着地块肥力的变好而增加。调查样本显示，自有承包地地块的水稻单产平均为 496.766 千克/亩，约高于转入地 23.540 千克/亩；无论地块肥力等级如何，自有地地块的亩均单产均高于转入地地块，统计验证了前面假设 3。优等地块的土地生产率在不同地块属性之间的差异最大，高达 36.288 千克/亩，其次为差等地之间的单位产出差异为 20.056 千克/亩。优等地块之间的单产差异的原因可能是得益于地块土壤本身肥力，差等地之间单产差异（与中等、良等地块相比）较大，可能的原因是，普通农户对地块本身的土壤肥力较为了解，在稳定的承包期内对土地质量差的自有承包地进行了大量的绿肥、商品有机肥与化肥等要素投入，逐渐提高了肥力本身较差地块的产出。

　　横向对比来看，转入地地块在不同土壤肥力等级之间的产量波动要小于不同肥力等级的承包地块（优等承包地的单位产出高于差等承包地的 33.855 千克/亩，而优等转入地块和差等转入地块单产的差异仅仅为 17.683

千克/亩）。这说明种植水稻的规模大户并不会针对不同肥力的地块而"特别"关心与改善地力，在肥力不同等级的土地上基本上采用了同样的耕种方式和同样标准的投入，以此获得差异较小基本稳定的单位粮食（稻谷）产出。

总之，无论地块自身肥力等级如何，自有最大承包稻田的土地生产率均高于转入地稻田，且随着地力等级的提高，两类地的亩均产出均在提高，说明土壤肥力确实影响了农业生产产出，在后面的回归分析中需要加以控制。为进一步进行验证不同规模农户的土地生产率差异，接下来的部分对参与流转（视为规模大户）和未参与流转（视为普通小农户）农户间的土地生产率进行对比分析。

（3）流转户与未流转户土地生产率对比

表7-6与表7-7均表示土地地块生产率在参与流转户与未参与流转农户之间的差异。表7-6的统计结果显示，未流转土地的603户的水稻单产为487.821千克/亩，低于参与流转土地的规模种植户9.285千克/亩；与此同时，未参与流转土地的农户户均耕地规模较小，仅仅为3.648亩，而参与流转的规模大户户均水稻种植面积高达127.785亩，大约是小农户经营面积的35倍。另外，通过计算流转与未流转的农户的占比发现，受访样本中的32.323%农户参与了土地流转，仅略低于2017~2018年全国的宏观流转数据类似，表明调查样本为随机样本，具有一定的代表性。由此可见，在对参与流转与未流转户的统计发现，发生流转的地块土地生产率确实略高于未流转的地块，这意味着流转有利于提升土地生产率。

表7-6　流转户与未流转户土地生产率与经营面积对比（调查样本）

项目	土地生产率（单产：千克/亩）			土地经营面积（亩）		
	未流转土地	流转土地	差异	未流转土地	流转土地	差异
农户数	603	288	-315	603	288	-315
单产均值	487.821	497.106	+9.285	3.648	127.785	+73.818
标准差	86.526	92.207	——	3.274	218.111	——

注："流转土地"和"参与流转"仅仅分析了转入农地的情况；
资料来源：2017~2018年调查数据。

　　由于调查数据的地块样本量十分有限，为此，为增加未参与流转与流转户的单位产出差异结论的稳健性，本章还对 2016 年的农业普查大数据进行了统计分析，结果如表 7-7 所示。对第三次全国农业普查数据的粮食单产的统计结果发现，佐证了前面地块调查数据的结论：参与流转的规模户的土地生产率仍然高于小农户。具体来看，第三次全国农业普查数据中的规模户样本统计结果显示，有 409 户未发生农地流转（转入），实质为小农户，其户均粮食单产为 505.13 千克/亩，略低于参与流转的 3974 户规模户的户均单产 15.43 千克/亩。对经营面积的统计结果发现，第三次全国农业普查数据的小农户数约为 20000 万户，其户均面积为 5.92 亩，规模户样本中的种植大户（种植面积大于 50 亩）经营土地面积为 167.45 亩/户，最大面积为 1700 亩/户，平均经营面积是小农户的 28 倍以上。

表 7-7　　　　　流转户与未流转户土地生产率与经营面积对比

（第三次全国农业普查数据样本）

项目	土地生产率（单产：千克/亩）			土地经营面积（亩）		
	未流转户	流转户	差异	流转的规模户[②]	未流转的小农户[③]	差异
农户数	409	3974	−3565	1399	19099	17700
均值[①]	505.13	520.56	+15.43	167.45	5.92	161.53
标准差	111.52	113.61	—	149.10	6.61	—

　　资料来源：表中数据来自 2016 年中国第三次全国农业普查数据；①在统计问卷中给出了包括早稻、中稻和一季度晚稻、双季晚稻、小麦和玉米等，但笔者所获得的数据仅仅给出了一类产品的单产数据，因此默认为第一行的"早稻"数据；为了进行对比，我们数据清理过程中将流转户和未流转户的最大产量和最小产量进行了限定，也就是将水稻亩均产量的极值控制在 375～700 千克。②来自第三次全国农业普查数据的规模户样本数据，统计发生流转规模户的经营面积，存在未同时填写"是否流转"和"经营面积"两项，因此统计数会小于实际的流转户数。③来自 2016 年第三次全国农业普查数据中的普通农户样本。

　　此外，由于转入土地的农户还存在一个较大的类型差异：支付货币租流转和零租金的无偿流转。进一步地，按照转出转入户达成的租金类型分类，可以分为货币租流转形态和人情租流转形态，那么，不同租金形态下地块的生产率如何？接下来将进行统计分析。

（4）不同流转租金形态下的土地生产率差异对比

表7-8反映了不同流转租金形态下的土地生产率差异。调查数据的结果显示，人情租流转的地块占总体流转地块的45.83%，略低于王亚楠等（2015）对2004~2011年农业农村部固定观察点122498个数据统计结果（51.65%），货币租流转比例占54.17%。从转入面积来看，无论是从调查数据还是地块数据样本，货币租形态下的流转面积均大于人情租流转形态下的土地面积。统计显示，有132块采取人情租流转的地块，户均流转面积28.684亩、每块地稻谷产量为470.057千克/亩，其中有156块采用货币租形式的地块的亩均单产为473.814千克/亩，略高于人情租流转形态下的地块生产率3.757千克/亩。

表7-8　　　　　　　　不同流转租金形态下的土地生产率差异　　　　单位：千克/亩

数据来源		地块土地生产率			转入面积		
		人情租形态	货币租形态	差异	人情租形态	货币租形态	差异
2017~2018年调查数据	地块数	132	156	24	132	156	24
	均值	470.057	473.814	+3.757	28.684	120.659	91.975
	标准差	73.177	65.442	—	32.378	218.189	—
2015年地块调查数据	地块数	211	510	299	212	514	302
	均值	472.55	555.00	+82.45	2.90	44.64	41.74
	标准差	99.94	109.28	—	3.57	121.18	—

注：差异=货币租形态-人情租形态。值得说明的是，为了结果的可对比性，同样，我们将调查数据和2015年地块调查数据样本的土地生产率的限定于375~700千克/亩。

调查数据中采取人情租流转的地块仅仅为132块，样本量有限，小样本可能会影响到平均值，进而导致结果出现一定的偏差。因此，为增加本章结果的稳健性，继续对2015年地块调查数据库的地块样本进行统计，结果显示，211块地块采用了人情租流转形式转入土地，其土地生产率为472.55千克/亩，低于采取货币租形态地块82.45千克/亩。这说明，非正式农地流转上人情租流转状态下的土地生产率低于正式流转市场上货币租形态下的土地生产率。

总之，即使在限定两类调查样本数据中土地生产率的极值后，仍然可以得出：相比那些签订人情租流转协议的农户和地块，土地生产率在货币租流转形态下更高。现实中，货币租流转形态下往往容易签订长期书面契约，人情租流转也多是短期口头契约。那么，不同契约期限情况下的土地生产率有何差异？从已有文献来看，多数研究均支持在农地流转市场中，长期期限下的土地生产率会高于短期，虽然争议较小，但仍然无法解释当前中国农地流转市场上短期契约成为主导交易契约的现象。为此，在接下来的部分内容中，进一步对不同契约期限下的土地生产率进行对比分析。

（5）不同契约期限下的土地生产率差异对比

表 7-9 反映了不同流转契约期限下的土地生产率差异。第一，就短期契约的占比来讲，2017～2018 年调查数据的结果显示，57.29% 的地块签订了 3 年及以下的短期流转协议；第三次全国农业普查数据的结果显示，短期契约的签订比重也要多于长期契约签订数的占比。第三次全国农业普查数据样本中，农地流转户签订了短期契约的约占进入统计农户的 60.86%；2015年地块调查数据的结果显示，短期契约的比重更是达到了 69.17%，与钱龙和洪名勇（2018）、洪炜杰和胡新艳（2018）的调查结果相差无几。可见，三类数据均表明中国农地流转市场中的短期契约比重确实偏大。

表 7-9　　　　　　　　不同契约期限下的土地生产率差异　　　　　　单位：千克/亩

数据来源		地块土地生产率		
		短期契约	长期契约	差异
2017～2018 年调查数据	地块数	165	123	-42
	均值	457.11	492.20	+35.09
	标准差	56.52	78.70	——

续表

数据来源		地块土地生产率		
		短期契约	长期契约	差异
2015 年地块调查数据	地块数	285	127	−158
	均值	541.05	562.94	+21.89
	标准差	97.94	116.58	——
2016 年第三次全国农业普查数据	规模户户数	241	155	−86
	均值	476.04	503.87	+27.83
	标准差	147.81	130.47	——

注：短期契约（合约≤3 年）；长期契约（合约＞3 年）；差异＝长期契约−短期契约；三类数据样本的土地生产率的限定于 375~700 千克/亩。

第二，从地块生产率来讲，2017 年和 2018 年两期的调查数据结果显示，签订短期契约下平均地块土地产出为 457.11 千克/亩，而签订长期契约的地块的平均土地产出为 492.20 千克/亩，高于短期契约的地块产出 35.09 千克/亩。如果说调查数据中的短期契约样本有限，不足以反映问题；有必要对 2015 年地块调查数据库进行统计分析，结果仍然发现长期契约下的土地生产率高于短期契约，约 21.89 千克/亩。再对第三次全国农业普查大样本数据（规模户）进行统计，结果显示，长期契约下的地块土地生产率高于短期契约 27.83 千克/亩。因此，虽然可以通过对地块数据的统计分析可以得出一致的结论：签订短期契约的地块单位产出低于签订长期契约的地块。另外，长期契约一般均会选择书面协议，而短期契约与口头协议相对应。为此，接下来的部分将对不同契约特征下的土地生产率差异进行对比。

（6）不同契约特征下的土地生产率差异对比

表 7-10 反映出了不同契约特征下的土地生产率差异。统计发现，口头协议在农地流转中占到 58.33%，而书面协议仅占 41.67%；对比口头协议和书面协议下的土地生产率差异可知，签订书面协议的转入地块单产高于口

头协议约 2.48 千克/亩。对比两种契约特征的地块面积，可以发现，书面协议的地块面积约 130.73 亩/块，约是达成口头协议流转地块面积的 2 倍（见表 7-10）。

表 7-10　　　　　　　　不同契约特征下的土地生产率差异

数据来源		地块土地生产率（千克/亩）			地块面积（亩）		
		口头协议	书面协议	差异	口头协议	书面协议	差异
2017~2018 年调查数据	地块数	168	120	-48	168	120	-48
	均值	471.06	473.54	+2.48	73.71	130.73	+57.02
	标准差	70.52	67.08	—	203.49	284.33	—

注：差异 = 书面协议 - 口头协议。

通过租金形态、契约期限与契约特征三者之间的关系可知：132 块地块签订了人情租金，其中包含了签订短期契约的 101 块，占到 76.52%，其中有 128 块地块签订了口头协议，占总的签订口头协议的 132 块地块的 96.74%，这印证了前面"人情租形态一般签订口头协议相对应"的观点。同样，货币租流转的 156 块样本中，包含了 92 块签订 3 年及以上流转契约期限的地块，包含了 116 块签订书面协议的农地地块，分别占 58.97% 和 74.36%，而在签订书面协议的 120 块地块中有 84 块签订了 3 年及以上流转契约，占 68.29%；这也印证了前面得出的"货币租流转多签订书面协议"的观点相对应（见附表 1-1）。为清晰刻画租金形态、交易期限与契约特征三者之间的关系，用图 7-3 表示如下。三者关系的总体结论是：第一，人情租农地流转形式下，可以选择长期或者短期交易，且大多数情况下仅选择口头契约协议，这种状态下基本不会发生书面契约协议。第二，货币租农地流转形式下，可以选择长期或者短期交易，在选择契约形式时也可以是书面协议或者口头协议。

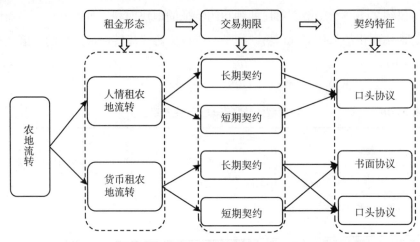

图 7-3   租金形态、契约期限与契约特征三者之间的关系

资料来源：笔者绘制。

综上所述，就地块层面的数据来讲，描述性统计分析发现：第一，考虑租金形态时，非正式农地流转上人情租流转状态下的土地生产率低于正式流转市场上货币租形态下的土地生产率，符合常理。第二，考虑不同契约期限时，短期契约下的地块生产率低于长期契约，验证了前面的假设4。第三，仅考虑契约形态时，签订书面协议的转入地块单产高于口头协议，符合预期。第四，对比流转与未流转的调查地块和农户（第三次全国农业普查数据），均得出了未流转的土地生产率低于参与流转的，这说明推进土地流转、促进适度规模经营有利于提高单要素生产率（土地生产率）。

7.4   计量模型与估计结果分析

7.4.1   农地流转对土地生产率的影响

（1）模型设定

农地流转对土地生产率的影响虽然为众多学者所关注，但在中国农地流转市场中仍然存在争议的是，到底农地流转后的土地生产效率是否有所改善？正如前面文献部分所述的那样，农地流转后，可以通过规模经营实现土地生产效率的改善与提升，本章前面的统计结果也显示，参与流转农户的土地生产率要高于未流转户（见表 7-6 与表 7-7）。在控制如地块特征等诸多因素之后，还会得出与理论和描述性统计分析类似的结论吗？为进行严谨的实证估计，本章在考虑农户的经营规模下，首先对农地流转对土地生产效率之间的关系进行再探讨。在借鉴仇焕广等（2017）、蔡和严（Cai and Yan，2019）、阿松桑和布拉伊多（Assunção and Braido，2007）与拉达等（Rada et al.，2015）的做法基础之上，将模型设定如式（7-1）所示：

$$\ln y = \alpha_0 + \alpha_1 \times Transfer + \sum_{i=1}^{5} \alpha_{Li} \times L_{Li} + \sum_{j=1}^{4} \alpha_{Hj} \times H_{Hj} + \sum_{n=1}^{2} \alpha_{Fn}$$
$$\times F_{Fn} + \alpha_2 \times R + m = 14\alpha Im \times IIm + \delta + \mu_1 \qquad (7-1)$$

其中，因变量 $\ln y$ 表示地块生产率，参考仇焕广等（2017）用农户经营地块的亩均单产表示，并取对数。$Transfer$ 为核心变量：表示农户是否参与过土地流转（是 = 1；否 = 0）。控制变量 L_{Li}、H_{Hj}、F_{Fn} 分别为地块、户主和农户家庭特征；具体来讲，地块特征用地块面积（代表经营规模大小）、地块数量（代表细碎化情况）、地块肥力、地块坡度、地块距离等衡量；户主特征变量分别选取户主年龄、户主受教育程度、经营土地年限、风险偏好等四个变量进行衡量；农户家庭特征包含了非农收入、家庭老龄化等变量。R 表示农地确权变量，用以衡量政策的变化；I_{Im} 表示化肥投入、种子投入、机械投入、劳动力投入等投入变量，土地投入即为土地面积变量，已经在地块特征变量中，不再重复考虑；δ 表示控制省份和时间虚拟变量；μ_1 是随机扰动项。

（2）估计结果与分析

为估计农地流转对生产效率的差异，采用普通最小二乘法（OLS）对地块层面的数据进行估计；由于获取的地块样本量较小，因此均采用拔靴法（Bootstrap）抽样 500 次获得稳健的标准误，结果如表 7-11 所示。

表 7 – 11 　　　　　　　　　　农地流转对土地生产率的影响估计结果

被解释变量		模型（1）	模型（2）	模型（3）	模型（4）	模型（5）	模型（6）
		土地生产率	土地生产率	土地生产率	土地生产率	土地生产率	土地生产率
核心变量	是否流转（0 = 否；1 = 是）	0.024 * (0.013)	0.029 * (0.017)	0.030 * (0.017)	0.028 (0.020)	0.030 (0.021)	0.032 * (0.018)
	地块规模的对数	—	0.046 ** (0.020)	0.043 ** (0.021)	0.043 * (0.022)	0.039 * (0.022)	0.040 * (0.023)
	地块规模对数的平方	—	– 0.012 ** (0.005)	– 0.012 ** (0.006)	– 0.011 * (0.006)	– 0.010 * (0.006)	– 0.010 * (0.006)
地块特征变量	地块数量	—	– 0.001 ** (0.001)	– 0.001 ** (0.001)	– 0.001 ** (0.001)	– 0.001 ** (0.001)	– 0.001 ** (0.001)
	地块坡度	—	– 0.028 (0.017)	– 0.028 (0.018)	– 0.029 (0.018)	– 0.031 * (0.018)	– 0.031 * (0.016)
	地块距离	—	0.003 (0.003)	0.003 (0.003)	0.003 (0.003)	0.003 (0.003)	0.003 (0.003)
	地块肥力（良等地）	—	– 0.003 (0.019)	– 0.000 (0.021)	– 0.000 (0.021)	– 0.004 (0.023)	– 0.005 (0.022)
	地块肥力（中等地）	—	– 0.007 (0.021)	– 0.004 (0.023)	– 0.005 (0.022)	– 0.009 (0.024)	– 0.008 (0.023)
	地块肥力（差等地）	—	0.035 (0.024)	0.041 * (0.025)	0.040 * (0.024)	0.035 (0.025)	0.034 (0.025)
农户特征变量	户主年龄	—	—	– 0.000 (0.001)	0.000 (0.001)	0.000 (0.001)	0.000 (0.001)
	户主文化程度	—	—	– 0.024 (0.017)	– 0.006 (0.007)	– 0.026 * (0.015)	– 0.025 (0.016)
	经营年限对数	—	—	– 0.009 (0.012)	– 0.008 (0.012)	– 0.001 (0.001)	– 0.009 (0.012)
	风险偏好（中立）	—	—	0.065 (0.052)	0.066 (0.058)	0.065 (0.058)	0.063 (0.052)

续表

被解释变量		模型（1）	模型（2）	模型（3）	模型（4）	模型（5）	模型（6）
		土地生产率	土地生产率	土地生产率	土地生产率	土地生产率	土地生产率
农户特征变量	风险偏好（偏好）	—	—	−0.005 (0.028)	−0.005 (0.028)	−0.004 (0.030)	−0.005 (0.027)
家庭特征	家庭非农收入	—	—	—	0.000 (0.004)	−0.000 (0.004)	−0.001 (0.005)
	家庭老龄化	—	—	—	−0.010 (0.008)	−0.013 (0.008)	−0.013 (0.008)
政策	农地确权	—	—	—	−0.017 (0.016)	−0.017 (0.018)	−0.016 (0.017)
投入变量	化肥投入	—	—	—	—	0.008 (0.008)	0.007 (0.008)
	种子投入	—	—	—	—	0.008 * (0.004)	0.008 ** (0.004)
	机械投入	—	—	—	—	−0.002 (0.004)	−0.003 (0.004)
	劳动力投入	—	—	—	—	0.029 ** (0.012)	0.030 ** (0.012)
常数项		6.165 *** (0.012)	6.140 *** (0.024)	6.158 *** (0.076)	6.139 *** (0.085)	6.054 *** (0.079)	6.062 *** (0.081)
时间/省份固定		已控制	已控制	已控制	已控制	已控制/未控制	已控制
地块样本数		891	891	891	891	891	891
调整的 R^2		0.007	0.028	0.034	0.035	0.050	0.050
Wald 值		5.04 [0.169]	24.12 [0.012]	30.14 [0.017]	33.49 [0.021]	49.11 [0.001]	50.08 [0.001]

注：*、**、***分别表示10%、5%、1%的显著性水平；括号中表示 Z 值对应的稳健标准误；"—"表示未控制，[ ] 表示对应的 P 值。

资料来源：2017～2018 年的调查数据。

模型（1）只考虑了核心变量是否流转土地对地块（不区分承包地地块和转入地地块）土地生产率的影响差异。由模型（1）的估计结果可知，在

10%的显著性水平上，在控制地区和时间之后，相比未流转户，参与农地流转会使得土地生产率提高2.4%，因此，流转农地可以促进土地生产率的提高。虽然与前面对流转户与未流转户的描述统计分析的结果一致，但可能因为遗漏了经营规模、土地肥力等地块特征重要变量而产生的"偏误性"结果。学者陈斌开等（2020）的研究认为土地流转并没有提高平均农业生产率，只有当土地流转促进了规模化经营时，农业生产效率才能提高。为此，在模型（2）中加入经营规模（土地面积）、经营规模的平方，用以考察经营规模与土地生产率之间可能存在的非线性关系；还加入地块的数量、地块坡度、地块距离、地块肥力等与地块特征相关的变量，以控制土地质量本身对生产率的影响。模型（2）估计结果显示，在控制地块相关属性变量后，相比那些未参与流转的农户来讲，参与流转会使其土地生产率提高2.9%，而规模经营与地块生产率之间的非线性关系也确实存在。衡量土地细碎化程度的地块数量在1%的显著性水平上负向显著影响地块的土地生产率，表明地块数量越多越不利于提升地块的生产率。总之，在控制土地肥力、面积、坡度等特征之后，农地流转仍然能促进土地生产率的提高。那么，如果农户本身属于经验丰富的水稻种植户，种植能力较强，相比那些种植能力较差的农户来说，能够经常性地实现高产丰收，因此有必要进一步对农户个人特征进行控制。

因此，模型（3）在模型（2）的基础之上加入系列农户特征变量进行控制，除了模型的拟合优度的增加以外，农地流转对地块生产率的影响增加到了3.0%；地块数量也在1%的显著性水平上负向显著，与前面预期相符，表明土地细碎化越严重，土地生产率越低。在农村大量青壮年劳动力外流和农业剩余劳动力老龄化现象严重的时代背景下，土地生产率必然还受到农户家庭的收入、老龄化的劳动力数等变量的影响。为此，在模型（4）中加入家庭特征变量，进行控制。另外，影响地块产出的重要因素，除了土地本身的自然特征差异和农户、家庭的差异之外，更为重要的是包括种子和化肥等投入要素的差异，更容易影响到不同地块的生产率，为此，模型（5）和模型（6）还控制了化肥、种子、机械、劳动力等投入变量。结果显示，是否流转对土地生产率的影响仍然在10%的显著性水平上显著，影响系数降低到 3.0%，这与朱建军等（2011）对浙江省的研究结果一致，也与表 7 - 6 与表 7 - 7 所描述对比出的事实一致：平均而言流转户的土地生产率高于未流转户。除此之外，地块坡度也在 10% 的显著性水平上负向显著，与前面预期相符，表明地块越平坦，土地生产率越高。种子与劳动力投入的回归系数表明投入优质的种子和加强监督管理是提高土地产出的重要因素。

　　总之，在控制土地特征、农户特征、家庭特征、政策以及投入要素等一系列变量后，是否参与流转对土地生产率的影响并没有减弱，这说明推进土地流转有利于提高地块的土地生产率。这意味着土地流转可以将低生产率农户的土地转出到高生产率的农户手中，因此政府应该继续鼓励推进土地流转、提高效率，意义重大。已有学者陈海磊等（2014）的研究也得出，在中国耕地总量受限不变的情况下，推进农村土地流转有利于优化土地资源在不同效率农户之间的配置，进而可以通过提高配置效率而改善整个中国农业的生产率。

　　规模经营与土地生产率之间的倒"U"形关系说明，只有"适度而不是过大"的规模经营，才能提高地块的生产率，过大的经营规模会导致规模不经济，生产率必定会下降。陈杰与苏群（2017）的研究得出，粮食作物的土地生产率在 10 ~ 20 亩时最高。就本章的地块数据资料来讲，"反向关系"在经营规模与单要素生产率（本章为地块生产率）之间可能也是存在的，与李谷成等（2010）和蔡和严（Cai and Yan，2018）的研究所指出的关系一致；具体而言，本章的内容所指示的"反向关系"应该存在于"过大"的经营规模中。故此，本章从地块数据层面对仍然存在争议的"反向关系"提供了可能的新的佐证，与阿松桑等（Assunção et al.，2007）的结果一致①。

（3）内生性问题探讨

　　农地流转与土地生产效率之间可能存在由"双向因果"导致的内生性

---

　　①　阿松桑等（Assunção et al.，2007）使用印度八个村落在 1975 ~ 1984 年详细的地块数据，对反向关系研究得出：农地层面的因素（如地块不可观测的特征）可能对这种负向关系具有重要影响。

问题。因为不仅土地流转会对该地区农户的生产效率水平产生影响，反过来农户的生产效率水平也决定了其自身对土地流转市场的参与程度，进而影响到该地区的土地流转水平。为了矫正这一问题，需要寻找合适的工具变量（IV），理想的工具变量必须满足两个条件：一是与解释变量的是否流转变量高度相关；二是与所构建的模型（1）的误差项不相关。从已有文献来看，肖龙铎和张兵（2017）使用了"村庄层面已参与土地流转的农户的占比"作为农地流转的工具变量，估计了是否参与对农户的收入所产生的影响；何安华和孔祥智（2014）同样也使用了"村庄内其他样本农户转入土地比重的算术平均数"作为农地流转的工具变量。

本章在继续采用这一表示土地流转"同群效应"的变量的同时，尝试着使用"村级流转比例与农地是否确权颁证"的交互项作为新的工具变量。村级流转比例的计算方法参考了马等（Ma et al.，2016）的做法，排除了该农户自身对村均值的影响。选取理由是，村级层面的土地流转比例与是否流转核心变量高度相关，而已有文献也证明了农地确权与是否土地流转具有高度的相关性（程令国等，2016），因此，相对于那些未颁发确权证书且没有流转的村庄来讲，那些已经颁发确权证书且参与了农地流转村庄就地块层面的单位产出可以视为是"外生的"。考虑到被解释变量是连续的，因此采用两阶段最小二乘法（2SLS）进行估计，以矫正内生性偏误，结果如表7-12所示。

表7-12　　　　　　　　农地流转对土地生产率的影响（IV估计）

被解释变量	模型（1）	模型（2）	模型（3）
	土地生产率的对数	土地生产率的对数	土地生产率的对数
是否流转 （0=否；1=是）	0.018 * （0.108）	0.018 * （0.108）	0.018 * （0.106）
地块特征变量	已控制	已控制	已控制
户主特征变量	已控制	已控制	已控制
家庭特征变量	已控制	已控制	已控制

续表

被解释变量	模型（1）	模型（2）	模型（3）
	土地生产率的对数	土地生产率的对数	土地生产率的对数
投入要素变量	已控制	已控制	已控制
时间与省份固定	已控制	已控制	已控制
常数项	6.217 *** （0.080）	6.217 *** （0.080）	6.217 *** （0.078）
地块样本量	891	891	891
R^2/Centered R^2	0.017	0.017	Centered R^2 = 0.044
Wald 值/F 统计量	Wald = 29.56 [0.077]	Wald = 29.56 [0.077]	F = 1.236 [0.217]
F 统计量/Anderson LM 统计量	F = 21.403 [0.000]	F = 21.403 [0.000]	LM = 23.722 [0.000]
最小特征值统计量	23.816 {16.380}	23.816 {16.380}	—
DWH 内生性检验	3.875 [0.039]	—	—
Cragg – Donald Wald F 统计量	—	—	23.816 {16.380}
估计方法	2SLS	LIML	2SLS – IVreg2

注：*、**、*** 分别表示 10%、5%、1% 的显著性水平；（）中表示稳健标准误。[ ] 内为相应检验的概率 P 值，{ } 内为 Stock – Yogo 检验在 10% 水平上的临界值。地块特征变量包括地块面积的对数、地块面积对数的平方、地块坡度、地块距离、地块肥力等，户主特征变量包括户主年龄、户主文化程度、经营年限的对数、风险偏好等，家庭特征变量包括家庭非农收入、家庭老龄化人口数、是否为科技示范户等，投入要素变量包括化肥、种子、机械投入、劳动力人数等。模型（1）和模型（2）的第二阶段估计结果见附表 1 ~ 附表 4。

资料来源：2017 ~ 2018 年的调查数据。

表 7 – 12 中，模型（1）的结果显示，F 统计量等于 21.403，远大于经验值 10，且 P 值为 0.000（陈强，2014），这表示本章所构建的工具变量"村级流转比例与农地是否确权颁证"与农户是否参与流转之间"相关性"较强；另外，采用适合于异方差的 DurbinWu – Huasman（DWH）检验模型

中核心变量"农户是否参与农地流转"是否为内生变量，结果显示拒绝了"外生变量"的原假设；最小特征值统计量是为了检验工具变量是否为"弱工具变量"，结果显示该统计量远大于 Stock – Yogo 检验在 10% 显著性水平上的临界值，因此接受了"不是弱工具变量"的原假设，故本章所采用的工具变量是有效的、外生的。

计量理论知识告诉我们，虽然采用两阶段最小二乘法（2SLS）估计的结果是"一致的"，但却是"有偏的"，故在使用时会带来"显著性水平扭曲效应"，且这种扭曲随着弱工具变量而增强。虽然，本章有理由认为不存在弱工具变量，但是为了使得结果更加稳健和严谨，再采取对弱工具变量不敏感的计量估计方法——有限信息最大似然法（LIML）进行稳健检验，结果见表 7 – 12。结果发现，LIML 与 2SLS 的估计结果基本一致（当保留 4 位小数时有微小的差别）。此外，本章还使用了非官方程序"ivreg2"对模型进行了估计（Schaffer，2012），结果见模型（3）。除了统计量存在一定的差别外，系数的显著性和大小基本与 2SLS 估计结果一致。总而言之，采用工具变量法校正后的土地是否参与流转仍然正向促进地块生产率，与前面结果一致。

然而，对模型（7 – 1）的估计中，仅仅考虑了所有地块的总体情况，并没有区分地块产权属性带来的影响（自有地块和转入地块），也没有考虑不同租金形态（人情租与货币租）、不同的契约期限（长期和短期）下的如何对地块生产率产生影响。理论上来讲，农户对待承包地块和转入地块会存在一定的差异；在不同的流转租金形态下农户的资金约束发生了变化后同样会影响到农户行为，进而改变了地块的生产率；而农户之间签订的流转契约期限的长短会影响到实际耕者的经营预期，进而改变不同的投入方式，有可能导致地块的土壤肥力发生变化。因此，接下来的部分进行深入讨论。

7.4.2 租金形态对土地生产率的影响

（1）模型设定

为探索农村土地在流转之后，不同的租金形态对土地生产率可能产生不同的影响。在模型（7 – 1）的基础之上，并在考虑转入地块与自有承包地块地权属性的差异后，本章构建了模型（7-2）用来分析不同流转租金形态下土地生产率差异：

$$\ln y = \beta_0 + \beta_1 \times Rent + \beta_2 \times Cp \times Rent + \sum_{i=1}^{5}\beta_{Li} \times L_{Li} + \sum_{j=1}^{3}\beta_{Hj} \times H_{Hj} + \sum_{n=1}^{3}\beta_{Fn}$$
$$\times F_{Fn} + \beta_4 \times R + m = 14\beta Im \times IIm + \delta + \mu_2 \qquad (7-2)$$

其中，因变量 $\ln y$ 表示农户转入地块的土地生产率，用农户转入地块的亩均单产表示，并取对数。$Rent$ 为核心变量：衡量农地流转的租金形态（人情租=0；货币租=1）；β_1 表示在控制转入地块的经营规模、细碎化、地块肥力、地块坡度、地块距离以及户主和家庭特征变量以及控制政策变量和生产特征变量、投入变量之后，租金形态对土地生产效率的影响系数。用 Cp 表示农地流转的契约期限（短期契约=0；长期契约=1），一般来讲，人情租流转的租金形态易于签订口头协议，而货币租流转则和书面协议相对应（邹宝玲等，2016；钱龙与洪名勇，2018）。因此，加入 $Cp \times Rent$ 的交互项衡量货币租且为长期契约相较于人情租短期契约对地块生产率产生的影响[①]，用 β_2 进行刻画。控制变量 L_{Li}、H_{Hj}、F_{Fn}、I_{Im} 仍然与模型（7-1）中所代表的含义一致，分别衡量地块、户主特征、农户家庭特征和投入变量。R 表示农地确权变量，用以衡量政策变化；δ 表示省份和时间虚拟变量；μ_2 是随机扰动项。仍然采用 2017~2018 年的混合截面调查数据进行回归，方法采用普通最小二乘法，结果如表7-13所示。

表7-13　　　　流转租金形态对转入地块生产率的影响估计结果

变量	模型（1）	模型（2）	模型（3）	模型（4）
	转入地块生产率	转入地块生产率	转入地块生产率	转入地块生产率
租金形态	0.078 *** (0.022)	0.079 *** (0.021)	0.078 *** (0.022)	0.077 *** (0.022)

① 不加入租金形态与契约形式的交互项的原因是，人情租一般仅仅与口头契约相对应，而几乎不存在书面契约，因此不能作交互项；考虑到三者之间的关系较为复杂，事实上能够进入交互项的只有租金形式和交易期限，租金形态与契约特征、交易期限与契约特征等之间均不能作为交互项。

续表

变量	模型（1）转入地块生产率	模型（2）转入地块生产率	模型（3）转入地块生产率	模型（4）转入地块生产率
租金形态×流转期限（0，1）	0.087 *** (0.032)	0.088 *** (0.033)	0.091 *** (0.035)	0.092 *** (0.034)
租金形态×流转期限（1，0）	−0.089 *** (0.021)	−0.090 *** (0.021)	−0.087 *** (0.021)	−0.085 *** (0.022)
经营规模的对数	0.045 *** (0.014)	0.043 *** (0.015)	0.043 *** (0.014)	0.037 *** (0.015)
经营规模对数的平方项	−0.007 *** (0.002)	−0.006 *** (0.002)	−0.006 *** (0.002)	−0.006 *** (0.002)
地块特征变量	已控制	已控制	已控制	已控制
农户特征变量		已控制	已控制	已控制
家庭特征变量			已控制	已控制
政策变量			已控制	已控制
投入变量				已控制
常数项	6.062 *** (0.034)	6.115 *** (0.081)	6.112 *** (0.081)	6.104 *** (0.095)
时间/省份固定	已控制	已控制	已控制	已控制
地块样本数	288	288	288	288
调整的 R^2	0.121	0.126	0.131	0.137
Wald 值	49.45 [0.000]	53.83 [0.000]	62.32 [0.000]	42.98 [0.010]
Bootstrap 次数	500	500	500	500

注：*、**、*** 分别表示10%、5%、1%的显著性水平；租金形态（0 = 人情租；1 = 货币租）；括号中表示 Z 值对应的稳健标准误。地块特征变量包括：转入地块肥力、坡度、距离；农户特征变量包括：户主年龄、文化程度、经营年限、户主健康、风险偏好；家庭特征变量包括：家庭收入的对数、家庭老龄化人数；政策变量：农地确权；投入变量包括：转入地化肥投入对数、转入地种子投入对数、机械投入对数、劳动力投入对数。

资料来源：2017～2018 年的调查数据。

（2）估计结果与分析

表 7 - 13 反映了流转租金形态对转入地块生产率的影响估计结果。从理论上来讲，农户决策必须同时包含租金形态与契约期限，也就是很有可能存在租金形态与契约期限的交互效应存在。为此，在模型（1）~模型（4）中加入上述交互项并在模型中依次控制地块特征、农户特征、家庭特征、政策变量、投入变量等变量，结果发现，租金形态与契约期限的交互项系数在 1% 的水平上显著。以模型（4）为例，当租金形态变量上升 1 个标准差，则转入地块生产率提高 0.077 个标准差，即提高 3.84 个百分点[①]。借鉴纪洋等（2018）的算法，总体上来看，模型（1）~模型（3）的结果均显示，相比选择人情租农地流转的地块，采取货币租流转的地块的土地生产率会提升，幅度分别约为 3.89 个、3.94 个、3.89 个与 3.84 个百分点；这与表 7 - 8 的统计的结果——人情租形态下土地生产率低于货币租形态下的地块相对应。为此，从侧面验证了假设 1：人情租农地流转虽然扩大了规模但却不利于地块生产率的提高。

地块生产率还受到经营规模的影响。农户经营规模对转入地生产率影响的倒"U"形关系仍然存在，与仇焕广等（2017）所得结论一致。同时，契约期限与租金形态的交互项系数的显著性表明：相比选择人情租和签订短期协议（0，0）而言，如果农户在流转中是签订的人情租流转协议且为长期契约期限（0，1）时，则有利于提高地块生产率，如果农户在流转中是签订的货币租流转协议且为短期流转期限（1，0）时，则不利于提高转入地块的土地生产率。可以推断，这种人情租流转当转入地租金变为"货币"时，则可以提升土地生产率，而且更为重要的是流转期限的长短发挥了重要作用（因此，有必要在后文章节单独进行验证）。原因在于，货币租农地流转户选择长期转入土地，会不断增加技术投入和资金投入，当其经营面积还未超过适度规模的"拐点"时，自然有利于提升地块产出，这就验证了假设 2。

---

①　参考纪洋等（2018）给出的计算方法进行计算，以模型（4）为例，租金形态对转入地块生产率的影响系数等于 0.077 个标准差与表 6 - 3 中租金形态的标准差 0.499 的乘积（0.0384 = 0.499 × 0.077），模型（1）~模型（3）依次类推，分别计算出其边际影响为 0.0389、0.0394 和 0.0384。

值得注意的是，农业机械投入对数在表 7 - 13 中模型（4）估计系数并不显著，表明机械化投入并没有提升转入地的土地生产率。与已有文献的结论类似，张忠军与易中懿（2015）认为整地、移栽、收割等机械化外包服务对水稻生产率并不影响。而姚树洁与刘子楠（Yao and Liu，2010）采用1987～1992 年中国省级面板数据，得出农业机械降低了粮食生产效率。可能的原因在于，随着中国农业机械化和社会化服务的发展，到 2017～2018年时，大部分农户已经开始采用社会化服务所提供的机械化服务，机械化促进了劳动力投入的节约，进而对水稻单位面积产量的影响较小。事实上，已有研究已证实，伊藤（Ito，2010）对中国的农业机械发展指数进行了研究，认为 1991～2004 年间的机械技术对中国农业产出的贡献率变化较小；而在对 2004～2018 年中国的省级数据进行了研究后，徐建玲等（2020）也得出农业机械化未能有效地提高玉米的单产水平。

（3）内生性问题探讨

租金形态对地块的生产率产生正向影响，需要在流转契约期限的共同作用下产生效果。这说明，若在发生 3 年以上的流转期限的背景下，相比人情租流转，农地流转选择货币租形态可能意味着高的地块生产率。通常情况下，农地流转租金往往受到上一期粮食产量和价格的影响，选择当期的租金形态（人情租或者货币租），并不受到当期的产出影响；虽然选择货币租流转有利于提高地块生产率，但很难得出地块生产率高的农户更愿意签订货币租形态的土地流转协议的结论。因此，租金形态与当期地块生产率之间找不到因"互为因果关系"而导致内生性问题的有力证据。

当然，如果从成本视角来讲，理性的农户都会选择签约"低成本"的人情租流转协议来降低生产成本，增加其他要素投入和提高产出；但无偿契约的签订必须得到供给市场上农户的同意，事实上，正如前面理论分析的那样，转出农户会依据地块的质量好坏、地块面积大小、距离远近、产权稳定、维系社会关系、资产专用性、声誉信誉等多方面综合考虑是否选择何种租金形态的流转。因此，租金形态的最终形成有可能会因"信息不对称"而使得转出户缺乏对流转市场供需的正确判断，针对转出户而言，综合决策下的不同租金形态就有可能是转出户"自选择"的结果，而非完全的"随机行为"，进而导致模型产生一定的"内生性"问题。

　　但是，在实际的田野调查中不难发现，村庄内部农户之间的农地租赁和流转行为占据了主导地位，约 90% 左右（而跨村流转还是占比较低，10% 左右），而土地流转的对象选择方面，依然遵循了"地缘、亲缘、血缘"的关系纽带，熟人社会下的中国农村，农地交易双方多是依靠村民之间的口口相传或者村干部的"信息普及"，这种流转信息传播方式占到 95% 及以上，使得租出租入户之间实现了信息的有效沟通，因而出现所谓"信息不对称"问题的概率较小（仇焕广等，2017），所以可以认为内生性问题较弱。同时，农户在众多亲朋中选择一个作为人情租流转对象，这可能是"随机的"，也就是说选择租金形态下的转入户可能是生产率高者，也可能是低者，因此对比分析发生人情租农地流转的家庭与货币租农地流转的家庭以及原生小农户的生产率差异是不确定的，并不是因为该亲朋邻里的生产率更高，转出户才把土地以人情租形式流转给他。另外，本章在模型设定中通过引入地块特征变量对地块质量进行了控制，这也能较好地解决"地块不可观测因素（Assunção et al.，2007）"带来的内生性问题。

7.4.3　契约期限对土地生产率的影响

（1）模型设定

　　为了分析地块在流转之后因不同契约安排导致土地生产率差异问题，在模型（7-1）的基础之上将核心解释变量变为契约期限。

　　为此，本章设定模型（7-3）：

$$\ln y = \gamma_0 + \gamma_1 Cp + \sum_{i=1}^{5} \gamma_{Li} \times L_i + \sum_{j=1}^{3} \gamma_{Hj} \times H_j + \sum_{n=1}^{4} \gamma_{Fn} \times F_n$$

$$+ \gamma_2 R + \sum_{m=1}^{5} \gamma_{Im} \times I_m + \delta + \mu_3 \qquad (7-3)$$

　　模型（7-3）是在模型（7-1）的基础之上加入了契约期限，用 Cp 表示（长期契约 =1；短期契约 =0）核心变量。因为流转交易才会发生涉及契约期限的问题（未发生流转的自家承包地块，暂不考虑第二轮土地延包问题，则目前中国的承包经营期限为固定的 30 年），故此部分内容将被解释变量 $\ln y$ 限定于发生流转的土地地块的单位产出，以衡量转入地的地块生产率；γ_1 为待估计系数，表示相较于短期契约，长期契约对转入地块生产率的影响大小。控制变量 L_i 表示五个地块特征变量，其估计系数分别为 $\gamma_{L1} \sim \gamma_{L5}$；用 H_j 衡量农户特征，此时模型仅仅考虑户主年龄、户主文化程度、风险偏好等三个重要变量，其估计系数分别为 $\gamma_{H1} \sim \gamma_{H5}$；$F_n$ 为农户家庭特征，用家庭非农收入、家庭人数、家庭老龄化人数、是否为科技示范户等四个变量进行衡量，其估计系数分别为 $\gamma_{F1} \sim \gamma_{F4}$。

与模型（7-1）相比，增加"是否为示范户"变量是因为，种植大户或农业技术示范户仅仅可能产生于那些转入土地进行规模经营的农户当中，产生于传统普通小农户中的概率较低。政策变量 R，仍然表示农地确权；I_m 表示农户在转入最大地块的化肥施用量（千克/亩）、种子投入费用（元/亩）以及机械、劳动力投入；由于调查中流转户无法精准区分在自家承包地机械费用和劳动费用，因此采用流转户总的机械和劳动投入变量替代。能够替代的原因是，劳动投入采用雇工费用（元/亩）衡量，事实上只有规模户才可能产生"雇工"的"可能性"和"量"；传统小农户的"雇工"因为"量小"而"人情化"也不太可能"付费"。相对于承包地地块，规模户的转入最大地块往往面积更大，需要投入的化肥量占主导，因此将化肥施用总量（取对数）也放入模型中。土地要素投入已经放入地块特征变量中，不再重复考虑；δ 表示控制省份和时间虚拟变量；μ_3 是随机扰动项。同样采用 OLS 进行估计，结果如表 7-14 所示。

表 7-14　　　　流转契约期限对转入地生产率的影响估计结果

变量	模型（1）	模型（2）	模型（3）	模型（4）	模型（5）	模型（6）
	转入地块生产率	转入地块生产率	转入地块生产率	转入地块生产率	转入地块生产率	转入地块生产率
流转期限（短期=0；长期=1）	0.075*** (0.016)	0.088*** (0.018)	0.094*** (0.018)	0.095*** (0.018)	0.095*** (0.018)	0.096*** (0.019)

续表

变量	模型（1）转入地块生产率	模型（2）转入地块生产率	模型（3）转入地块生产率	模型（4）转入地块生产率	模型（5）转入地块生产率	模型（6）转入地块生产率
租金形态		0.005 (0.020)	0.007 (0.021)	0.007 (0.021)	0.006 (0.023)	0.010 (0.023)
契约特征		0.033 (0.021)	0.028 (0.021)	0.028 (0.022)	0.028 (0.022)	0.030 (0.023)
转入地经营规模的对数			0.044*** (0.014)	0.043*** (0.014)	0.042*** (0.015)	0.040*** (0.014)
转入地规模对数平方项			−0.006*** (0.002)	−0.006*** (0.002)	−0.006*** (0.002)	−0.006*** (0.002)
地块特征变量			已控制	已控制	已控制	已控制
农户特征变量				已控制	已控制	已控制
家庭特征变量					已控制	已控制
政策变量					已控制	已控制
投入变量						已控制
常数项	6.108*** (0.014)	6.113*** (0.015)	6.060*** (0.033)	6.115*** (0.083)	6.112*** (0.083)	6.101*** (0.093)
时间	已控制	已控制	已控制	已控制	已控制	已控制
区域	已控制	已控制	已控制	已控制	已控制	已控制
地块样本数	288	288	288	288	288	288
调整的 R^2	0.072	0.081	0.121	0.126	0.131	0.144
Wald 值	26.32 [0.000]	25.98 [0.000]	47.91 [0.000]	48.76 [0.000]	46.87 [0.000]	54.85 [0.000]
Bootstrap 次数	500	500	500	500	500	500

注：*、**、***分别表示10%、5%、1%的显著性水平；括号中表示 Z 值对应的稳健标准误，［］表示对应的 P 值。

资料来源：2017～2018 年调查数据。

（2）估计结果与分析

表7-14反映了流转契约期限对转入地生产率的影响估计结果。模型（1）仅仅考虑核心变量契约期限长短与转入地生产率的关系，结果发现，流转期限的系数为 0.075 在 1% 的显著性水平上正向显著，这表明相比农地流转中的短期契约，签订三年以上的长期契约将使转入地块生产率提高7.5%。模型（6）在模型（1）的基础之上分别加入租金形态和契约形式变量、规模经营和规模经营的平方项、地块、户主、家庭特征变量、农地确权政策、投入变量等变量，结果发现，调整的拟合优度从 0.072 增加到 0.144，模型更为理想。农地流转期限在 1% 的显著性水平上显著，估计系数从 0.075 增加到 0.096，表明相比农地流转中的短期契约，签订长期契约将使转入地块生产率提高到 9.6%。总之，可以说，签订长期流转契约期限有利于提升转入地土地生产率，与前面表7-9的描述性统计结果一致，验证了假设4。

模型（6）和模型（7）均在加入规模经营和规模经营的平方项后，其系数和符号表明了地块经营规模与土地生产率之间的倒"U"形关系存在，与陈杰和苏群（2017）、仇焕广等（2017）的研究结果一致。就控制变量来讲，转入地块的坡度和家庭中老龄化人口数负向显著转入地块生产率，这说明地块越平整越利于提高地块生产率，家庭老龄化的人口数越多则越不利于提高土地生产率，可能家庭老龄化人口数量越多，劳动能力越弱，不利于土地产出的提高。

总之，整体上而言，模型（1）~模型（6）的结果均显示，如果转入农地的规模经营户在流转农地时签订长期契约协定（3 年以上），则有利于提升转入地块的土地生产率。正如契约理论所描述的那样，契约期限的时间长短以及它所决定的行为预期将对该契约的执行和契约期限内的稳定性产生重要影响；从交易费用视角出发，签订农地流转长期契约协议比短期协议更有效、交易成本更低。由于流转较长的期限能够使得转入者在可预见的期限内获得较长经营权稳定预期，从这个意义上讲，长期期限代表着地权的稳定性（仇焕广等，2017）。因此，可以说流转契约期限通过产权的稳定性影响到土地生产率，从而验证了假设5。

（3）内生性问题探讨

在农地流转中契约期限的约定主要与农户的资源禀赋相关，不受农户单产水平的影响（钟文晶与罗必良，2014）。因此，有理由认为契约期限对地块生产率的影响只是"单方向的"，从"互为因果"导致内生性问题的角度来讲，契约期限是一个"外生变量"。但是，农户在选择契约期限长短时，有可能因为"个人偏好"而选择流转的期限，因此有可能因为"自选择"而导致内生性问题；而本章对农户个人特征的控制能够较好地缓解内生性问题，也就是控制了那些"经验丰富的种植能手"对地块产出的影响。除此以外，通过控制地块的相关特征，还有利于解决因地块层面的"自选择"而带来的"内生性"问题。为进一步加强结果的稳健性、可靠性，有必要在接下来的部分进行稳健性检验。

7.5 稳健性检验

一般来讲，计量经济学中的稳健性检验的方法主要有四类：一是替换核心解释变量或者寻找被解释变量的代理变量，甚至可以在不改变核心解释变量时更换控制变量；二是为了规避对计量方法的依赖性，可以采用替换估计方法的方式进行稳健性检验；三是分样本检验，一般来讲可以从时间上和区域上分样本进行稳健性检验；四是更换样本数据进行检验，采取其他调查数据和统计数据进行估计。就本章来讲，地块样本难以得到，因此采取换变量和方法的方式，依次对农地流转与土地生产率、租金形态与转入地块生产率、契约期限与转入地块生产率的关系进行稳健性检验。

7.5.1 农地流转与土地生产率关系的稳健性检验

为检验前面表7-11得出的"相比那些未参与土地流转的地块，参与土地流转有助于提升地块土地生产率"结论，本章拟采取"更换核心变量"的方式进行稳健性检验。农地流转还可以从参与率和发生率两个视角予以诠释：第一，农地流转参与率，是指从农户层面出发，某一地区内参与农地流转（转出）的农户数与该地区所有家庭承包经营农户的比值；第二，农地流转发生率，从土地层面出发，具体指农户家庭承包耕地流出的面积与家庭总的经营面积的比值。

因为本节评估的是农地流转对农业生产率的影响，一般来说，采用农地流转发生率指标更为合适（史常亮等，2020；盖庆恩等，2021）。就本章主要内容来讲，农地流转发生率等于转出面积与承包经营耕地总面积的比值，其中，承包经营耕地总面积等于转入面积与自家地经营面积的总和。受限于样本量，转出的土地面积包括以出租（转包）、转让、互换、股份合作及其他形式流出的土地面积的总和。因此，采用农地流转实际发生率替代前文回归中的核心变量：农户地块是否参与土地流转，估计结果如表7-15所示。

表7-15　　　　　农地流转与土地生产率关系稳健性检验结果

变量	模型（1）地块生产率	模型（2）地块生产率	模型（3）地块生产率	模型（4）地块生产率	模型（5）地块生产率	模型（6）地块生产率	模型（7）地块生产率
农地流转发生率	0.003 * (0.001)	0.084 * (0.044)	0.084 * (0.045)	0.078 * (0.044)	0.078 * (0.043)	0.078 * (0.046)	0.078 * (0.047)
经营规模的对数		0.015 (0.011)	0.015 (0.012)	0.017 (0.011)	0.017 (0.011)	0.005 (0.013)	0.005 (0.013)
经营规模对数的平方项		-0.007 *** (0.003)	-0.007 ** (0.003)	-0.007 *** (0.003)	-0.007 *** (0.003)	-0.005 (0.003)	-0.005 (0.003)
常数项	6.232 *** (0.071)	6.232 *** (0.073)	6.232 *** (0.075)	6.222 *** (0.074)	6.222 *** (0.080)	6.204 *** (0.075)	6.204 *** (0.070)
其余控制变量	未控制	已控制	已控制	已控制	已控制	已控制	已控制
时间固定	已控制	已控制	已控制	已控制	已控制	已控制	已控制
省份固定	已控制	未控制	未控制	已控制	已控制	未控制	未控制
县域固定	未控制	未控制	未控制	未控制	未控制	已控制	已控制
地块样本量	891	891	891	891	891	891	891

续表

变量	模型（1）	模型（2）	模型（3）	模型（4）	模型（5）	模型（6）	模型（7）
	地块生产率	地块生产率	地块生产率	地块生产率	地块生产率	地块生产率	地块生产率
调整的 R^2	0.005	0.039	0.039	0.040	0.040	0.056	0.056
Wald 值	1.876 [0.132]	1.991 [0.009]	38.63 [0.003]	1.980 [0.008]	40.15 [0.003]	2.086 [0.002]	46.80 [0.002]
Bootstrap 次数	500	500	500	500	500	500	500

注：*、**、*** 分别表示 10%、5%、1% 的显著性水平；（）中表示 Z 值对应的稳健标准误，［］中表示对应的 P 值。其余控制变量包括：地块数量、地块坡度、地块距离、地块肥力，户主年龄、户主文化程度、风险偏好，家庭非农收入、家庭老龄化人数，农地确权，化肥投入、种子投入、机械投入、劳动力人数。

资料来源：2017～2018 年的调查数据。

表 7-15 反映了农地流转与土地生产率关系稳健性检验结果。从模型（1）～模型（7）的估计结果可以发现，农地流转发生率确实有利于提升地块的生产率：若农地流转发生率提升 1 单位，则农户总的地块的产出将会增加到 7.8%～8.4%。还参考纪月清等（2017）的估计方法，采用"控制县级固定效应 OLS"的办法进行回归，得到表中模型（6）与模型（7），仍然印证了前面的结论。值得特别注意的是，投入变量中的种子投入和劳动力人数变量分别在 5% 和 1% 的水平上显著，与前面结果一致，表明种子投入每增加 1 个单位，则地块的土地生产率可能提高到 0.9～1.1 个百分点；而劳动力人数每增加 1 个单位，则地块土地生产率提升 0.7 个百分点。

上述实证方式均属于传统的参数估计，而参数估计不可避免地会受到模型假定而可能导致所谓的"设定误差"。近年来提倡的非参数估计法，一般不需要对模型具体分布进行假定，因此非参数估计被大量应用。为此，本章还采取了非参数估计中的半参数估计方法（semiparametric estimation）对农地流转的发生比率与地块生产率的关系进行估计，结果见图 7-4。结果显示，农地流转的比率提升有利于提高地块的生产率。

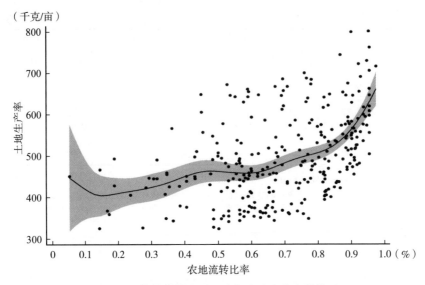

图 7 - 4　农地流转发生比率与土地生产率的关系

资料来源：笔者绘制。

7.5.2　租金形态与地块生产率关系的稳健性检验

表 7 - 16 反映了租金形态与转入地块生产率关系的稳健性检验结果。本章采用"更换因变量"的办法（所有核心变量和控制变量均保持不变）进行稳健性检验，用所有的地块生产率（包括自有地块和转入地块）代替转入地块生产率进行回归。这样做的主要目的在于：一是出于稳健性的考察；二是进一步考察参与流转的农户所有地块生产率是否会受到转入地块上签订流转租金形态的影响。

表 7 - 16　　租金形态与转入地块生产率关系的稳健性检验结果

变量	模型（1）	模型（2）	模型（3）	模型（4）
	所有地块生产率	所有地块生产率	所有地块生产率	所有地块生产率
租金形态	0.093 ** (0.039)	0.096 *** (0.035)	0.094 *** (0.036)	0.091 ** (0.040)

续表

变量	模型（1） 所有地块 生产率	模型（2） 所有地块 生产率	模型（3） 所有地块 生产率	模型（4） 所有地块 生产率
租金形态×契约期限（0，1）	0.101 *** (0.038)	0.105 *** (0.040)	0.109 *** (0.039)	0.109 ** (0.043)
租金形态×契约期限（1，0）	−0.085 *** (0.030)	−0.087 *** (0.030)	−0.083 *** (0.031)	−0.078 ** (0.030)
常数项	6.125 *** (0.048)	6.213 *** (0.124)	6.207 *** (0.126)	6.191 *** (0.136)
其他控制变量	已控制	已控制	已控制	已控制
时间	已控制	已控制	已控制	已控制
区域	已控制	已控制	已控制	已控制
地块样本数	288	288	288	288
调整的 R^2	0.082	0.091	0.095	0.108
F 值/Wald 值	26.83 [0.008]	30.01 [0.026]	35.25 [0.019]	39.17 [0.026]
Bootstrap 次数	500	500	500	500

注：*、**、***分别表示10%、5%、1%的显著性水平；括号中表示 Z 值对应的稳健标准误，[ ] 表示对应的 P 值。其余控制变量包括转入地面积的对数、转入地面积对数的平方、转入地块肥力、坡度、距离，户主年龄、文化程度、风险偏好、健康程度、家庭非农收入、家庭人数、家庭老龄化，农地确权，转入地化肥投入对数、转入地种子投入对数、机械投入对数、劳动力投入对数；控制变量的估计结果如附表 1 - 3 所示。

资料来源：2017 ~ 2018 年的调查数据。

模型（1）~模型（4）的结论显示，相比人情租流转的地块，采取货币租流转的所有的地块生产率将会提升 4.54% ~ 4.79%，略高于表 7 - 13 的结果（3.84% ~ 3.94%），这说明在加入自有地地块后，货币租流转对地块生产率的影响正效应更大，但转入地地块是占主导地位的。农户流入土地后，虽然流入户往往在经营地块时会区别对待自家承包地地块和转入地块，但相比选择人情租流转，选择的货币租流转租金形态能够提升不同产权属性的生产率，进而会导致不同的产出结果。影响系数计算方法仍然借鉴了纪洋等（2018）的算法，以模型（4）为例，租金形态的系数为 0.091，租金形态和流转契约期限在 1% 的水平上显著，且交互项的系数的符号和显著性与表 7-13 基本保持一致。因此，当租金形态变量上升 1 个标准差，则转入地块生产率上升 0.091 个标准差，即提高 4.54 个百分点。

7.5.3 契约期限与地块生产率关系的稳健性检验

针对规模转入户，契约期限长短对转入地块产出产生影响，那么，是否对规模种植户自有承包地块的产出产生影响呢？就理论和已有文献来讲，地块的属性差异会导致农户投入要素的行为差异（仇焕广等，2017；杨宗耀等，2020），进而产生不同的投入要素组合，最终导致产出差异。因此，有必要估计流转契约期限对所有地块与自有承包地块生产率的影响，结果如表 7-17 所示。同样，本章还采取了半参数估计方法和洛伦兹非参数估计法对农地流转契约期限与土地生产率的关系进行估计，结果如图 7-5 结果均显示，签订长期流转契约期限有利于提高地块生产率。

表 7-17　流转契约期限对规模户自有承包地块生产率的影响估计结果

变量	模型（1） 地块生产率	模型（2） 地块生产率	模型（3） 承包地土地生产率	模型（4） 承包地土地生产率	模型（5） 承包地土地生产率
契约期限	0.069*** (0.021)	0.090*** (0.022)	0.060*** (0.020)	0.074*** (0.021)	0.076*** (0.021)
承包地面积的对数		0.031 (0.022)		0.045*** (0.017)	0.042** (0.018)
承包地面积对数的平方项		-0.005* (0.003)		-0.007*** (0.002)	-0.007** (0.003)
常数项	6.162*** (0.018)	6.221*** (0.131)	6.168*** (0.018)	6.138*** (0.096)	6.125*** (0.114)
其他特征变量	—	已控制	—	已控制	已控制

续表

变量	模型（1）	模型（2）	模型（3）	模型（4）	模型（5）
	地块生产率	地块生产率	承包地土地生产率	承包地土地生产率	承包地土地生产率
地块投入变量	—	已控制	—	—	已控制
年份固定	已控制	已控制	已控制	已控制	已控制
省份固定	已控制	已控制	已控制	已控制	已控制
地块样本量	288	288	288	288	288
调整的 R^2	0.036	0.102	0.046	0.105	0.118
Wald 值	11.29 [0.010]	35.29 [0.019]	14.75 [0.002]	43.53 [0.000]	52.43 [0.000]
Bootstrap 次数	500	500	500	500	500

注：*、**、*** 分别表示 10%、5%、1% 的显著性水平；括号中表示 Z 值对应的稳健标准误，[ ] 表示对应的 P 值。其余控制变量包括：承包地块肥力、承包地坡度、承包地块数、承包地距离的对数、户主年龄的对数、户主文化程度、风险偏好、户主健康、家庭非农收入、家庭老龄化、家庭劳动力的对数、农地确权等，投入变量包括化肥投入的对数、种子投入的对数、机械投入的对数、劳动力的对数。

资料来源：2017～2018 年的调查数据。

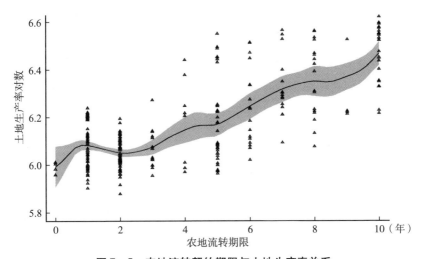

图 7-5　农地流转契约期限与土地生产率关系

资料来源：笔者绘制。

与表 7-13 的模型不同的是，表 7-17 中模型（3）~模型（5）分别考虑了核心变量、自有承包地地块变量、农户变量、家庭变量、政策变量纳入模型，均采用普通最小二乘法进行估计，考虑到样本量，仍然采用拔靴法（Bootstrap）抽样 500 次；模型（1）和模型（2）将因变量更换为所有地块的"土地生产率"。模型（1）的结果显示，契约期限在 1% 的显著性水平上显著，系数为 0.069，这意味着，相比短期契约，签订长期流转契约的规模户也能带动促进自家承包地块的生产率提升 6.9%；考虑到影响地块产出的变量除了地块本身特性和农户、家庭特征以外，更为重要的是投入要素组合。模型（2）在其他变量和投入变量之后，核心变量估计系数变为 0.090。模型（3）~模型（5）将因变量更换为"自有地地块生产率"进行稳健性检验时，发现流转契约期限均在 1% 的显著性水平上正向影响规模农户自有承包地地块生产率，估计系数分别为 0.060、0.074 与 0.076，这意味着，相比短期契约，签订长期契约的规模户也能使得自家承包地块的生产率提升 6.0% ~ 7.6%。因此，无论地块的属性如何，长期流转契约均能提高地块的生产率，进而验证了假设 6。

在控制变量中，在模型（1）和模型（2）中，经营规模的非线性影响发生了变化，但在模型（3）~模型（5）中，仍然呈现稳健的倒"U"形关系：表明自有地地块的生产率会随着承包的面积增大而呈现"先增加后减少"的趋势变化特征。这是因为随着现代化种植技术、种业技术的提升，农户家庭承包面积已经无法满足家庭劳动力所能达到的生产效率时，经营规模的扩大，必然会带动地块产出提升。同样，在规模扩大到超过"家庭劳动力"的最大效用时，地块生产效率必然会因为劳动力不足导致管理不善而逐步降低；因为模型（4）和模型（5）中的家庭劳动力数量、老龄化数量变量分别正、负向影响地块生产率，如附表 1-3 所示。

7.6 本章小结

与已有文献不同的是，本章针对当前中国农村地区的非正式农地流转，利用 2017～2018 年的地块层面混合截面数据，考察了不同租约形态和契约期限对地块的生产率影响的差异后，也探讨了经营规模与土地地块生产率之间的关系。本章主要回答了前面基于文献提出的重要问题：非正式农地流转对土地的生产率将产生什么样的影响？具体来讲，本章采用了最小二乘法、工具变量法、半参数估计等方法，实证分析了非正式农地流转上的两个重要变量租金形态和契约期限对地块生产率的影响。得出四个主要结论。

第一，农地流转利于提高地块层面的土地生产率。在控制了地块本身的自然特征差异和农户、家庭的差异之外，还控制了化肥投入、种子投入、机械投入、劳动力投入等投入变量，结果均发现是否流转对土地生产率产生正向影响，且影响的大小维持在 2.4%～3.2%。采用"村级流转比例与农地是否确权颁证"的交互项作为工具变量解决了内生性问题，还用"农地流转实际发生率"替代"是否流转"二分变量和采用半参数回归方法，进行了稳健性检验，结果仍然发现参与农地流转利于提升地块的生产率。陈海磊等（2014）的研究也得出，在中国耕地总量受限不变的情况下，推进农村土地流转有利于优化土地资源在不同效率农户之间的配置，进而可以通过提高配置效率而改善整个中国农业的生产率。

第二，租金形态显著影响地块生产率。相比人情租流转的地块，采取货币租流转的地块能提升土地生产率；当租金形态变量上升 1 个标准差，则转入地块生产率提高 0.077 个标准差，即提高 3.84 个百分点。当用总体的（加入自有地块后）地块生产率代理转入地块生产率进行了稳健性检验后，结果仍然发现，采取货币租流转的地块的土地生产率将会提升。这从侧面说明农户流入土地后，签订的租金形态不同会导致流入户"区别对待"自家承包地地块和转入地块，进而会导致不同的产出结果，一般来说自家地块可能因为本身土壤肥沃而生产率更高。"区别对待"具体体现为"保护性经营耕作有利于提升地力，掠夺式经营耕作则毁坏农地土壤肥力"。那么，如何规避民间流转带来的地块生产率下降呢？有必要提高经营者经营的稳定预期或者流转期限。

第三，签订长期契约能显著提高地块生产率。如果转入农地的规模经营户在流转农地时签订长期契约协定（3 年以上），能够提升转入地块的土地生产率 7.5~9.6 个百分点。由于流转较长的期限能够使得转入者在可预见的期限内获得较长经营权稳定预期，从这个意义上讲，长期期限代表着地权的稳定性（仇焕广等，2017），因此，可以说流转契约期限通过产权的稳定性影响到土地生产率。针对规模转入户，契约期限对转入的地块产出产生了显著影响，那么，是否对规模种植户自有承包地块的产出产生影响？研究结果显示，相比短期契约，签订长期契约的规模户也能带动自家承包地块生产率提升 6.0%~7.6%；这意味着，无论地块的产权属性如何，长期流转契约在提高地块的生产率方面均优于短期契约。

第四，土地规模经营与地块生产率之间存在着倒"U"形关系。这说明，农户只有发展"适度而不是过大"的经营规模，才能提高地块的生产率，过大的经营规模会导致规模不经济，生产率必定会下降。陈杰与苏群（2017）的研究也得出，粮食作物的土地生产率在 10~20 亩时最高。因此，进一步强调了农地"适度规模"的重要性。在规模经营的初期，随着经营地块面积的扩大，地块产出逐步上升，但在倒"U"形拐点之后，随着经营地块面积的扩大，地块产出将逐步下降，经营规模与单要素生产率之间的"反向关系"也是存在的。故此，本章从地块数据层面对仍然存在争议的"反向关系"提供了新的佐证。在对非正式农地流转对土地生产率进行分析后，接下来的章节还要对非正式农地流转的第二个重要影响，对"土地可持续"或者"人们耕地质量保护行为"的影响进行研究。

第8章

非正式农地流转对耕地质量保护的影响

第7章回答了问题四：非正式农地流转与正式的货币租流转市场在土地生产率存在哪些差异？本章的主旨内容在于回答前面提出的重要问题：农户会关心租来的地块吗？经营者会区别对待（有差异的投入）转入地块和自家承包地块吗？针对不同类型的农地流转市场（正式农地流转和非正式农地流转），是人情租金流转有利于保护流转的耕地还是货币租流转？在农地流转中，相比签订短期契约，签订长期契约真的有利于经营者保护耕地地力吗？基于2017～2018年江西、湖南的891块地块数据，采用OLS模型、Tobit模型、Probit模型等方法进行了实证分析。

8.1 引　　言

耕地质量下降并成为全球性问题，已是不争的事实。据相关数据估计，全球已经退化和被破坏的耕地数量高达1000～1500万公顷/年，耕地质量的下降趋势已经十分突出①。2011年，联合国粮食及农业组织关于耕地报告结

---

① 根据联合国防治荒漠化公约的资料，在亚洲，共有70%以上的干旱土地开始退化，35%的耕地已经遭受到荒漠化的影响，而中国是亚洲受影响最严重的国家。欧洲由于机械化的农业耕作及酸雨的侵蚀，17%的表层土壤已经开始退化。据估计，经过200年的大规模农业耕作，美国各地已失去35%～75%的表土。土地退化带来了巨大的经济损失与不可估量的生态损失。2018年的《全球土地退化现状与恢复评估》报告表明，预计到2050年，土地退化和气候变化将共同导致全球农作物产量平均下降10%，某些地区的降幅将高达50%。可能迫使5000万～70000万人迁移，威胁全球至少32亿人的生计。

果显示，约占 1/4 的全球耕地已经"严重退化"，而高达 44% 以上的耕地质量检测结果为"中度退化"。有资料显示①，全球 80% 的农用地在受到人类的干预活动之后均出现了退化现象，每年给全球生态服务系统带来 4500 亿到 10.6 万亿美元不等的经济损失，影响到了全球约 30 多亿人的福祉（Gibbs and Salmon，2015；Gonzalez - Roglinch et al.，2019）。

不仅如此，中国的耕地质量也一直在下降和透支，已经威胁到了国家的粮食安全和人们的营养健康。首先，全国优质耕地数量在持续下降。国土资源部 2016 年的统计公报以及 2009 年《中国耕地质量等级调查与评定》相关数据资料可知，截至 2015 年年底，中国全国参与耕地质量等别调查的面积达到了 20.19 亿亩（约 13462.40 万公顷），耕地质量的平均等别为 9.96 等②，比 2009 年下降了 0.16 等，高等地③面积占比下降了 3.39%，而中等地及低等地面积占比上升了 3.16%，低于平均等别的 10～15 等地占比却上升了 3.11%（国土资源部，2009；胡存智，2013）。总之，中低产耕地占全国耕地的比重高达 2/3，且优等质量的耕地数量仍然在持续下降。

其次，耕地质量大幅下降的基本事实。第二次土壤普查以来，全国总体耕地质量水平偏低，仅仅为欧美发达国家的 60%（周健民，2013）。不仅如此，数据资料显示：2000～2015 年全国耕地生产能力下降约 2%（王梦婧等，2020）。在 2017 年时，中国全国耕地土壤的平均有机质含量较低，仅仅为 1.8%，对比西方发达国家耕地有机质含量的 3.5% 而言，中国仅是其 1/2④。以肥沃的东北黑土地为例，近 60 年来其耕作层土壤有机质含量平均下降了 30%，部分地区甚至下降 50%（郭小燕，2020）。虽然改革开放以来中国的粮食单产和总产均实现了大幅增长，但这种增长结果的主要贡献来自种子革命、机械投入和技术进步（Gong，2018），而不是土地质量的改善

---

① 资料来源：联合国生物多样性和生态系统服务科学政策平台（IPBES）。

② 全国耕地评定一般分为 15 个等别，其中，1 等耕地质量最好，15 等最差。

③ 参见：国土资源部发布《2016 年全国耕地质量等别更新评价主要数据成果的公告》（以下简称《公告》），指出"优等地、高等地、中等地、低等地面积比例分别为 2.90%、26.59%、52.72%、17.79%。"

④ 尹伟伦. 过度疲劳的土壤亟待减肥提质 [N]. 科学网，2017 - 7 - 17.

（王璐等，2020）。

最后，耕地面源污染日益加剧。依据首次土壤污染状况调查的结论易知，全国土壤污染总的超标率高达 16.1%，其中，中度和重度污染点位占比分别为 1.5% 和 1.1%。如果不考虑如林地、草地等其他类型的土地单就耕地来看，其点位的污染超标率更是高达 19.4%，中度、重度污染占比和为 2.9%，主要的金属污染物为镉、镍等①。据此可以推算出全国受污染的耕地面积达到 2611.71 万公顷，其中，中重度污染耕地达 390.41 万公顷（约 5856.15 万亩）。

总之，中国耕地质量问题主要体现在优质耕地数量持续减少、耕地质量大幅下降和耕地面源污染三个方面。耕地质量的下降，将直接导致土地的边际产出贡献下降和农产品质量安全隐患，已经开始到威胁人们的食物安全和营养健康。

虽然政府高度重视耕地保护问题，然而效果远不尽如人意。耕地是粮食生产最重要的自然资源，中国政府高度重视耕地质量和数量问题。近几年来，为了深入实施"藏粮于地、藏粮于技"战略，提出了数量、质量、生态"三位一体"的保护策略，并将"三项补贴"政策的目标和内容改为重点支持地力保护和规模经营两个方面。长期以来，中国推行了最严格的耕地保护制度，坚守 18 亿亩耕地红线；2017 年底中国耕地面积为 20.3 亿亩，并划定永久基本农田 15.5 亿亩并实行特殊保护。近年来，政府还持续开展标准农田建设、中低产田改造、土地整治等项目如火如荼，一定程度上起到了保护和改善耕地地力的作用，也使得一部分耕地的有机质含量开始提升。纵然如此，即使有机质提升了的耕地，也存在养分不平衡的现象，如土壤钾素亏缺等（周健民，2013）。目前，中国粮食生产产出来自耕地的基础地力的贡献率，仅仅为 0.5~0.6，要比改革开放时低 0.1 左右，比发达国家低 20%。从被面源污染的耕地区域分布来讲，中国南方土壤的面源污染要高于北方地区，西南和中南地区的耕地污染多是重金属超标问题。基于此，保护耕地地力、提高耕地质量已经成为未来中国绿

① 资料来源：环境保护部、国土资源部《全国土壤染污状况调查公报（2014 年 4 月 17 日）》。

色经济发展中的重要课题。

　　已有研究集中在探讨保护耕地质量的影响因素方面，主要包括农户层面（Moges and Taye，2017）、家庭层面（杨志海等，2015）、土壤肥力（Saint - Macary et al.，2010）和政策制度层面（龙云与任力，2017）。除了上述因素外，目前被广为提及的是农地制度，尤其是新一轮土地确权与农地流转及相关政策。众多学者认为，农地产权的强化有利于改善地力，钱龙等（2020）的研究认为确权颁证增加了农户施用有机肥、施测土配方肥和施石灰三类行为的概率，提升了农户采纳秸秆还田、免耕和深松三类技术的可能性。然而，李成龙与周宏（2020）的专项调查研究得出：农地流转显著降低了农户施用有机肥的概率，周力与王镱如（2019）的研究得出，对转入地而言，农地确权虽然可能起到减少化肥的施用量，但对其他类型的耕地质量保护行为没有显著影响。

　　总之，已有文献对耕地质量保护行为进行了较为丰富的探讨，但仍然有完善的空间。尤其是在非正式农地流转的背景下，针对租金形态差异下从不同属性的地块层面对耕地质量保护方面的探索还较为鲜有。就地块层面的数据来讲，不同的地块属性（自家承包地地块和转入地地块）意味着不同的生产率（仇焕广等，2017），假定地块肥力相差无几的话，不同生产率背后明显指示着差异化的农地投资行为。那么，农户在流转市场上选择货币租、人情租两类不同租金形态，是否会采取差异化的投资行为，进而对地力可持续造成明显的差异性的影响？长此以往，不同期限的契约形式对土地肥力的影响有何差异？一系列问题亟待解答。基于此，本章将采用2017～2018年的地块数据，分不同地块类型对契约期限、租金形态对耕地质量保护行为的影响进行研究，以为国家保护耕地地力可持续和规范农地流转市场建言献策。

8.2　理论分析框架

　　在考虑耕地质量保护的背景下，对于转出户和实际经营户选择什么样的流转租金形态和达成怎么样的契约期限能实现自身利益最大化？从理论上来讲，转出农户 F1 可以选择签订货币租流转租金形态、长期契约和对农地进行投资，也可以选择无偿的人情租流转形态、短期契约和不进行有益性投资，同样转入农户 F2 也可以作出以上两种选择。如果假定只有转出户 F1 和转入者 F2 参与博弈，则有多种博弈方案和结果（见图 8－1）。为了简单起见，还需假设整个农地流转交易履行完毕——包括租金协商、期限协定、农地投资（耕地质量保护行为）、交易结束，假设农地市场为卖方占优的供给市场，可以大致画出卖方市场下转出户的博弈选择决策树。

　　如果卖方决策占优，租金形态和契约期限都由转出者"自由选择"，那么，转入者在"租金形态和契约期限"方面只能"被选择"；假定"投资与否"可以由农地转出入户自由博弈，因此转出者 F1 可以选择如图 8－1 所示的八种决策。参考贺振华（2005）的方法，对农地投资①进行博弈分析。

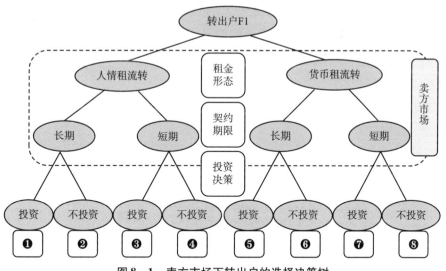

图 8－1　卖方市场下转出户的选择决策树

资料来源：笔者绘制。

---

　　① 农地投资，也就是本章讨论的耕地质量保护行为，可以分为长期投资和短期投资，在后文变量选取部分进行详细介绍。

8.2.1 货币租流转市场的农地投资博弈

为不失一般性，首先假定农户 F1 和经营户 F2 为村庄内代表性农户，且 F1 与 F2 两者皆为实际承包耕地的农户；假定存在农地交易市场，农户 F1 因为"外出务工就业"而需要转出自家承包地；农户 F2 自身经营实力强主观上愿意扩大面积，成为潜在的货币租农地转入者；且假定农户 F1 规定了"货币租流转形态和长期期限"，但针对"农地投资"，双方是可以纳什议价[①]的。为简单起见，本节仅考虑"货币租流转形态下且签订长期契约期限时"双方仅在"农地投资"上的博弈，并假设双方的农地投资回报无差异。假定 $R(I_{i=1,2})$ 为粮食种植户 F1、F2 对其经营土地的投资收益函数，投资成本等于投资额 I，I 表示投资有利于改善土地肥力等有益性物质价格 P_I 的函数，记为 $I_i(P_I)$。R_{F1}、R_{F2} 分别指两个农户都不投资时农户 F1 和经营户 F2 获得的收益。T_1 代表了农户 F1 租出自家承包地并不在以农为生的情况下土地中获得的回报，是货币地租 P_t 的单调递增函数。那么，单次博弈的结果如表 8-1 所示。

表8-1　　　　　货币租流转市场中两农户之间的农地投资博弈结果

策略		农户 F1	
		投资	不投资
农户 F2	投资	[投资，投资] $[R_{F2}+1/2R(I_2(P_I)+I_1(P_I))-I_2(P_I)]$，$[T_1(P_t)+1/4R(I_2(P_I)+I_1(P_I))-I_1(P_I)]$	[投资，不投资] $[R_{F2}+1/2R(I_2(P_I))-I_2(P_I)]$，$[T_1(P_t)+1/4R(I_2(P_I))]$

----

①　纳什均衡，英文全称是 Nash Equilibrium，又称为非合作博弈均衡，是博弈论的一个重要术语，以约翰·纳什命名。经济学意义上，所谓纳什均衡，指的是参与人的这样一种策略组合，在该策略组合上，任何参与人单独改变策略都不会得到好处。换句话说，如果在一个策略组合上，当所有其他人都不改变策略时，没有人会改变自己的策略，则该策略组合就是一个纳什均衡，纳什议价是在纳什均衡中参与人的协议价格。

续表

策略		农户 F1	
		投资	不投资
农户 F2	不投资	[不投资，投资] $[R_{F2}+1/2R(I_1(P_t))]$，$[T_1(P_t)+$ $1/4R(I_1(P_t))-I_1(P_t)]$	[不投资，不投资] $[R_{F2}]$，$[T_1(P_t)]$

资料来源：本表在借鉴贺振华（2005）的分析方法基础之上改进与制定。

那么，$[R_{F2}+1/2R(I_2(P_t)+I_1(P_t))-I_2]$ 表示在农户 F1 和经营户 F2 同时参与农地投资时，经营者 F2 所获得的收益，该式中的 1/2 表示假定两者同时进行农地投资获得均等的收益回报；而 $[T_1+1/4R(I_2(P_t)+I_1(P_t))-I_1]$ 表示在农户 F1 和经营户 F2 同时参与农地投资时，农户 F1 流转土地所获得的全部收益，该式中 1/4 表示在土地流转谈判中假定按照前期投资收益的一半让渡给农户 F2。

极端的结果是参与博弈的两个农户均不进行投资，如果流转交易仍然可以达成的话，那么农户 F2 所获得的收益仅仅为 R_{F2}，而农户 F1 的收益为 $[T_1(P_t)]$。均衡结果无法直观获取，因此要进行如下分类讨论：

①当 $\left[\dfrac{1}{4R(I_2(P_t)+I_1(P_t))}-I_1(P_t)\right]<[1/4R(I_2(P_t)]$ 时，均衡结果为（不投资，投资）的博弈决策组合。

②当 $\left[\dfrac{1}{4R(I_2(P_t)+I_1(P_t))}-I_1(P_t)\right]>[1/4R(I_2(P_t)]$ 时，均衡结果为（投资，不投资）的博弈决策组合。

③当均衡结果为（投资，投资）的博弈决策组合时，农户能够作出可信的承诺与采取惩罚性策略，即农户 F1 首先对要转出的农地进行投资，若观察到农户 F2 按照约定的内容进行投资，则农户 F1 可以在第二阶段持续开展投资行为；反之，若对方不投资行为被发现或者观察到，则另一方在此后的阶段内也会停止投资行动。那么，当重复博弈被引入农村租赁市场中的交易谈判时（贺振华，2005），往往最后双方的决策结果是双方均投资。

如果假定参与人之间的投资行为是可以被对方所观察和监督的，这样的情况下，可以将参与流转农户双方进行的投资博弈看作是信息等价或者完全信息的，则可以同时求出对两者的收益。

农户 F1、农户 F2 的博弈收益分别为：

$$\pi_{F1} = \frac{1}{4R(I_2(P_I) + I_1(P_I))} - I_1(P_I) + T_1(P_t) \qquad (8-1)$$

$$\pi_{F2} = \frac{1}{2R(I_2(P_I) + I_1(P_I))} - I_2(P_I) - T_1(P_t) \qquad (8-2)$$

继续假定 $T_1(P_t)$ 是农户 F2 转入土地所支付的地租，对于农户 F1 的收益来说是"外生的"，假定村庄内部货币租流转市场价格一致，则可以视为一个常数。那么，农户 F1、农户 F2 收益函数的对农地投资的一阶最大化条件分别为：

$$\frac{\partial \pi_{F1}}{\partial I_1} = \frac{1}{4}R'\left(1 + \frac{dI_2}{dI_1}\right) - 1 = \frac{1R'}{4}\left(1 + \frac{dI_2}{dI_1}\right) - 1 = 0 \qquad (8-3)$$

$$\frac{\partial \pi_{F2}}{\partial I_2} = \frac{1}{2}R'\left(1 + \frac{dI_1}{dI_2}\right) - 1 = \frac{1R'}{2}\left(1 + \frac{dI_1}{dI_2}\right) - 1 = 0 \qquad (8-4)$$

联立式（8-3）和式（8-4），两式相除可得出有效解：

$$\frac{R'}{R'} \times \frac{dI_2 + dI_1}{dI_1} \times \frac{dI_2}{dI_1 + dI_2} = \frac{dI_2}{dI_1} = 2 \qquad (8-5)$$

最终，可以得出：$dI_2 = 2dI_1$；代回两个联立公式，可以解得：

$$\begin{cases} R'(I_1) = \frac{4}{3} \neq 1 \\ R'(I_2) = 1 = 1 \end{cases} \qquad (8-6)$$

理论上来讲，而社会最优投 $V = R(I_2) + R(I_1) - I_1 - I_2$，一阶最大化条件为：

$$\omega = \frac{\partial V}{\partial I_1} + \frac{\partial V}{\partial I_2} = R'(I_2) - 1 + R'(I_1) - 1 = 0 \qquad (8-7)$$

即：

$$\omega = R'(I_1) + R'(I_2) = 2 \qquad (8-8)$$

按照前面农户对农地投资的无差异的回报结论，可以认为，农户 F2 对农地的投资是"社会最优"的，而农户 F1 的投资不是"社会最优"。换言之，在"货币租流转形态和长期期限"的选择下，转入户 F2 倾向于对转入农户 F1 的承包地进行有益性"投资"，以达到自身效益的社会最优；而转出户 F1 不会参与"农地投资"。当然，如果将前提条件变为"货币租流转和短期期限"，则双方投资决策必定会发生改变。

8.2.2　人情租流转市场的农地投资博弈

同样，有村庄内代表性农户 F1 和经营户 F2；农户 F1 因为需要"外出务工就业"避免抛荒而被"征收回集体、产权流失"的风险而转出自家承包地，在供给大于市场需求时，只能被迫选择无偿的"人情租流转形态以及随时应对失业而返乡务农而签订短期流转契约"。农户 F2 一般均是农户 F1 的亲友邻里，是潜在的人情租农地转入者。同样，针对"农地投资"，双方是可以纳什议价的。为简单起见，本节仅考虑"人情租流转形态下且签订短期契约期限时"双方仅在"农地投资"上的博弈。此时，货币地租为零，即 $P_t = 0$；假定 T_2 表示农户 F1 在租出承包地能获取非货币的"人情"收益。那么，单阶段博弈的标准式表述如表 8 - 2 所示。

表 8 - 2　　　　　　　人情租流转中两农户之间的农地投资博弈结果

策略		农户 F1	
		投资	不投资
农户 F2	投资	[投资，投资]　$[R_{F2} + 1/2R(I_2(P_I) + I_1(P_I)) - I_2(P_I)]$，$[T_2(0) - I_1(P_I)]$	[投资，不投资]　$[R_{F2} + 1/2R(I_2(P_I)) - I_2(P_I)]$，$[T_2(0)]$
	不投资	[不投资，投资]　$[R_{F2} + 1/2R(I_1(P_I))]$，$[T_2(0) - I_1(P_I)]$	[不投资，不投资]　$[R_{F2}]$，$[T_2(0)]$

资料来源：本表在借鉴贺振华（2005）的分析方法基础之上制定。

此时，农户 F1、农户 F2 的博弈收益函数分别为：

$$\pi_{RF1} = -I_1(P_I) + T_2(0) \qquad (8-9)$$

$$\pi_{RF2} = \frac{1}{2R(I_2(P_I))} - I_2(P_I) - T_1(0) \qquad (8-10)$$

那么，农户 F1、农户 F2 收益函数的对农地投资的一阶最大化条件分别为：

$$\frac{\partial \pi_{RF1}}{\partial I_1} = -1 < 0 \qquad (8-11)$$

$$\frac{\partial \pi_{RF2}}{\partial I_2} = \frac{1}{2}R'(I_2) - 1 = 0 \qquad (8-12)$$

最终，可以得出农户 F1 因为边际收益为负而不会进行农地投资；此时的总体社会最优公式（8-8）等于 1，而农户 F2 的农地投资边际收益 $R'(I_2) = 2 \neq 1$，也不是社会最优的。也就是说，如果农户 F2 是理性的，在采取"人情租流转形态和短期契约下"转入 F1 的承包地进行耕种，是不会主动和轻易对农地地块进行有益性"农地投资"；而目标只为保障产权稳定也不在乎承包地收益的外出务工农户，也不会在人情租流转协议达成之前签订所谓的"保墒协议"而采取有益性的耕地质量保护行为。

总之，博弈理论部分的分析结果显示，在农地流转市场中，相比"签订人情租形态和短期契约期限"而言，"签订货币租形态且达成长期契约期限"有利于经营者开展对耕地质量保护行动，增加农地投资，进而保护地力可持续。为进一步验证这一结论，本章接下来的部分将运用地块调研数据进行实证检验，在检验之前首先介绍数据来源并进行简单的统计分析与实证变量的选择缘由。

8.3 变量选择与数据来源和描述

8.3.1 数据来源

本章所使用的数据与第 6 章实证数据一致，均来源于 2017～2018 年的地块调查数据样本，样本区域为湖南和江西。选择理由是，首先，湖南、江西都属于水稻主产省，且位置相邻方便调查展开。其次，在 2017~2018 年时，调查区域开展了新一轮土地经营权确权颁证和正在推行测土配方施肥政策，有利于分析土地产权强化政策前后对土地质量保护行为的影响。最后，采取随机抽样的原则最终获得了 891 户受访农户，统计发现，最终获得最大自有承包地块 891 块，获得转入地块 288 块。问卷的主要内容包括与农户相关的一些变量如农户、家庭、地块（自有承包地和转入地块）的耕地保护行为、水稻生产成本收益等（具体调查过程参照第 6 章相关部分）。

8.3.2　变量选择

（1）因变量：耕地质量保护行为

农户的耕地质量保护行为不仅具有多样性而且兼具复杂性。第一类耕地保护行为是进行"短期性保墒性经营耕地的投资"，例如商品有机肥、测土配方施肥等（Gebremedhin and Swinton，2003；Birungi and Hassan，2010；杨志海等，2015）。第二类耕地保护行为是进行"长期性基础性农地投资"，主要包括整修水渠、梯田建设、打机井、平整土地、深耕深松土地（调查中一般是三年一次）以及修机耕道路等（许庆与章元，2005；马贤磊，2009；黄季焜等，2012）。第三类耕地保护行为是进行"保护性有益性农地投资"如种植绿肥种植、施用农家肥、秸秆还田等增加土壤有机质和施用石灰①及石膏等土壤调理剂以改良土壤结构的措施（Abdulai et al.，2011；Evansa et al.，2015；杨志海与王雨濛，2015；龙云与任力，2017）。

已有文献集中于关注农户采取的上述描述中的某一类或少数几类耕地质量保护行为（姚洋，2004；Holden et al.，2010；黄季焜等，2012；Lovo，

---

① 酸性较强的冷水田，施用石灰能供应水稻钙素养分、中和土壤酸性、增强土壤微生物活动。施用石灰利于有机质分解，提高供氮水平，还可使原来不易被水稻吸收利用的磷酸盐类转变为有效态的磷崇，从而使水稻能吸收较多的氮素和磷素。所以，适量施用石灰有一定的增产作用。但是，连年大量施用会导致土壤发生次生石灰性反应，土质变硬，土壤由酸性变为中性，不利于水稻生长，一般一亩施石灰百斤左右为宜。对于中性和微酸性土壤一般不宜施用石灰。

2016；李成龙与周宏，2020）。显然，在更为注重绿色农业发展的现阶段，不仅不合乎政策要求，而且采用单向指标无法全面客观反映农户的土地质量保护行为，因此可能会导致估计的结果的"不准确"（谢文宝等，2018）。基于此，本章予以拓展的同时，在考虑到数据指标的可得性和借鉴周力与王镒如（2019）、钱龙等（2019）等的研究基础之上[①]，本章将耕地质量保护行为分成两大类：一是土壤的养分平衡行为（主要包括化肥减量行为与复合、测土配方肥[②]施用行为两类）；二是农地有机质的提增行为（主要包括有机肥施用行为与秸秆还田行为两类）。

由表 8-3 可知，转入地地块的配方肥施用量 288 块（转入地块总的 288 块），平均施用 41.250 千克/亩，最大施用量为 50 千克/亩；而自有承包地地块为 891 块，平均施用复合配方肥 32.693 千克/亩，小于转入地块施肥量。平均而言，转入地块的尿素施用量、有机肥施用量和秸秆还田量均值也均高于自有地块。值得特别说明的是，还参考周力与王镒如（2019）的研究，将秸秆还田量采用"秸秆还田量等于该地块的稻谷产量×稻谷秸秆比（一般设定为 0.9）×还田比例"的方式进行计算。

表 8-3   变量定义与描述性统计

变量		定义			观测值	均值	标准差
被解释变量：耕地质量保护行为	养分平衡	配方肥[①]施用量	转入地	千克/亩	288	41.250	14.177
			自有地	千克/亩	891	32.693	19.941
		尿素施用量	转入地	千克/亩	288	13.433	6.870
			自有地	千克/亩	891	10.760	10.081

---

① 与之不同的是，本章重点考察租金形态、契约期限对耕地质量保护的影响，而已有文献考察了农地确权对耕地质量保护的影响。

② 复合肥是指含有氮、磷、钾等多种元素的肥料，具有养分含量高、副成分少且物理性状好，对平衡施肥，提高肥料利用率，促进作物的高产稳产有着非常重要的作用；缺点是养分固定而无法依据土壤元素的缺余，进行针对性补给。测土配方肥是指以土壤测试和肥料田间试验为基础，根据作物需肥规律、土壤供肥性能和肥料效应，在合理施用有机肥的基础上，提出氮、磷、钾及中、微量元素等肥料的施用数量、施肥时期和施用方法，刚好弥补了复合肥的缺陷。在调查的区域，测土配方施肥的次数并不是一年一次，为保障基本的产量，农户仍然会大量施用复合肥。因为，主要目标是平衡耕地营养元素，为此，本章把复合肥用量和测土配方施肥一起合计。

续表

变量		定义			观测值	均值	标准差
被解释变量：耕地质量保护行为	有机质提升	有机肥②施用量	转入地	千克/亩	288	13.271	40.260
			自有地	千克/亩	891	6.666	30.952
		秸秆还田量	转入地	吨/公顷	288	1.227	0.379
			自有地	吨/公顷	891	1.083	0.383
核心解释变量	租金形态	租金形式（人情租=0；货币租=1）			288	0.542	0.499
	契约期限	短期契约=流转年限小于等于3年和无固定期限=0，长期契约=流转年限大于3年=1			288	0.427	0.496
投入变量	示范户	是否科技示范户（0=否，1=是）			891	0.110	0.313
	种子投入	自有地（元/亩）			891	61.003	50.471
		转入地（元/亩）			288	59.165	41.102
	机械投入	(机耕+插播+收割+无人机打药) 元/亩			891	184.759	223.630
	劳动投入	雇工费用：元/亩			288	37.113	65.308
政策	农地确权	是否确权（0=否，1=是）			891	0.851	0.357
地区虚拟变量		湖南省=0；江西省=1			891	0.457	0.498

注：①特别值得说明的是，配方肥施用量包含了复合肥。②有机肥=农家肥+商品有机肥+其他绿色肥料；其他变量包括地块特征变量、农户与家庭特征变量与表7-3一致，不再赘述。

资料来源：2017～2018年的调查数据。

（2）核心自变量：租金形态与契约期限

与第6章内容一致，且由前文理论部分的分析可知，本章的核心变量仍然是区分农地流转市场（非正式与正式）最重要特征的租金形态与契约期限。

①流转租金形态。为简单起见，本章将实物租金按照当年粮食（水稻）均价换货币租金，因此仅仅考虑流转租金形态的两大类：人情租流转和货币租流转（定义无偿流转为人情租金=0；流转收取货币为货币租金=1）。由表8-3可知，地块样本中将近45.83%的租金形态属于"人情无偿租金"，这一结果并未"过高估计"，有众多文献都能支撑这一观点，例如，何欣等（2016）、王亚楠等（2015）、王亚辉等（2018）统计的无偿农地流转比例类似，甚至还小。

213

②流转契约期限。农地流转契约短期化已成为中国农地流转市场上最为普遍的现象（钱忠好与冀县卿，2016）。参考刘文勇与张悦（2013）的做法，本章仍然将长期契约界定为流转期限大于等于3年，而将短期流转契约界定为小于3年和无固定期限交易的"空合约"。由表8-3可知，地块样本中将近57.29%的为三年内的短期合约，与钟文晶和罗必良（2014）的全国抽样问卷调查结果类似。

（3）其余控制变量

影响耕地质量保护行为的重要控制变量包括地块本身的特征、农户个人特征、农户家庭特征、农地政策变量以及投入变量和地区变量；与第6章内容保持一致，选择以下变量作为本章节的控制变量，由于第6章进行了详细介绍，因此在此仅仅简单提及和分析。

①地块特征变量。已有研究主要考虑了土地面积、地块质量、土地斜坡系数等变量（黄季焜与冀县卿，2012）。本章在此基础之上，还考虑地块的距离、地块的产权属性等变量的影响，以全面衡量或控制地块特征与属性。

②农户个体与家庭特征变量。农户年龄、性别和受教育程度等都是农户耕地质量保护行为的影响因素（陈美球等，2008）；除了传统的农户特征变量以外，随着实地调查工作的逐渐成熟和调查工具的日益先进，一些最新的研究（Tanaka et al.，2010；周力与王镱如，2019）开始考虑到采取实验或者其他方式衡量农户的"风险偏好"来考察农户行为与耕地保护行为，本章也进行重点考虑。

③农地政策变量。农地确权以及允许农地流转的政策和制度改革不仅是创新了中国农地产权制度内核，也必然对农民的耕地质量保护行为产生了重要影响（龙云与任力，2017）。钱龙等（2020）使用PSM模型和Mvprobit模型对广西的818户农户层面的调查数据实证显示，相比那些没有确权的农户，已经农地确权颁证农户的耕地质量保护行为表现得更为积极。

④投入变量。事实上，耕地质量保护行为是指农户对土地是否采取有益性投入行为，最为常见的是少施用化肥，多施用农家肥、有机肥等，这些均是本章的因变量。由于耕地质量保护行为本身属于农地投资，必然还受到其他投入变量的影响，与已有研究不同的是，本章考虑将种子、农药、机械以

及劳动力投入等加入控制变量。

⑤地理及地域因素。一般来讲，耕地的优化布局也是影响耕地质量好坏的重要指标（姜广辉等，2010），例如地势分别为平原、山区和丘陵等必然会限制和约束农户的投资进而导致耕地地力的差异，已为学者龙云与任力（2017）等所论证。为了控制区域间土地生产率的差异，本章引入了省级虚拟变量，将"湖南省 = 0"作为参照组，"江西省 = 1"作为研究组。

8.3.3　数据描述性分析

（1）耕地质量保护行为现况

表 8 - 4 反映了 2017 ~ 2018 年的耕地养分平衡行为统计对比结果。从时间纵向维度来讲，相较于 2017 年，2018 年的尿素施用量均在下降，而配方肥料施用量在自家地块下降、转入地块在增加。具体来看，2017 年与 2018 年的自有地和转入地块上的尿素施用量差异分别 - 2.782 千克/亩、- 0.087 千克/亩；而自有承包地块的配方与复合肥（简称复合配方肥）分别比前一年份低 - 3.057 千克/亩（见表 8 - 4）；这说明近年来政府提倡的"化肥零增长行动"在调查样本中有一定的效果。从地块属性来看，调查农户在自有地块施用的尿素量和复合配方肥的施用均低于转入地块。2017 年的自有地地块施用的尿素量比转入地低 1.462 千克/亩、复合配方肥的施用低 5.648 千克/亩；同样，2018 年的转入地地块的复合配方肥施用、尿素的施用量的地块属性差异为 - 12.246 千克/亩与 - 4.157 千克/亩。可能的原因在于，小农户（未通过任何形式扩大承包种植面积）在实际经营耕地过程中，由于经营面积小、户主年龄偏大以及种植经验丰富与爱惜土地，相比追求最大化产量转入户而少施用化肥、复合配方肥等肥料。与小农户相比，转入户获得的"高土地生产率"有可能是依靠高投入甚至是化肥的过量施用而形成的。总而言之，无论地块属性如何、无论年份差异，农户在地块上施用复合配方肥料的施用量远大于施用尿素量，因此一定程度上促进了土壤的养分平衡。从产权视角来讲，转让的地块不利于降低化学肥料（尿素和复合配方肥）的投入，不利于耕地质量保护。

表 8 - 4 耕地养分平衡行为的统计对比 单位：千克/亩

调查年份	项目	自有承包地地块		转入地地块		自有地—转入地	
		复合配方肥施用量	尿素施用量	复合配方肥施用量	尿素施用量	复合配方肥	尿素
2017 年	样本量	491	400	163	163	328	237
	均值	34.065	12.009	39.713	13.471	-5.648	-1.462
2018 年	样本量	491	400	125	125	366	275
	均值	31.008	9.227	43.254	13.384	-12.246	-4.157
2018~2017 年	年份差异	-3.057	-2.782	3.541	-0.087	—	—

资料来源：2017~2018 年的调查数据。

表 8 - 5 反映了 2017~2018 年的耕地有机质提增行为统计对比结果。结果显示，无论地块属性如何，相比 2017 年，2018 年的受访农户经营地块的耕地有机质提增行为均在下降。从地块属性来看，调查农户在自有地块施用的有机肥量高于转入地块，而秸秆还田要小于转入地块。具体来看，2018 年的农户家庭自有承包地块的有机肥施用量与秸秆还田量施用量分别比前一年份低 5.108 千克/亩和 0.167 吨/公顷。同样，相较于 2017 年，2018 年的转入地地块的有机肥施用量与秸秆还田量分别比前一年份低 0.634 千克/亩、0.017 吨/公顷。

从地块属性来讲，2017~2018 年，受访农户在自家地块的有机肥施用量要分别比转入地地块高出 7.073 千克/亩、2.599 千克/亩。但相比转入地来讲，受访农户在自家地块的秸秆还田量比转入地块分别低出 0.076 吨/公顷、0.226 吨/公顷。对于有机质提增行为在有机肥施用和秸秆还田表现出的差异：调查农户在自有承包地地块施用的有机肥更多，而在转入地块的秸秆还田的量更高；可能的原因是调查中发现：一是农户确实会因为地块属性不同而采取不同的耕地质量保护行为，与仇焕广等（2017）、龙云与任力（2017）等研究结果一致；二是转入土地的农户多采用机械化或者机械化服务收割，因此在收割过程中采用机械化粉碎秸秆并还田的概率更大，而在未发生转入的湖南、江西地区的部分小农户（全部为自家地块）采取了秸秆回收农户家庭：一是用于养殖饲料；二是用于传统柴火。

表 8 – 5　　　　　　　　　　　耕地有机质提增行为的统计对比

项目		自有地地块		转入地地块		自有地—转入地	
		有机肥施用量（千克/亩）	秸秆还田量（吨/公顷）	有机肥施用量（千克/亩）	秸秆还田量（吨/公顷）	有机肥施用量（千克/亩）	秸秆还田量（吨/公顷）
2017 年	样本量	491	491	163	163	328	328
	均值	20.619	1.158	13.546	1.234	7.073	– 0.076
2018 年	样本量	400	400	125	125	275	275
	均值	15.511	0.991	12.912	1.217	2.599	– 0.226
2017 ~ 2018 年	年份差异	– 5.108	– 0.167	– 0.634	– 0.017	—	—

资料来源：2017 ~ 2018 年的调查数据。

　　总之，无论是针对耕地养分平衡，还是耕地有机质提增等两个方面的耕地质量保护行为，均在自有承包地块和转入地块之间存在着差异。那么，农户在面对不同规模的地块时，又会在耕地质量保护行为等方面表现出哪些差异呢？为此，接下来的部分按照不同地块经营规模进行统计描述分析。

　　（2）不同农地规模的耕地质量保护行为现况

　　表 8 – 6 反映了不同农地规模的耕地质量保护行为统计结果。结果显示，总体上来看，随着转入地块面积的扩大，单位面积的复合配方肥施用量、有机肥施用量、秸秆还田量逐步提升，转入地块的尿素施用量呈现出"先增后减"的变化趋势。同样，随着农户自有承包地块面积的扩大，单位面积的复合配方肥施用量、有机肥施用量、秸秆还田量也在逐渐提高，但单位面积的尿素施用量基本保持不变。

　　从地块属性来讲，无论地块规模大小，单位面积的复合配方施肥和尿素用量均是自有地块大于转入地块（见表 8 – 6）。无论地块属性和地块规模大小如何，单位面积的有机肥施用量均是自有地块小于转入地地块，且差值随

着地块面积的扩大而增大。随着地块面积的增加，相较于转入地块，自有地
块秸秆还田量的占比更大；这与表 8-5 的结果存在差异，原因在于 50 亩及
以上的转入地块并没有纳入对比分析，因为来自江西和湖南的样本，其自有
地承包地最大地块面积没有超过 50 亩的，故 50 亩以上的自有地块数据缺失。

表 8-6 不同农地规模的耕地质量保护行为统计

耕地质量保护分类	地块属性		单位	农地规模		
				0~10 亩	10~50 亩	50 亩以上
耕地养分平衡	复合配方肥施用量	转入地	千克/亩	37.685	42.186	43.424
		自有地	千克/亩	31.464	37.685	—
		自有地—转入地	千克/亩	-6.221	-4.501	—
	尿素施用量	转入地	千克/亩	13.33	14.914	12.675
		自有地	千克/亩	10.829	10.482	—
		自有地—转入地	千克/亩	-2.501	-4.432	—
耕地有机质提增	有机肥	转入地	千克/亩	9.17	16.557	14.524
		自有地	千克/亩	5.804	10.168	—
		自有地—转入地	千克/亩	-3.366	-6.389	—
	秸秆还田	转入地	吨/公顷	1.085	1.121	1.393
		自有地	吨/公顷	1.057	1.189	—
		自有地—转入地	吨/公顷	-0.028	0.068	—

资料来源：2017~2018 年的调查数据。

显然，土地质量保护行为受到地块规模大小的影响。此外，土地质量保
护行为还受到土壤本身肥力的影响：一般来说，土壤肥力为优等地的土地需
要"保护性耕作力度"普遍较小，而差等地需要经营者大力投入以改善土
壤肥力，与"高的保护性耕作力度"相对应。为进一步验证农户是否在不
同肥力等别的地块上存在"有差别"的保护行为，为此，接下来的部分将
对肥力不同的地块进行分类统计。

（3）不同地块肥力下的耕地质量保护行为现况

表 8-7 反映了不同地块肥力下的耕地质量保护行为统计结果。首先，针对转入地块的养分平衡来讲：调查样本在转入地块上的复合配方肥施用随着土壤肥力的等别提高而降低；而尿素施用量由差等地的 14.268 千克/亩降低到优等地的 11.614 千克/亩，这表明尿素施用量随转入地块的肥力等别的提高而下降，与常识相符。

其次，针对转入地块的有机质提增来讲：有机肥施用量从差等地的 20.447 千克/亩降低到优等地的 7.971 千克/亩，有机肥的施用量随着地块肥力的变好而下降，而秸秆还田量基本保持不变，表明秸秆还田量与土壤肥力关系不大；这与前面推导的逻辑"优等地的保护力度小"的结论相符；值得说明的是，本章的"有机肥"不是传统意义上的"农家肥"，是包含了"商品有机肥、绿肥、粪肥、其他肥料"等多种肥料的总和；而秸秆还田量主要关系到人们是否关心和保护耕地质量。

表 8-7　　　　　　　不同地块肥力下的耕地质量保护行为统计

耕地质量保护分类	地块属性		单位	地块肥力等级			
				1（差等）	2（中等）	3（良等）	4（优等）
耕地养分平衡	复合配方肥	转入地	均值	千克/亩	43.424	39.817	41.841	41.333
		自有地	均值	千克/亩	34.387	36.532	29.080	35.158
		自有地—转入地	差值	千克/亩	-9.037	-3.285	-12.761	-6.175
	尿素施用量	转入地	均值	千克/亩	14.309	13.438	13.705	11.614
		自有地	均值	千克/亩	12.737	11.127	9.502	12.372
		自有地—转入地	差值	千克/亩	-1.572	-2.311	-4.203	0.758
耕地有机质提增	有机肥	转入地	均值	千克/亩	20.447	10.133	15.473	7.971
		自有地	均值	千克/亩	11.53	5.382	5.821	7.398
		自有地—转入地	差值	千克/亩	-8.917	-4.751	-9.652	-0.573
	秸秆还田	转入地	均值	吨/公顷	1.157	1.281	1.225	1.145
		自有地	均值	吨/公顷	1.201	1.202	0.948	1.171
		自有地—转入地	差值	吨/公顷	0.044	-0.079	-0.277	0.026

资料来源：2017~2018 年的调查数据。

再次，就自有承包地地块的养分平衡来讲，自有地块的复合配方肥施用量总体上随着土壤肥力的上升而降低，尿素施用量呈现出"先减少再增加"的趋势特征，其中良等地的单位面积复合配方肥施用量、尿素施用量最小，分别为 29.080 千克/亩与 9.502 千克/亩；也就是说，无论地块属性如何，农户在面对不同肥力的地块的养分平衡时会"差别对待"。对比地块差异可见，自有地块的单位面积的复合配方肥施用量小于转入地块，单位面积的尿素施用量则是体现 1~3 等地中更小。

最后，针对自有地块的有机质提升来讲：1~3 等地，有机肥的施用量随着地块本身肥力的下降而逐步减少，秸秆还田量随着自有地肥力的提高而波动性降低。值得注意的是，自有地地块且为优等地块上的有机肥投入量为 7.398 千克/亩高于中、良等地的单位面积施用量，可能的原因是：对于优等的自家地块，农户仍然想维持甚至提升优等地的肥力而增加产出，存在"高投资偏好"（人们总是倾向于投资那些本身条件更好、价值高的事物）。

（4）不同租金形态和契约期限下的耕地质量保护行为现况

理论上来讲，不同租金形态和契约期限下的耕地质量保护行为必然会不同；在探究租金形态和契约期限对耕地质量保护行为的实际影响之前，有必要进行描述性统计分析，结果如表 8-8 所示。就已存在租金形态的地块来讲，一定是体现在发生了流转的地块（无论是无偿的人情租流转还是货币租流转），因此，仅统计调查样本中的转入地块的耕地质量保护行为。

表 8-8　　　　不同租金形态和契约期限下的耕地质量保护行为统计

耕地质量保护分类	转入地	货币租金形态	人情租金形态	差异①	长期期限	短期期限	差异②
耕地养分平衡	复合配方肥	40.700	41.900	-1.200	39.635	42.454	-2.819
	尿素	13.530	13.318	+0.212	13.030	13.733	-0.703
有机质提增	有机肥	15.737	10.356	+5.381	18.854	9.110	+9.744
	秸秆还田量	1.264	1.184	+0.080	1.313	1.162	+0.151

注：①=货币租金-人情租金；②=长期期限-短期期限。
资料来源：2017~2018 年的调查数据。

结果显示，相较于正式农地流转市场的货币租流转形态，选择人情租流转形态的农户施用有机肥（商品有机肥）更少，秸秆还田量更少，施用复合配方肥更多，这意味着人情租流转形态下地块会使得有机质下降。而单位面积的尿素施用量，无论是在不同租金形态还是契约期限上均未表现出较大的差异。从契约期限来看，签订短期契约比长期契约均多施用复合配方肥、尿素，显然不利于耕地养分平衡。这是因为短期转入土地的农户更倾向于在短期内增加化肥投入而提高产出水平，也就是开展"掠夺式经营"。而从有机肥的施用和秸秆还田量来看，多施用农家肥、商品有机肥等有机肥料能够提升耕地有机质，而减少秸秆还田量又会降低耕地有机质含量，签订长期契约也具有明显的优势。

8.4　模型选择与设定

8.4.1　基准回归

为了估计租金形态与契约期限对耕地质量保护行为的影响，因为曹等（Cao et al.，2020）研究认为农户保留在家的耕地比例（部分未流转的耕地）通过农地投资的改变，影响了土壤质量改善和土地利用方式，因此需要充分考虑转入地块与承包地块地权属性的差异（变量的组间差异 T 检验结果参见附表 1 - 4），在此基础之上，借鉴黄季焜等（2012）构建的模型，构建了多元回归模型（8 - 13）与模型（8 - 14）进行基准回归。

模型设定如下所示：

$$y_{Tin} = \alpha_0 + \alpha_1 \times Rent + \alpha_2 \times Cp + \alpha_3 \times Cp \times Rent + \sum_{i=1}^{5} \alpha_{Ti} \times L_{Ti}$$

$$+ \sum_{j=1}^{3} \alpha_{Hj} \times H_{Hj} + n = 13\alpha Fn \times F_{Fn} + \alpha4 \times R + m = 14\alpha Im$$

$$\times I_{Tm} + \delta + \mu_1 \tag{8 - 13}$$

$$y_{own} = \beta_0 + \beta_1 \times Rent + \beta_2 \times Cp + \beta_3 \times Cp \times Rent + \sum_{i=1}^{5} \beta_{Oi} \times L_{Oi}$$

$$+ \sum_{j=1}^{3} \beta_{Hj} \times H_{Hj} + n = 13\beta Fn \times F_{Fn} + \beta4 \times R + m = 14\beta Om$$

$$\times I_{Om} + \delta + \mu_2 \qquad\qquad (8-14)$$

在模型（8-13）中，因变量 y_{Tin} 表示农户转入地块的耕地质量保护行为，分别用转入地地块的复合配方肥、尿素、有机肥的亩均施用量和亩均秸秆还田量表示。采用 $Rent$ 衡量农地流转的租金形态（人情租 = 0；货币租 = 1）；用 Cp 表示农地流转的契约期限（短期契约 = 0；长期契约 = 1）。一般来讲，人情租流转的租金形态易于签订短期契约，而货币租流转则易于签订长期契约（邹宝玲等，2016；钱龙与洪名勇，2018）。为此，用"$Cp \times Rent$"表示租金形态与契约期限的交互项，衡量货币租长期契约相对于人情租短期契约对农户耕地质量保护行为的影响差异。

控制变量 L_{Ti}、H_{Hj}、F_{Fn}、I_{Tm} 分别衡量转入地地块、户主、农户家庭特征和转入地地块对应的投入变量。转入地地块特征用转入地的地块面积（代表农户经营规模大小）、地块数量（代表细碎化情况）、地块肥力、地块坡度、地块距离等衡量；户主特征变量分别选取户主年龄、户主受教育程度、经营土地年限、风险偏好等四个变量进行衡量；农户家庭特征包含了家庭非农收入、家庭人数、家庭老龄化等变量。R 表示农地确权变量，用以衡量政策变化；I_{Tm} 表示农户在转入地块上的化肥投入、种子投入、机械投入、劳动力投入等投入变量，土地投入即为土地面积变量，已经放入地块特征变量中，不再重复考虑；δ 表示控制省份和时间虚拟变量；μ_1 是随机扰动项。估计系数 $\alpha_1 + \alpha_3 \times Cp$、$\alpha_2 + \alpha_3 \times Rent$ 表示在控制地块经营规模、细碎化、地块肥力、地块坡度、地块距离以及户主和家庭特征变量以及控制政策变量和生产特征变量、投入变量后，租金形态与契约期限对农户耕地质量保护行为的影响系数。

在模型（8-14）中，因变量 y_{own} 表示农户家庭自有承包地地块的耕地质量保护行为，分别用自有地块的复合配方肥、尿素、有机肥的亩均施用量和亩均秸秆还田量表示。与模型（8-13）不同的地方是，控制变量中的地块特征和投入特征变量反映自有承包地块特征。此外，因为一些因变量如尿素施用量、有机肥施用量存在截断的情况（有大量的 0 值存在），属于受限被解释变量，如果再继续采用 OLS（普通最小二乘法）对上述模型进行估计，就会得到不一致的估计系数（陈强，2014）。为此，还需要采用 Tobit 回归模型进行估计。

8.4.2　Tobit 模型

通常来讲，当被解释变量的取值范围受到限制的情况下，属于归并数据（censoreddata）。与断尾回归不同的是，一般采用 Tobin（1958）提出极大似然法（MLE）进行估计，而被称为 Tobit 回归模型。具体模型设定如下：

$$y_i^* = \beta x_i' + \varepsilon_i \tag{8-15}$$

其中，$i = 1, 2, 3, \cdots, n$；且 $\varepsilon_i \mid x_i \sim N(0, \sigma^2)$ 服从正态独立同分布（iid）。

模型（8 - 15）中，y_i^* 是不可观测的因变量，假设本章选取的被解释变量数据两端受到了限制，如尿素、有机肥等施用量有可能为"零"值，且最大施用量也存在一个门限值。因此，为不失一般性，分别假定存在左、右归并点为 c_1 和 c_2，则有 $y_i^* > c_1$ 且 $y_i^* < c_2$，若有 $c_1 < y_i^* < c_2$ 则 $y_i^* = y_i = \beta x_i' + \varepsilon_i$。那么，实际中所观察到的被解释变量 y_i 为：

$$y_i = \begin{cases} y_i^*, & c_1 < y_i^* < c_2 \\ c_1, & y_i^* \leqslant c_1 \\ c_2, & y_i^* \geqslant c_2 \end{cases} \tag{8-16}$$

那么，若 $y_i = c_1$，则其概率为：

$$p(y_i = c_1 \mid x_i) = p(y_i < c_1 \mid x_i) = p(\beta x_i' + \varepsilon_i < c_1 \mid x_i)$$

$$= p(c_1 - \beta x_i' > \varepsilon_i \mid x_i)$$

$$= p\left(\frac{\varepsilon_i}{\sigma} < \frac{c_1 - \beta x_i'}{\sigma} \mid x_i\right)$$

$$= \frac{1}{\sqrt{2\pi\sigma^2}} \int_{-\infty}^{c_1 - \beta x_i'} e^{-t^2/(2\delta^2)} \, \mathrm{d}t$$

$$= \varphi\left(\frac{c_1 - \beta x_i'}{\sigma}\right) \tag{8-17}$$

若 $y_i = c_2$，则其概率为：

$$p(y_i = c_2 \mid x_i) = p(y_i > c_2 \mid x_i)$$

$$= p(\beta x_i' + \varepsilon_i > c_2 \mid x_i) = p(\varepsilon_i > c_2 - \beta x_i' \mid x_i)$$

$$= p\left(\frac{\varepsilon_i}{\sigma} > \frac{c_2 - \beta x_i'}{\sigma} \mid x_i\right) = 1 - p\left(\frac{\varepsilon_i}{\sigma} < \frac{c_2 - \beta x_i'}{\sigma} \mid x_i\right)$$

$$= 1 - \frac{1}{\sqrt{2\pi\sigma^2}} \int_{-\infty}^{c_2 - \beta x_i'} e^{-t^2/(2\delta^2)} \, dt$$

$$= 1 - \phi\left(\frac{c_2 - \beta x_i'}{\sigma}\right) \tag{8-18}$$

若 $c_1 < y_i^* < c_2$ 的概率为：

$$p(y_i \mid c_1 < y_i^* < c_2) = \frac{1}{\sqrt{2\pi\sigma^2}} e^{-t(y_i - \beta x_i')^2/(2\delta^2)} \tag{8-19}$$

因此，此时模型的似然函数形式为：

$$L = \prod_{y_i = c_1} p(y_i = c_2) \prod_{c_1 < y_i < c_2} p(y_i \mid c_1 < y_i^* < c_2) \tag{8-20}$$

然后，采用极大似然估计（MLE）就可以得出本章所要估计系数值（格林，2011）。

8.5 实证结果分析

由于本章将农户耕地质量保护行为分为了土壤养分平衡和有机质提增等两类，因此，本节实证部分的主要内容也将分为两个部分，依次估计契约期限、租金形态对养分平衡（包含两类：一是尿素等化肥施用；二是复合配方肥的施用）和有机质提增（包含两类：一是农家肥、商品有机肥等有机肥的施用；二是秸秆还田行为）等耕地质量保护行为的影响。

8.5.1　非正式农地流转对耕地养分平衡的影响

（1）契约期限、租金形态对复合配方肥施用量的影响

为了估计契约期限、租金形态对转入地地块的耕地营养平衡的影响，选择"复合配方肥施用量"为因变量，对模型（8 - 13）进行估计，分别采用普通最小二乘法进行估计，结果如表 8 - 9 所示。考虑到规模经营的非线性影响（仇焕广等，2017），在估计契约期限、租金形态以及契约期限×租金形态等核心变量的基础之上，加入经营地块面积和经营地块面积的平方项，分别依次加入农户特征变量、家庭特征变量和转入地块的投入变量，参见回归模型（1）~模型（5）。

模型（1）仅仅回归流转契约期限长短与地块复合配方肥用量的关系，结果显示，在5%的水平上负向显著，这表明在农地流转中签订长期契约协议有利于降低农户在转入地块上的复合配方肥的施用量。模型（2）为加入契约期限与租金形态的交互项后的估计结果，发现流转契约期限系数变小且仍然在10%的水平上显著，但交互项系数并不显著，表明不存在契约期限与租金形态之间的交互性效应。模型（3）在模型（2）的基础之上控制了地块特征变量和经营规模以及其平方项，核心解释变量"契约期限"的估计结果仍然稳健，同样交互项效应不显著。模型（4）和模型（5）同时在控制农户、家庭、投入以及变量政策之后，结果仍然稳健。因此，可以得出，相比农地流转中签订3年以内的短期契约，签订3年以上的长期契约能够使得农户在单位面积的地块上少施用复合配方肥 3.037 千克/亩 ~ 4.349 千克/亩。

此外，地块面积与地块面积平方项分别正、负向显著影响农户在转入地块的复合配方肥的施用量，呈现出倒"U"形关系，这表明地块经营规模的扩大会在前期提高配方复合肥的施用，但随着规模的进一步扩大，并不会一直提高单位面积的复合配方肥的施用，扩大到一定的适度的土地经营规模时，反而有助于复合配方肥的施用量的下降，体现了适度规模的重要性。

表 8 - 9 契约期限、租金形态对地块复合配方肥用量的影响

变量	模型（1）	模型（2）	模型（3）	模型（4）	模型（5）
契约期限	-3.037 ** (1.497)	-3.938 ** (1.856)	-4.082 ** (2.081)	-4.143 ** (1.813)	-4.349 *** (1.319)
契约期限 × 租金形态（0，1）		-1.514 (2.535)	-0.680 (2.382)	-0.995 (2.565)	-2.067 (1.293)
契约期限 × 租金形态（1，0）		1.119 (2.589)	1.739 (3.207)	2.014 (2.852)	-0.256 (3.004)
经营规模对数	—	—	5.393 *** (1.525)	5.599 *** (1.679)	3.777 * (2.171)
经营规模对数平方项	—	—	-0.600 *** (0.214)	-0.584 *** (0.214)	-0.411 (0.330)
常数项	38.842 *** (1.584)	39.339 *** (1.662)	31.272 *** (4.271)	26.185 ** (10.878)	7.685 (16.425)
地块变量	—	—	已控制	已控制	已控制
户主、家庭与投入变量	—	—	—	已控制	已控制
村庄固定	—	—	—	—	已控制
年份固定	已控制	已控制	已控制	已控制	已控制
省份固定	已控制	已控制	已控制	已控制	未控制
地块样本量	288	288	288	288	288
调整的 R^2	0.062	0.074	0.137	0.156	0.391
Wald 值	14.87 [0.002]	20.89 [0.003]	42.98 [0.000]	51.92 [0.000]	58.82 [0.000]
Replications	200	200	200	200	200
估计方法	OLS	OLS	OLS	OLS	OLS

注：* 、** 、*** 分别表示10%、5%、1%的显著性水平，[ ] 表示对应的 P 值；具体控制变量估计结果如附表 1 - 10 所示。

资料来源：2017 ~ 2018 年的调查数据。

总之，农地流转市场上选择货币租流转形态和长期流转协议，促进了

转入地复合配方肥用量的降低，利于改善过量投入复合配方肥的"掠夺式经营"模式，有利于促进耕地的营养平衡，保护耕地地力可持续。同样，考虑到转入土地的农户，在扩大经营规模甚至改变经营方式后会对自家承包地块的投入方式造成影响，也为进行稳健性检验。为此，继续估计契约期限、租金形态对转入户农户自有承包地块复合配方肥用量的影响，结果如附表 1 – 5 所示。同样可以得出结论，相比短期契约，在转入地块上签订长期流转契约期限促使了农户在自有地块减少单位面积的复合配方肥施用；而交互项的结果显示：同在达成短期流转契约的情况下，签订货币租流转协议能降低转入地农户在自家承包地块的复合配方肥施用量。

（2）契约期限、租金形态对化肥施用量的影响

为了估计契约期限、租金形态对化肥施用量的影响，首先选择"尿素的亩均施用量"为因变量，对模型（8 – 13）进行估计，分别采用 OLS 和 MLE 进行估计，结果如表 8 – 10 所示。模型（1）采用 OLS 进行估计，样本量均为 288 个，样本偏小的原因在于所有样本中发生转入的地块样本为 288 块；为强化估计系数的稳健性，还对模型（1）的标准误估计时采取了"拔靴法（500 次）"进行验证，结果显示与不采取拔靴法的核心变量系数并无太大差异。由于因变量转入地块的尿素施用量存在"零归并"情形，与此同时，还采用 Tobit 模型进行回归，结果见模型（2）与模型（4），进一步验证了模型（1）的结论，表明结果较为稳健。

就转入地地块来讲，流转期限对转入地尿素施用量的影响并不显著。这说明，在控制了地块特征、农户特征、家庭特征、投入特征等变量后，但农地流转中签订流转协议的长短并不影响农户的尿素施用行为，与前面表 7 – 8 统计的结果类似：长期短期契约下尿素的施用并无太大的差异。同时，契约期限与租金形态的交互项系数均不显著，这说明相较于人情租短期契约（0，0），农户选择其他形式如货币租长期契约（1，1）、人情租长期契约（0，1）、货币租短期契约（1，0）等在尿素施用行为上并无太大差异。为了结果的稳健性，还使用"替换核心变量"的方法，采用实际契约年限替换二值变量"契约期限"进行回归，结果显示，流转期限对转入地尿素施用量的影响并不显著。

农户转入了他人的地块进行经营，无论是签订何种租金形式的农地流转和期限协议，在经营"更大"耕地面积时必然会对农户家庭本身自有承包地块的耕地质量保护产生影响，原因在于地块之间的"不同产权属性"。为了验证契约期限、流转租金形态是否对流转户自家承包地块的尿素施用行为产生了影响，还对模型（8-14）进行了回归，同样采取了 OLS 和 Tobit 模型进行估计，结果如表 8-10 的模型（3）和模型（4）所示。估计结果仍然为负向不显著。估计系数均为负，可能签订长期契约有利于降低尿素的施用，进而改善耕地质量。另外，值得注意的是，在转入地块模型中，农户的经营规模与尿素施用量呈现出倒"U"形关系，这表明随着农户转入规模的逐步扩大，单位面积施用尿素量呈现出"先增加后降低"的趋势。也就是说，在推进土地的规模经营中，随着农户规模的扩大，农户的耕地质量保护行为会经历一个先"先掠夺式后保护式"发展路径，显然又一次从强调了适度规模经营的重要性。

表 8-10　　　　　契约期限、租金形态对地块尿素施用量的影响

变量	模型（1）	模型（2）	模型（3）	模型（4）
	转入地块	转入地块	自有承包地块	自有承包地块
契约期限	-0.160 (1.441)	-0.222 (1.495)	-0.109 (1.833)	-0.175 (2.185)
契约期限×租金形态（0，1）	0.769 (1.673)	0.639 (1.290)	0.145 (1.959)	-0.295 (1.899)
契约期限×租金形态（1，0）	0.342 (1.554)	0.306 (1.752)	0.319 (2.224)	0.383 (2.594)
经营规模对数	1.398* (0.787)	1.433* (0.827)	-0.081 (2.141)	0.614 (2.574)
经营规模对数平方项	-0.260** (0.112)	-0.263** (0.118)	-0.402 (0.685)	-0.681 (0.807)
其他控制变量	已控制	已控制	已控制	已控制
年份	已控制	已控制	已控制	已控制

续表

变量	模型（1）	模型（2）	模型（3）	模型（4）
	转入地块	转入地块	自有承包地块	自有承包地块
省份	已控制	已控制	已控制	已控制
常数项	14.495 *** (5.443)	14.342 *** (4.930)	13.561 ** (6.331)	11.777 * (6.985)
Sigma 常数项	—	43.070 *** (3.630)	—	88.204 *** (8.714)
地块样本量	288	288	288	288
R^2 和伪 R^2	0.107	0.017	0.124	0.022
P 值	0.091	0.104	0.002	0.012
Wald/LR 检验值	28.35 [0.203]	31.80 [0.104]	39.49 [0.018]	40.99 [0.012]
Log likelihood 值	—	-942.933	—	-893.815
估计方法	OLS	Tobit	OLS	Tobit

注：*、**、*** 分别表示 10%、5%、1% 的显著性水平；括号中表示 Z 值或 T 值对应的稳健标准误，"—" 表示 "未控制"，[ ] 表示对应的 P 值。转入地块的具体控制变量及估计结果见附表 1 - 5。

资料来源：2017 ~ 2018 年的调查数据。

从理论上来讲，可以得出结论：农地流转中，签订长期流转契约有利于降低转入地块的尿素施用量，有利于提升耕地质量。虽然本章的估计结果不显著，可能是以下几点原因导致的：一是样本中仅仅有 288 户农户参与流转，在对流转户 "小样本" 进行具体研究时很难估计出较为显著的结论；二是本章数据来自 2017 ~ 2018 年的混截面数据，相比长时间的面板数据而言，较短的时间内很难观察到农户施用尿素行为的较大变化。

总而言之，农地流转中，签订长期流转契约有利于降低转入地块的复合配方肥施用量，而契约期限对尿素施用量的影响不显著；在人情租流转形态下，相比同时达成短期和口头契约，签订长期和书面协议能降低转入地农户在自家承包地块的复合配方肥施用量；虽然复合配方肥与尿素施用量短期内减少，有可能带来粮食产出的小幅下降，但长远来看，有利于耕地质量保护。事实上，耕地质量的保护不仅仅是减少化学肥料的施用，更为重要的是提升土壤的有机质含量（Assunção and Braido，2007），需要农户采取施用有机肥、绿肥、秸秆还田等多种促使土壤有机质提升的行为。为此，接下来的部分内容将分析非正式农地流转对土壤有机质提升的影响。

8.5.2 非正式农地流转对耕地有机质提升的影响

（1）契约期限、租金形态对有机肥施用量的影响

为了估计契约期限、租金形态对有机肥（商品有机肥）施用量的影响，由于有机肥施用量指标存在大量的零值，属于左截断，适合采取 Tobit 模型（陈强，2014），估计结果如表 8-11 所示。模型（1）仅仅分析了核心变量契约期限与有机肥施用的关系，模型（2）加入另一核心变量——租金形态进行研究，模型（3）、模型（4）分别在模型（1）、模型（2）的基础之上控制上表示在未控制地块、农户、家庭、投入等变量时估计契约期限、租金形态对转入地块有机肥施用量的影响。

就转入地地块来讲，由模型（4）可知，相比短期契约期限，达成农地流转的长期契约期限将提高转入地块的有机肥施用量，约 29.460 千克/亩；相比人情租流转形态，货币租流转也使得农户提高了转入地块的有机肥施用量，约 25.653 千克/亩，与前面描述性统计表 8-8 结果相符。为进行稳健性检验，还将被解释变量转入地块的有机肥施用量构造成一个"二分变量"，将有机肥施用量大于 0 的定义为 1，表示"施用"，而有机肥施用量等于 0 用以表示"未施用"，被解释变量替换为"是否施用有机肥（否 =0；是 =1）"二分变量之后，适宜采用 Probit 模型进行回归（Brandt et al.，2004；Deininger and Jin，2009）（见附表 1-6 的模型（1）~模型（4））。结果显示，农地流转交易中签订长期契约和货币租有利于提高转入户在转入地块的有机肥施用，能够改善耕地质量。同样，农户在经营转入地块时也会改变对自家地块的投入决策，因此有必要对契约期限与租金形态对自有地有机肥用量的影响进行估计。由附表 1-7 的结果可知，相比签订短期契约期限，转入土地的农户达成长期契约期限也将提高自家地块有机肥施用量。

表 8 – 11　　　　　　契约期限、租金形态对转入地有机肥用量的影响

变量	模型（1）有机肥用量	模型（2）有机肥用量	模型（3）有机肥用量	模型（4）有机肥用量
契约期限	26. 835 ** （11. 856）	35. 359 *** （13. 028）	20. 619 * （12. 269）	29. 460 ** （13. 268）
租金形态	—	22. 256 * （12. 919）	—	25. 653 * （13. 184）
常数项	– 53. 606 *** （10. 997）	– 48. 108 *** （11. 306）	– 45. 671 *** （29. 007）	– 46. 008 *** （29. 786）
Sigma 常数项	6383. 93 *** （997. 145）	6439. 89 *** （1008. 534）	6005. 78 *** （935. 981）	6051. 69 *** （945. 317）
其他控制变量	未控制	未控制	已控制	已控制
时间固定	已控制	已控制	已控制	已控制
省份固定	已控制	已控制	已控制	已控制
地块样本量	288	288	288	288
LR 值	7. 69 ［0. 53］	10. 77 ［0. 029］	17. 15 ［0. 058］	21. 09 ［0. 092］
伪 R^2	0. 006	0. 008	0. 013	0. 016
对数似然值	– 667. 165	– 665. 628	– 662. 438	– 660. 465
估计方法	Tobit	Tobit	Tobit	Tobit

注：* 、** 、*** 分别表示 10% 、5% 、1% 的显著性水平；括号中表示 Z 值或 T 值对应的稳健标准误，"—"表示"未控制"，［］表示对应的 P 值。
资料来源：2017 ~ 2018 年的调查数据。

　　总之，单就有机肥的施用行为来考虑，建议农地流转户选择货币租流转且签订长期契约，因为能够提高转入地块和自家地块的有机肥施用量，促进土壤的有机质逐步提升，从而改善耕地质量，不仅验证了前面理论部分的结果，而且与徐志刚和崔美龄（2021）的研究结论一致：农地流转的书面与长期合约利于增强经营权稳定性并激励转入户农业长期投资。除此之外，因为秸秆还田在政府的大力推动下已经成为国内应用范围最广的保护性耕作方

式，深埋秸秆于土壤之中有利于恢复耕地原有的有机质含量[①]，最终改善地力、提高单产（钱龙等，2020；Song et al.，2021）。因此，接下来的部分继续估计契约期限、租金形态对有秸秆还田行为的影响。

（2）契约期限、租金形态对有秸秆还田行为的影响

借鉴已有成果，本章使用农户秸秆还田的量作为被解释变量，秸秆还田量的计算参见变量设置部分。表 8 – 12 分别反映了契约期限、租金形态对转入最大地块秸秆还田行为的影响结果。结果显示，就最大转入地地块而言，模型（1）的结果显示，1% 的显著性水平上农地流转契约期限长短显著正向影响转入地地块的秸秆还田量，与前面描述性统计分析结果相符。

表 8 – 12　　　　契约期限、租金形态对地块秸秆还田行为的影响

变量	模型（1）转入地秸秆还田量	模型（2）转入地秸秆还田量	模型（3）转入地秸秆还田量	模型（4）转入地秸秆还田量	模型（5）转入地秸秆还田量	模型（6）转入地秸秆还田量
契约期限	0.157*** (0.052)			0.110** (0.044)	0.144*** (0.043)	0.111** (0.045)
租金形态		0.087* (0.045)			0.040 (0.043)	-0.047 (0.043)
契约特征			0.153*** (0.050)	0.104** (0.042)		0.137*** (0.046)
常数项	1.188*** (0.032)	1.211*** (0.034)	1.195*** (0.030)	1.170*** (0.034)	1.176*** (0.035)	1.178*** (0.033)
其余变量	未控制	未控制	未控制	未控制	未控制	未控制
时间固定	已控制	已控制	已控制	已控制	已控制	已控制

　　[①] 宋等（Song et al.，2021）选取具有 39 年长期秸秆还田历史的定位实验为对象，评估长期秸秆还田对土壤硅形态和微生物群落的影响。结果表明，秸秆还田显著提高了土壤有效硅、有机结合态硅、铁/锰氧化态硅及无定型硅形态的含量，并显著提高了土壤肥力和水稻产量。具体来讲，秸秆还田较单用氮磷钾显著提高土壤生物有效性硅含量 29.9% ~ 61.6%，水稻产量 14.5% ~ 23.6%。

续表

变量	模型（1）	模型（2）	模型（3）	模型（4）	模型（5）	模型（6）
	转入地秸秆还田量	转入地秸秆还田量	转入地秸秆还田量	转入地秸秆还田量	转入地秸秆还田量	转入地秸秆还田量
省份固定	已控制	已控制	已控制	已控制	已控制	已控制
地块样本量	288	288	288	288	288	288
Wald 值	9.76 [0.021]	4.26 [0.235]	9.41 [0.024]	11.30 [0.023]	12.11 [0.017]	13.11 [0.022]
调整的 R^2	0.043	0.016	0.042	0.058	0.046	0.059
Bootstrap 次数	200	200	200	200	200	200
估计方法	OLS	OLS	OLS	OLS	OLS	OLS

注：*、**、*** 分别表示 10%、5%、1% 的显著性水平；括号中表示 Z 值或 T 值对应的稳健标准误，"—"表示"未控制"，[ ] 表示对应的 P 值。

资料来源：2017～2018 年的调查数据。

在模型（2）中考虑了流转租金形态变量，其系数在 10% 的显著性上显著，这说明，相比人情租约，签订货币租约有利于提升转入地地块的秸秆还田量，也与表 8-8 的分析结论一致。模型（3）仅仅考虑契约特征（书面还是口头协议）对地块秸秆还田行为的影响，结果发现签订书面协议有利于提高转入地块的秸秆还田量。模型（4）和模型（5）分别考察契约期限与契约特征、契约期限与租金形态对秸秆还田行为的影响，结果发现模型（5）中租金形态影响并不显著；模型（6）在同时考虑契约期限、租金形态、契约特征三者的影响时，仅仅发现，在农地流转中签订长期契约和书面协议有利于提升转入地秸秆还田量，有利于转入户保护转入地块的耕地质量。值得说明的是，并未在表 8-12 的估计中控制地块、农户、家庭、投入等变量。为结果的稳健性，在附表 1-8 至附表 1-9 中分别考虑了上述控制变量并分别对转入地块和发生流转家庭自有承包地块的秸秆还田行为采用了 OLS 和 Tobit 模型进行估计，结果仍然发现，相比签订短期契约，签订长期契约能够提高秸秆还田量。

当考察农地流转的家庭在扩大了规模经营之后，签订流转租金形态和契约期限的长短，是否会导致自家最大承包地块的"秸秆还田行为"发生变化和影响时，附表1-6的估计结果显示，契约期限的影响分别在10%和5%的显著性水平上产生正向影响，而流转租金形态影响仍然不显著。这表明，针对发生流转的农户，转入地块签订的流转期限越长，越有利于农户增加自家承包地的地块的秸秆还田量；这就从侧面凸显了农地产权属性对于耕地保护的影响，可以得到一个普遍性的结论：农地产权归属越清晰越有利于耕地质量保护。

除此之外，值得注意的是，经营规模与其平方项对农户的在地块上的秸秆还田行为影响呈现出正"U"形关系，这表明秸秆还田量随着农户的土地经营规模的扩大呈现出"先下降而后逐步上升"的趋势，通过计算可以得出，当转入地块规模超过10.629亩时①，秸秆还田量会逐步增大，也即转入土地的农户会逐步提升耕地质量保护行为。事实上，流转契约期限与农地产权有着十分紧密的联系：通常，长期流转的契约期限对应于清晰的产权关系，而短期流转契约期限与模糊的农地制度紧密相关。

此外，开展农地确权的主要政策目标之一就是规范农地流转行为、完善农地租赁市场，提高土地利用效率和保护土地生态安全。但已有研究仍然存在争议，为此，有必要在接下来的部分中继续进一步探究"农地确权政策是否对农户的耕地质量保护行为产生了影响以及产生了何种影响"。

8.5.3 进一步研究：农地确权对耕地质量保护行为的影响

如果土地的产权模糊，那么会降低地权的安全性与稳定性，无法预期到可预见的未来收益时，粮食种植户将采取掠夺式经营方式，最终危害了地力可持续（Holden et al.，2011）。近年来，兴起的农地确权就是为了解决产权模糊问题和激发农户投资热情进而采取耕地质量保护行动（Deininger et al.，2011）。由经典的制度经济学核心观点易知，政府为农地颁发法律凭证（确权）之后，将带来如下良性效益：更为完整的产权、更为清晰权利边

---

① 可以计算出附表1-9模型（1）的"U"形顶点分别为（2.3636，0.8202），其中 $\ln x = 2.3636$，则 $x = e^{2.5} = 10.629$。

界、更为长久的经营期限、更加法制化的权益保障，因此必然能够有利于耕
地保护。

　　值得注意的是，中国政府也于 2008 ~ 2018 年快速推进和完成了农村耕
地的土地确权登记颁证；确权给土地利用带来的影响已备受关注（林文声
等，2018；应瑞瑶等，2018）。但已有研究多从农地流转、农户视角出发进
行了分析，较少从地块样本出发进行探索（周力与王镱如，2019），原因在
于地块样本数据十分难以获取，但土地利用行为和耕地保护是地块层面的事
务，不控制地块本身的某些自然特征，就无法得出准确的估计结果。因此，
本章重点拟从地块层面的数据探索农地确权对耕地养分平衡和土壤有机质提
增的影响（见表 8 - 13 和表 8 - 14）。

表 8 - 13　　　　　　　　　农地确权对耕地养分平衡的行为的影响

| 变量 | 模型（1） | 模型（2） | 模型（3） | 模型（4） |
	尿素施用量	尿素施用量	复合配方肥施用量	复合配方肥施用量
	转入地	自有地	转入地	自有地
是否确权	- 0.337 （1.064）	3.019 *** （0.784）	- 3.865 * （2.251）	0.476 （1.614）
常数项	18.386 *** （5.140）	9.183 *** （2.868）	31.521 *** （10.177）	49.776 *** （7.454）
其余控制变量	已控制	已控制	已控制	已控制
时间固定	已控制	已控制	已控制	已控制
省份固定	已控制	已控制	已控制	已控制
Wald 值	21.75 [0.003]	503.91 [0.000]	40.42 [0.002]	681.38 [0.000]
地块样本量	288	891	288	891
调整的 R^2	0.094	0.259	0.128	0.213
Bootstrap 次数	200	200	200	200
估计方法	OLS	OLS	OLS	OLS

　　注：*、**、*** 分别表示10%、5%、1%的显著性水平；括号中表示 Z 值或 T 值对应的稳
健标准误，"—"表示"未控制"，[ ] 表示对应的 P 值。
　　资料来源：2017 ~ 2018 年的调查数据。

农地确权指标的含义是：是否已经确权颁证登记；由于调查数据的时间 2017～2018 年，可以获取已经颁证的多数地块和将要颁证确权的地块的数据。因此，实证探索是否确权颁证在不同产权属性地块上的投资行为差异是有意义的。由表 8 - 13 可知，农地的确权颁证负向影响转入地块的尿素和复合配方肥，这说明，农地确权有利于降低转入地块的化肥投入，进而改善耕地质量状况；而农地确权后将使得农户增加自家地块上的尿素施用量为 3.019 千克/亩，表明农地确权颁证通过强化了农地产权属性刺激了农户加大对农地地块的投资行为，不利于耕地养分平衡。

表 8 - 14 显示了农地确权对耕地有机质提升的影响结果。结果发现，无论地块产权属性如何，农地确权均不影响农户的机肥施用行为；相比那些没有进行确权颁证的自有地块，已经确权的农地地块的秸秆还田量会增加，也就是说农地确权有利于增加农户自有承包地的土壤有机质。

表 8 - 14　　　　　　　　　　农地确权对耕地有机质提升的影响

变量	模型（1）	模型（2）	模型（3）	模型（4）
	有机肥施用量	有机肥施用量	秸秆还田量	秸秆还田量
	转入地	自有地	转入地	自有地
是否确权	17.674 (14.669)	23.193 (22.082)	- 0.008 (0.044)	0.083 *** (0.020)
常数项	- 58.334 (65.566)	- 202.046 ** (90.22)	0.548 ** (0.237)	0.697 *** (0.086)
其余控制变量	已控制	已控制	已控制	已控制
时间固定	已控制	已控制	已控制	已控制
省份固定	已控制	已控制	已控制	已控制
Sigma 常数项	6141.168 *** (960.555)	18934.242 *** (3265.329)	—	0.053 *** (0.003)
LR 值/Wald 值	14.70 [0.006]	40.58 [0.002]	67.77 [0.000]	1073.67 [0.000]
地块样本量	288	891	288	891

续表

变量	模型（1）	模型（2）	模型（3）	模型（4）
	有机肥施用量	有机肥施用量	秸秆还田量	秸秆还田量
	转入地	自有地	转入地	自有地
伪 R²/调整的 R²	0.011	0.026	0.323	0.922
对数似然值	−663.663	−775.298	—	−45.708
估计方法	Tobit	Tobit	OLS	Tobit

注：＊、＊＊、＊＊＊分别表示 10%、5%、1% 的显著性水平；括号中表示 T 值对应的稳健标准误。"—"表示"未控制"，［］为对应的 P 值。

资料来源：2017～2018 年的调查数据。

　　总之，本章基于地块调查数据的研究得出，短期内，农地确权出了提升了自有地上的秸秆还田量和降低了转入地块的复合配方肥的施用量之外，对耕地养分平衡和有机质提升并未产生明显积极的影响，与周力和王镈如（2019）的研究结果类似。上述结论与已有的研究文献（应瑞瑶等，2018；林文声与王志刚，2018；钱龙等，2020）等得出的"积极性"结论有所不同①，原因可能在于与本章采用了地块层面的数据有关，相比普通的农户数据，能够控制地块本身的自然特性带来的影响，此外，本章还增加了如"种子、机械、劳动等"投入变量（本身与肥料施用量和产出相关）的控制，结果更为可靠。不仅如此，学者胡雯等（2020）研究得出，确权虽然促进了水稻种植户的长期投资行为（农业机械），但也抑制了稻农的包括短期化（机械化服务）投资。张连华等（2020）也认为确权政策不影响粮食种植农户的短期保护行为，虽然增强了经营主体的耕地保护意识，但弱化了经济回报对于保护行为的激励作用。周力与王镈如（2019）通过对地块层面的数据，对地块属性（自有承包地和转入地）进行分类后发现，对转入

---

①　并不是他们使用了工具变量解决了内生问题而导致的"符号差异"，原因在于参照丰雷等（2013）和林文声等（2018）的研究中引入的"县域内除该农户外其他农户获得新一轮确权证书的比例"作为"农地确权"的工具变量，本身就争议性很大（该变量虽然与农地确权高度相关，但不满足与误差项不相关的条件）；此外，农地确权作为一个外生政策冲击变量引入模型，本身就属于"外生变量"。

地而言，对于秸秆还田等耕地质量保护行为没有显著影响，与本章研究结果一致。胡新艳等（2017）针对"投资激励如何被农地确权路径"进行了研究，得出"农地确权→农地流转→投资激励"作用路径并不显著。孙琳琳等（2020）也研究得出土地确权对小规模、中西部省份以及较低生产率农户的农地投资没有显著的影响。或许，正如陈铁与孟令杰（2007）所给出的解释那样：现阶段影响中国农户长期投资的主要因素可能在土地制度之外，或者短期内农地确权改善耕地质量的实际效果仍未显现。

8.6 本章小结

土地是人类的生存之本、发展之源，是人类文明的基本组成部分，保护耕地意义重大而影响深远。近年来，耕地质量下降和土地污染日益严重已是不争的事实。中国全国范围内的耕地随着等别提高而质量持续降低，威胁到了粮食与食物安全，而粮食安全是国家安全的重要基础。面对粮食安全问题和日益下降的耕地质量现况，除了依靠农业科技进步以外，农业规模经营和耕地质量提升也是解决的重要路径。农地流转能够推进土地规模经营，农地确权能够强化农户的土地产权，然而中国农村农地流转市场体现出了大量的"非正式性"：包括不收取租金的无偿化人情租流转、短期甚至无固定期限的契约协议等，第7章论述了租金形态和契约期限视角对土地生产率产生的影响，那么本章继续深入论述了租金形态和契约期限视角对不同产权属性的耕地质量保护行为的影响。主要得出以下三点结论。

第一，农地流转中，选择货币租流转形态和长期流转协议，能够促进转入地复合配方肥用量的降低，利于改变过量投入复合配方肥的"掠夺式经营"模式，有利于促进耕地的营养平衡，保护耕地地力可持续。相比农地流转中签订3年以内的短期交易契约，签订3年以上的长期契约能够使得农户在单位面积的地块上少施用复合配方肥3.037千克/亩～3.767千克/亩。在人情租流转形态下，相比同时达成短期和口头契约，签订长期和书面协议能降低转入地农户在自家承包地块的复合配方肥施用量。

　　第二，农地流转交易中签订长期契约和货币租有利于提高转入户在转入地块的有机肥施用，能够改善耕地质量。针对发生流转的农户，在转入地块上签订的流转时限越长，越有利于农户增加自家承包地地块的秸秆还田量。这就从侧面凸显了农地产权属性对于耕地保护的影响，可以得到一个普遍性的结论：农地产权归属越清晰越有利于耕地质量保护。

　　第三，但就农地确权对耕地质量保护行为的实证得出：短期内，农地确权除了有利于提升自有地上的秸秆还田量和降低了转入地块的复合配方肥的施用量之外，对耕地养分平衡和有机质提升并未产生明显积极的影响。可能的原因是，农地确权对农地产权的强化以及提升耕地质量的影响都是一个"长期"的过程，类似于短期的截面数据还无法精准评估"农地确权政策的积极影响"。农地确权，从中国土地产权的视角和历史的长河来看，是必须的，也是重要的，对其影响的评估需要长时间的历史数据的支撑和时间的检验。

第 9 章

研究结论与政策建议

本章主要回答问题五：国家政策应该如何对待采取非正式农地流转的农户流转行为？由前面的论述可知，发生在亲友邻里间并采取"人情租（或零租金）、短期契约、口头协议"等非正式农地流转行为大量存在，已是不争的事实。开展非正式农地流转的相关研究，可以为规范农地流转行为、完善农地租赁市场提供决策参考，对于推进适度规模经营、保障国家粮食安全以及促进乡村振兴等具有重要意义。那么，中国农村非正式农地流转形成的经济学机理是什么？非正式农地流转的存在又将会产生什么样的影响？围绕这一核心问题，全文重点探究了非正式农地流转形成的宏微观机理，并采用 2017～2018 年的地块调查数据，针对非正式农地流转对土地生产率、耕地质量保护的影响进行了估计。那么本章主要内容是对全书的基本结论进行概述并提出建议和给出展望，分三个部分：一是基本结论；二是政策建议；三是研究展望。

9.1 主要研究结论

全书基于宏观统计数据和微观调查数据，结合描述性统计分析与计量实证分析方法，对中国非正式农地流转进行了深入研究，主要得出以下结论：

第一，中国非正式农地流转行为普遍存在，不容忽视。首先，已有文献指出了中国非正式农地流转行为的普遍存在性。王亚辉等（2018）基于

2003～2013 年农业部农村固定观察点系统的 169511 个住户样本数据统计发现，人情租农地流转比率超过了 50%；他在对山区、丘陵、平原等进行分类统计得出，人情租农地流转比率分别为 62.8%、54.6%、45.6%。钱忠好等（2016）根据 2013 年对江苏、广西、湖北和黑龙江 4 省的调查数据显示，仍然有超过 30% 的土地流转形式属于人情租。何欣等（2016）对 2015 年进行的第三次中国家庭金融调查数据统计后也显示，大约有 42.5% 的流转属于"无偿"交易。其次，本章在概念界定部分，率先将非正式农地流转定义为包含零租金流转和人情租流转、签订口头协议或者无协议、无固定期限的农村民间土地流转交易市场。最后，本章运用 CHIP2013 微观数据，统计分析了中国非正式农地流转的现实情况和空间分布。统计得出：中部省（区、市）无偿农地流转占比最大为 48.50%，西部为 38.0%，经济发展水平最高的东部省份占比最低，但也有 30.96%。2014 年的调研 14 个样本省份平均较大程度地发生了非正式农地流转行为，湖南、山西两省分别高达 82.65%、71.18%，最低的为江苏省，仅仅为 9.80%；值得注意的是，重庆市与四川省的非正式农地流转率分别高达 61.24% 与 41.16%。

第二，中国非正式农地流转的形成并不具备偶然性，是在中国情景中的宏观背景与微观机制共同作用下的必然结果。宏观原因：在产业时代背景下，"以农为生"的格局嬗变是低租金流转的开端；在城乡中国格局中，农业剩余劳动力的产业转移并不再"以地为生"，为非正式流转的形成奠定了基础；在熟人社会网络中，人情网络与口头合约一定程度上降低了农地流转交易费用；在农地制度框架内，受限制农地产权制度约束助推了非正式短期流转交易行为。微观机理部分研究得出：

首先，交易费用视角：如果当地农地流转市场欠发育，流转的交易成本十分高昂，那么更可能会促进货币租流转面积的减少，而人情租流转面积的增加。理论上来讲，农地确权颁证后，因为确权明确了农村承包地面积、位置和权属关系，能够减少纠纷，最终减少流转交易成本。

其次，效用函数视角：当人情租金所包含的风险收益的边际效用小于货币租金的边际效用时，农户会选择正式农地流转市场上的货币租流转；反之，则当农户会选择非正式农地流转市场上的人情租（或无偿）流转。如果该农户位于中国西部经济落后的山地丘陵地区，地块面积狭小、当地租赁市场发育不足，农地需求小，则有转出农地意向的农户往往会选择非正式农地流转的人情租流转。

最后，契约博弈视角：加入资产专用性、声誉机制、产权风险、就业风险、征用预期收益、保护耕地地力、维系乡里社会网络关系等影响非正式契约因素之后，流转双方的履约空间进一步变大，由此可以推断出一般性流转契约的违约概率高于非正式口头契约的违约概率，表明更为看重货币租金外的其他"隐性收益"的农户，往往会选择签订非正式口头契约。

第三，熟人社会中的"人情"是维系人情租土地流转的纽带，而货币租土地流转关系的缔结是"货币"。生病负债在农地流转中容易因"钱债"而产生"情债"，为还"情债"更容易发生人情租形式的流转行为。养老保险正向显著影响人情租流转选择与结果。医疗保险不影响农户是否选择流转，但负向影响人情租农地流转；保持地力投资对人情租、货币租流转分别产生正向、负向影响。流转地租对农户是否流转影响为正，但对人情租形式影响为负而对货币租形式的影响为正；当土地租金每提高 1%，则人情租、货币租流转分别提高 -1.80% 与 1.47%。是否确权正向显著影响农户选择货币租流转形式，与未确权的农户相比，确权后的货币租农地流转率增加了约 3.8%，即农地确权有利于农地流转的正式化。

第四，租金形态和契约期限显著影响土地生产率。首先，货币租形态显著影响地块生产率。相比人情租流转的地块，采取货币租流转的地块能提升土地生产率；当租金形态变量上升 1 个标准差，则转入地块生产率提高 0.077 个标准差，即提高 3.84 个百分点。其次，签订长期契约能显著提高地块生产率。如果转入农地的规模经营户在流转农地时签订 3 年及以上的长期契约协定，能够提升转入地块的土地生产率。相较于短期契约，签订长期契约的规模户也能使得自家承包地块生产率提升 7.5% ~ 9.6%；无论地块的属性如何，长期契约在提高地块的生产率均优于短期契约。最后，农地流转利于提高地块层面的土地生产率。土地流转是从低生产率的农户转出到高生产率的农户手中，在中国耕地总规模保持不变的情况下，流转土地能优化土地资源配置与提高中国农业整体的生产率。规模经营与地块生产率之间存在着倒"U"形关系。这说明在土地经营规模超过拐点的阶段后，"反向关系"在经营规模与单要素生产率之间也是存在的。故此，本章可能从地块数据层面对仍然存在争议的"反向关系"提供了新的佐证。

第五，租金形态与契约期限显著影响耕地的养分平衡和有机质提增。①在农地流转中，选择货币租和长期流转协议，能够促进转入地复合配方肥用量的降低，有利于促进耕地的营养平衡，保护耕地地力可持续。相比农地流转中签订 3 年以内的短期交易契约，签订 3 年以上的长期契约能够使得农户在单位面积的地块上少施用复合配方肥 3.037 千克/亩～4.394 千克/亩。②农地流转交易中签订长期契约和货币租有利于提高转入户在转入地块的有机肥施用，能够改善耕地质量。转入地块签订的流转时限越长，越有利于农户增加自家承包地的地块的秸秆还田量；这就从侧面可以得到一个普遍性的结论：农地产权归属越清晰越有利于耕地质量保护。③短期内，农地确权仅仅有利于提升自有地上的秸秆还田量和降低了转入地块的复合配方肥的施用量，而对耕地养分平衡和有机质提升并未产生明显积极的影响。

9.2　政 策 建 议

上述结论在深化了对中国农地租赁市场的认识的同时，可以为规范农地流转、完善租赁市场、推进适度规模经营提供决策参考。依据上述结论，本章提出如下几点政策建议：

第一，正确认识与理性对待非正式农地流转的存在性与普遍性①。当前

---

① 当前，中国农地流转市场的人情租流转形态的存在，具有一定的合理性，即"存在即合理"，不仅如此，实际调查中的短期契约的存在也具有一定的合理。调研访谈中得到，短期契约存在具有天然的合理性：其一，短期契约可以使得农地交易双方依据农产品价格调整地租。转出户依据农产品价格调整下一年度地租，"并不关心地力保护"；转入户则依据上一年度的农产品价格带来的利润盈亏灵活调整生产经营规模，为实现利润最大化，开展"掠夺式经营"，危害地力。其二，短期契约可以应对就业风险与获得预期征收价值。转出户往往因从事其他更高收入的行业而流转土地，当发生失业时，短期契约方便及时终止，满足失业农民返乡就业；另外，当突发征地时，短期契约能够方便转出户及时收回土地等待被征用。对于转入户来讲，短期契约则可以减轻"随时毁约"对农事生产造成的风险。其三，短期契约并不会增加流转双方的交易成本，乡土中国与熟人社会造就了村民邻里之间存在较好的信誉机制，口头承诺能够解决流转交易中所谓的"菜单成本"问题。

中国农村土地流转市场具有很强的非正式性：一是流转租赁价格出现了大量的无偿化、人情租、零租金现象；二是口头约定主导了非正式交易市场的契约形式；三是交易期限短且不固定。非正式农地流转在现阶段对缓和人地关系、扩大农户经营规模、减少耕地抛荒等有积极作用，需要引起政府和学界的重视。而针对农地流转价格偏离问题：一是实现县域农地交易市场的供给与需求的网络化与信息化。以县（市、区）为基础成立流转市场价格指导中心、建设流转网络平台，实现当地流转市场信息的实时共享，逐步形成均衡市场价格，完善农地租赁市场。二是无偿化、零租金流转的形成主要是缘于隐性人情交换降低了农地正式流转中的交易费用、保护了产权稳定与规避了风险。为此，成立公益性村庄流转帮助中心，专项负责无偿流转土地的规范化与市场化，通过第三方无偿服务形式化解农户与经营者之间的交易成本。另外，村庄组织应该大力宣传农地确权的科学内涵，突出强调三权分离是为了保护农户承包权的稳定，使其放心流出。三是高租金的形成是确权后农户的"价格幻觉"和承租者的"利润幻觉"的结果，导致了产权意识强化和政府介入时的高位地租失灵。为此，政府主导型流转应该提供无偿服务，放活市场，让市场在农户增收和经营者获利之间寻求均衡，妥善解决"弃租"问题。针对市场合约与交易期限问题：一般来讲，长期合约一般对应于一个正式性的书面交易协议，而短期合约一般与非书面化的口头承诺对应。采用补贴方式鼓励农户与经营者签订书面合约和长期合约，推动完善预付租金机制，预付租金能够降低经营者违约事件，使得农户获得稳定的预期租金收益，也能使得经营者获得长期而稳定的经营权利，对于交易双方均是理性选择。

第二，规范农地流转行为，促进正式农地流转市场发育。首先，建立村级农地交易中心，成立承包地经营权的抵押贷款专柜，提供农地流转服务以及为生病负债家庭农地的抵押贷款服务，提高熟人社会交易的市场化程度，推动非正式农地市场逐步转型，逐步实现"人情租"换"货币租"。其次，通过"以地养老""以地换社保"等新模式与承包权有偿退出相结合，逐步强化与完善农村养老、医疗保险体系，通过权益置换，实现农村居民在医疗、养老服务就地同城均等化。推行有差别的地力保护补贴政策，鼓励小农户的短期投资与规模户的长期投资，同时成立地力保护小组，构建地力评价体系，对规模户耕种的耕地进行流转前后的地力测量评估，依据测量结果，征收地力保护税收和发放地力保护奖补，逐步改善地力，带动绿色生产。最后，建立健全地价信息定期公布制度和农用土地价格评估制度，科学确定各地农地租赁市场基准地租，提高农户转出农地的积极性，逐步推动小农户选择正式的货币租流转。鼓励开创村镇新业态，增加非农就业机会，并推行土地流转风险保障金和履约保险双轨运行机制，完善土地流转风险防范机制，让农户"有信心"参与正式化流转。

第三，完善生产经营补贴制度，促进流转契约长期化。首先，可以通过创新补贴制度的完善，一方面，对于签订 3 年以上长期契约的转入户进行奖励，并依据不同的契约时长给予不同的"梯度补贴"，以鼓励农户之间在进行土地流转交易时签订长期契约，促进契约长期化。同时，出台系列鼓励转入户长期分类投资的政策方案（可以尝试包括降低有机肥料价格的补贴制度以及各类长期投资补贴制度），逐步改善耕地地力。另一方面，对于农地转出户也要完善相应的约束制度和租金补贴制度，促使其放弃依据粮食价格波动浮动租金进而签订短期契约。其次，也可以通过法律形式将维护承包地地力写入转出转入双方农户拥有的"义务"中，建立一套农地长期投资效果评估体现和逐步形成动态实时地力肥力观测数据库以及评价监督体系，逐步形成并完善地力危害惩罚机制，对于享受补贴而地力考核评价不合格者给予高于补贴金额的惩罚机制。最后，逐步形成一套包括"长期契约→补贴奖励→长期投资→地力评估"地力可持续政策体系。

第四，继续强化赋予与细化完善农户的土地产权权利。在农地确权后，需要继续细化农户承包权的继承权、收益权、退出权等权能边界与交互关系，逐步发挥农地确权颁证后对于纠纷减少、规范农地流转市场的长效作用。逐步清晰界定已经被广泛接受的"成员权"，限定承包权的主体资格与范围。由于地块产权属性不同会影响到农户的投资行为，因此可以尝试在合适的地区，探索推进"承包权股份制"改革，将地块权利转换成拥有的平等股份，将"人人有份"的成员权转换成"人人可分"的平均收益权或者"股份权"，逐步将"统分结合"的"分"过渡到"统"，在村庄的具体实践中坚持"宜统则统、宜分则分"。推进承包地股份制改革，既可以解决在现有土地承包制度下，农村人地不匹配矛盾在大多数地区在承包时期内表现为"常态"的问题，也可以强化农户对土地的收益权利，便于流转的同时还能保障村庄内部的"公平"。

9.3 研究展望

随着土地"长久不变"政策[1]和"再延长三十年"的承包地延包思路出台，在对待土地问题遵循"保持历史的耐心"和"基本稳定"的基础之上，到下一个承包期期限结束之前（2057~2058年），中国农村的"人地关系"不会发生较大的变化。也就是说，未来的30多年内，现阶段土地细碎化的格局仍然不会改变或减弱，甚至可能会因为"局部的私下小调整"而变得更为严重，因此，土地的规模经营[2]和农业现代化仍然有很长的路要走。

随着中国城镇化水平的不断提升（农村人口必然不断减少），未来仍然有更多的农村劳动力迁移到城市就业，甚至随着农村承包地、宅基地有偿退出政策的逐步深入实施，将会有更多农村人口退出经营耕地、迁出农村与在城镇安家落户，而进城落户农民在农村的承包地仍然受到法律与政策保护[3]，因此意味着未来中国一定会出现大批量的"不在地主"人群。其个人名下的承包地，除了少部分有偿退出以外，该何去何从？处置方式不过于选择流转（货币租流转或人情租流转）、社会化服务、抛荒（为法律明文禁

---

[1] 参见《中共中央 国务院关于保持土地承包关系稳定并长久不变的意见》。

[2] 服务的规模经营（社会化服务的兴起），虽然近些年快速兴起，但无法彻底解决土地规模化问题，无法完全替代全国流转率高达37%的土地流转；因为尽管社会化服务在提升农业产出上更具有优势，但土地流转在扩大种植收益、提高家庭收入和降低社会化服务的交易成本等方面仍然具有十分重要的作用（钟真等，2020）。

[3] 2021年的中央一号文件《中共中央 国务院关于全面推进乡村振兴 加快农业农村现代化的意见》明确提出："保障进城落户农民土地承包权、宅基地使用权、集体收益分配权，研究制定依法自愿有偿转让的具体办法。"

止，连续抛荒三年，村集体有权收回其承包权）等。土地流转在提高收益方面的优势而仍然会使其成为"不在地主"的主要选择。因此，未来大量的"不在地主"会采取哪种流转方式（货币租或人情租）？又会选择哪样的流转契约期限和协议形式？随着土地租赁市场的不断发育完善，"不在地主"的群体是否会逐步放弃选择非正式农地流转而选择正式农地流转市场？农地流转行为是否会规范化？在城镇中长大完全不熟悉"种地"的二代"不在地主"又会选择哪个市场和采取哪种方式？等类似问题对于农业生产率、农地投资和耕地质量保护将会产生重要的影响，不容忽视。未来随着经济发展、市场化和信息化的提高，农村土地租赁市场将完善，长远来看，非正式农地流转可能也会随之消失，取而代之的是正式的货币租流转市场。

　　规范农地流转市场、推进土地规模经营与实现农业现代化，保障粮食安全、推进绿色生产与实现健康中国，仍然有很长的路要走。不仅如此，乡村振兴的关键路径就是农业人口的持续减少、土地经营规模的持续扩大、农村产业的逐步兴旺，最终实现农民人均收入的大幅度提升。因此，非正式农地流转的相关研究对于规模化经营、农业现代化、乡村振兴和保障国家粮食安全意义重大、影响深远。如前面所述，本章指出了中国非正式农地流转的客观存在和普遍性，既是在中国情景的宏观背景下土地制度与时代结合产物，又是微观机制作用下的必然结果，还深入讨论了非正式农地流转对中国现阶段的土地生产率、耕地质量保护可能产生的影响，具有一定的创新性和学术价值。纵然如此，在以下几个方面，仍有待于进一步完善。

　　第一，地块样本量受限问题。受到经费的限制，本章最后两章实证部分数据采用了 2017～2018 年的地块调查数据，该数据统计了未流转农户家庭的最大地块和流转农户最大转入地块与自有地块；土地转入户仅仅为 288 户，存在 228 块最大转入地块；契约期限和租金形态等变量均发生与转入户中，因此后文实证结果显示的样本量均较小；故在研究农业生产率过程中无法通过该数据测算出农业的全要素生产率、技术效率等，只能用简单的土地生产率代替。此外，该地块调查数据仅仅只调查了湖南、江西两省和水稻品种，所得出的结论可能会因为省份调查规模的扩大和农产品品种的更换而有所不同，可能对于其他地域性差异较大的北方省份或者其他粮食作物不具普适性。今后若能得到其他来源数据，将会进一步对非正式农地流转产生的影响这一系列问题进行深入探讨，以期使结果更加稳健。如果能获得CHIP2018 和其他更新的数据之后，我们将进一步拓展本次研究，以后的本人的研究方向也将聚焦于此。针对耕地质量保护问题，未来我们的研究将持续开展专项的土地质量检测（pH 值、主要土壤元素含量、有机质含量、重金属污染等）的系统性、专业性数据调查与研究。

第二，关于农地确权评估问题。已有文献论证了农地确权政策提升了土地租金（程令国等，2016；张曙光与程炼，2012；罗必良，2017）。随着农地确权的工作全面结束（2019 年底），那么，流转中的人情租会不会因为流转价格的提高而逐步减少甚至消失呢？对选择人情租农民的收入又影响如何？农地确权政策到底会不会影响这类人情租流转行为，如果会，影响又有多大？引人深思。因此，下一步有必要依托长时期的面板数据，针对农地确权对于非正式农地流转的影响进行评估。此外，规模经营与土地生产率关系问题：土地规模经营与土地生产率之间的非线性关系说明，只有"适度而不是过大"的规模经营，才能提高地块的生产率，过大的经营规模会导致规模不经济，生产率必定会下降。"反向关系"在经营规模与单要素生产率之间也是存在的，"反向关系"应该存在于"过大"的经营规模中。虽然，本章从地块数据层面对仍然存在争议的"反向关系"提供了新的佐证。但是，囿于数据样本限制本章并没有测算技术效率、全要素生产率，以及测算其与地块面积之间的反向关系。

第三，研究内容的问题。本书仅仅探究了非正式农地流转行为对土地生产率、耕地质量保护两个方面产生的影响估计。关于非正式农地流转行为对于流转纠纷、流转双方农户福利的改善、社会网络关系（邻里关系）、村庄无地人口的福利问题、集体统一建设与种植结构和土地利用等方面均会产生重要影响，也都是值得未来进一步观察和探讨的方向。随着国家在农村地区的地力保护补贴（农业支持补贴）政策的完善以及养老、医疗保险、最低生活保障系统的完善，又会对农户的非正式农地流转行为产生什么样的影响呢？这些都为未来的研究提供了可探寻的空间。此外，在"直接顺延"政策背景下，通过现阶段农村默认的"继承"方式获得的农村承包地的二代

"不在地主"又如何实现耕地的流转、经营、收益和代际分配？"不得调地"政策的大背景下，如何实现进城落户人员与其子女两代之间的土地承包权利的代际传承？如何实现进城落户人员子女与新出生的农村人口之间的地权公平保障？这也可能是未来需要探索的方向。

参 考 文 献

[1] 毕宝德. 土地经济学 [M]. 7 版. 北京: 中国人民大学出版社, 2016.

[2] 陈斌开, 马宁宁, 王丹利. 土地流转、农业生产率与农民收入 [J]. 世界经济, 2020, 43 (10): 97-120.

[3] 陈海磊, 史清华, 顾海英. 农户土地流转是有效率的吗？——以山西为例 [J]. 中国农村经济, 2014 (7): 61-71, 96.

[4] 陈海磊. 土地流转对农业生产效率的影响研究 [D]. 上海: 上海交通大学, 2015.

[5] 陈杰, 苏群. 土地流转、土地生产率与规模经营 [J]. 农业技术经济, 2017 (1): 28-36.

[6] 陈美球, 冯黎妮, 周丙娟, 邓爱珍. 农户耕地保护性投入意愿的实证分析 [J]. 中国农村观察, 2008 (5): 23-29.

[7] 陈强. 高级计量经济学及 Stata 应用 (第二版) [M]. 北京: 高等教育出版社, 2014.

[8] 陈铁, 孟令杰. 土地调整、地权稳定性与农户长期投资——基于江苏省调查数据的实证分析 [J]. 农业经济问题, 2007 (10): 4-11, 110.

[9] 陈锡文, 罗丹, 张征. 中国农村改革 40 年 [M]. 北京: 人民出版社, 2018.

[10] 陈训波, 武康平, 贺炎林. 农地流转对农户生产率的影响——基于 DEA 方法的实证分析 [J]. 农业技术经济, 2011 (8): 65-71.

[11] 陈曜, 罗进华. 对中国农村土地流转缓慢原因的研究 [J]. 上海经济研究, 2004 (6): 29-35.

[12] 陈奕山, 钟甫宁, 纪月清. 为什么土地流转中存在零租金？——

人情租视角的实证分析 [J]. 中国农村观察, 2017 (4): 43 - 56.

[13] 陈奕山, 钟甫宁, 纪月清. 有偿 VS 无偿: 耕地转入户的异质性及其资源配置涵义 [J]. 南京农业大学学报 (社会科学版), 2019, 19 (6): 94 - 106, 159.

[14] 陈奕山. 城镇化背景下耕地流转的租金形态研究 [D]. 南京: 南京农业大学, 2017.

[15] 陈奕山. 人情: 中国的一种农地租金形态 [J]. 华南农业大学学报 (社会科学版), 2018 (5): 1 - 10.

[16] 陈志刚, 曲福田, 黄贤金. 转型期中国农地最适所有权安排——一个制度经济分析视角 [J]. 管理世界, 2007 (7): 57 - 65, 74, 171 - 172.

[17] 程令国, 张晔, 刘志彪. 农地确权促进了中国农村土地的流转吗? [J]. 管理世界, 2016 (1): 88 - 98.

[18] 仇焕广, 刘乐, 李登旺, 张崇尚. 经营规模、地权稳定性与土地生产率——基于全国 4 省地块层面调查数据的实证分析 [J]. 中国农村经济, 2017 (6): 30 - 43.

[19] 大卫·李嘉图. 政治经济学及赋税原理 [M]. 北京: 华夏出版社, 2013.

[20] 邓大才. 农地流转的交易成本与价格研究——农地流转价格的决定因素分析 [J]. 财经问题研究, 2007 (9): 89 - 95.

[21] 邓大才. 试论农村地产市场发育的障碍及对策 [J]. 中国软科学, 1997 (11): 22 - 29.

[22] 邓伟志. 社会学辞典 [M]. 上海: 上海辞书出版社, 2009.

[23] 董国礼, 李里, 任纪萍. 产权代理分析下的土地流转模式及经济绩效 [J]. 社会学研究, 2009, 24 (1): 25 - 63, 243.

[24] 杜尔阁. 关于财富的形成和分配的考察 [M]. 北京: 华夏出版社, 2007.

[25] 段毅才. 西方产权理论结构分析 [J]. 经济研究, 1992 (8): 72 - 80.

[26] 范传棋，范丹. 高额耕地租金：原因解析与政策启示 [J]. 四川师范大学学报（社会科学版），2016，43（6）：114 – 120.

[27] 费孝通. 乡土中国 [M]. 北京：生活·读书·新知三联书店，2013.

[28] 丰雷，蒋妍，叶剑平，朱可亮. 中国农村土地调整制度变迁中的农户态度——基于1999 ~ 2010 年17 省份调查的实证分析 [J]. 管理世界，2013a（7）：44 – 58.

[29] 丰雷，蒋妍，叶剑平. 诱致性制度变迁还是强制性制度变迁？——中国农村土地调整的制度演进及地区差异研究 [J]. 经济研究，2013b，48（6）：4 – 18，57.

[30] 丰雷，张明辉，李怡忻. 农地确权中的证书作用：机制、条件及实证检验 [J]. 中国土地科学，2019，33（5）：39 – 49.

[31] 丰雷，郑文博，张明辉. 中国农地制度变迁70 年：中央—地方—个体的互动与共演 [J]. 管理世界，2019，35（9）：30 – 48.

[32] 丰雷. 新制度经济学视角下的中国农地制度变迁：回顾与展望 [J]. 中国土地科学，2018，32（4）：8 – 15.

[33] 付江涛，纪月清，胡浩. 新一轮承包地确权登记颁证是否促进了农户的土地流转——来自江苏省3 县（市、区）的经验证据 [J]. 南京农业大学学报（社会科学版），2016，16（1）：105 – 113，165.

[34] 盖庆恩，朱喜，程名望，史清华. 土地资源配置不当与劳动生产率 [J]. 经济研究，2017，52（5）：117 – 130.

[35] 盖庆恩，程名望，朱喜，史清华. 土地流转能够影响农地资源配置效率吗？——来自农村固定观察点的证据 [J]. 经济学（季刊），2021（1）：321 – 340.

[36] 高建设. 农地流转价格失灵：解释与影响 [J]. 求实，2019（6）：92 – 106，110.

[37] 高名姿，张雷，陈东平. 差序治理、熟人社会与农地确权矛盾化解——基于江苏省695 份调查问卷和典型案例的分析 [J]. 中国农村观察，2015（6）：60 – 69，96.

［38］格林．计量经济分析［M］．北京：中国人民大学出版社，2011．

［39］郭熙保，苏桂榕．我国农地流转制度的演变、存在问题与改革的新思路［J］．江西财经大学学报，2016（1）：78 - 89．

［40］郭小燕．我国耕地地力透支的影响机制及治理对策［J］．农村经济，2020（3）：26 - 33．

［41］国土资源部．中国耕地质量等级调查与评定［M］．北京：中国大地出版社，2009．

［42］韩俊．积极稳妥地推进农民承包土地使用权合理流转［J］．农村经营管理，2003（3）：15 - 16．

［43］何安华，孔祥智．农户土地租赁与农业投资负债率的关系——基于三省（区）农户调查数据的经验分析［J］．中国农村经济，2014（1）：13 - 24．

［44］黄枫，孙世龙．让市场配置农地资源：劳动力转移与农地使用权市场发育［J］．管理世界，2015（7）：71 - 81．

［45］侯光明，李存金．管理非合作博弈机制式表述［J］．中国管理科学，2002（3）：86 - 89．

［46］何欣，蒋涛，郭良燕，甘犁．中国农地流转市场的发展与农户流转农地行为研究——基于2013 ~ 2015 年29 省的农户调查数据［J］．管理世界，2016（6）：79 - 89．

［47］何秀荣．关于我国农业经营规模的思考［J］．农业经济问题，2016，29（9）：7 - 13．

［48］贺雪峰．地权的逻辑Ⅱ：地权变革的真相与谬误［M］．上海：东方出版社，2013．

［49］贺雪峰．取消农业税后农村的阶层及其分析［J］．社会科学，2011（3）：70 - 79．

［50］贺振华．农户外出、土地流转与土地配置效率［J］．复旦学报（社会科学版），2006（4）：95 - 103．

［51］贺振华．外部机会、土地制度与长期投资［J］．经济科学，2005（3）：5 - 14．

［52］洪名勇，钱龙.声誉机制、契约选择与农地流转口头契约自我履约研究［J］.吉首大学学报（社会科学版），2015，36（1）：34-43.

［53］洪名勇.欠发达地区的农地流转分析——来自贵州省4个县的调查［J］.中国农村经济，2009（8）：79-88.

［54］洪名勇.信任博弈与农地流转口头契约履约机制研究［J］.商业研究，2013（1）：151-155.

［55］洪炜杰，胡新艳.非正式、短期化农地流转契约与自我执行——基于关联博弈强度的分析［J］.农业技术经济，2018（11）：4-19.

［56］侯建昀，刘军弟，霍学喜.专业化农户农地流转及其福利效应——基于1079个苹果种植户的实证分析［J］.农业技术经济，2016（3）：45-55.

［57］胡存智.中国耕地质量等级调查与评定（全国卷）［M］.北京：中国大地出版社，2013.

［58］胡凌啸，武舜臣.土地托管的内涵与实现：理论剖析与实践归纳［J］.经济学家，2019（12）：68-77.

［59］胡雯，张锦华，陈昭玖.农地产权、要素配置与农户投资激励："短期化"抑或"长期化"？［J］.财经研究，2020，46（2）：111-128.

［60］胡霞，丁冠淇.为什么土地流转中会出现无偿转包——基于产权风险视角的分析［J］.经济理论与经济管理，2019（2）：89-100.

［61］胡新艳，陈小知，王梦婷.农地确权如何影响投资激励［J］.财贸研究，2017，28（12）：72-81.

［62］胡新艳，罗必良.新一轮农地确权与促进流转：粤赣证据［J］.改革，2016（4）：85-94.

［63］胡新艳，杨晓莹，罗锦涛.确权与农地流转：理论分歧与研究启示［J］.财贸研究，2016，27（2）：67-74.

［64］黄光国.人情与面子：中国人的权利游戏［M］.北京：中国人民大学出版社，2010.

［65］黄季焜，邬亮亮，冀县卿，Scott Rozelle.中国的农地制度、农地流转和农地投资［M］.北京：格致出版社，2012.

［66］黄季焜，冀县卿．农地使用权确权与农户对农地的长期投资［J］．管理世界，2012（9）：76-81，99，187-188．

［67］黄少安，孙圣民，宫明波．中国土地产权制度对农业经济增长的影响——对1949—1978年中国大陆农业生产效率的实证分析［J］．中国社会科学，2005（3）：38-47，205-206．

［68］黄忠怀，邱佳敏．政府干预土地集中流转：条件、策略与风险［J］．中国农村观察，2016（2）：34-44，95．

［69］黄宗智．华北的小农经济与社会变迁［M］．北京：中华书局，2000a．

［70］黄宗智．长江三角洲小农家庭与乡村发展［M］．北京：中华书局，2000b．

［71］黄祖辉，王建英，陈志钢．非农就业、土地流转与土地细碎化对稻农技术效率的影响［J］．中国农村经济，2014（11）：4-16．

［72］纪洋，王旭，谭语嫣，黄益平．经济政策不确定性、政府隐性担保与企业杠杆率分化［J］．经济学（季刊），2018，17（2）：449-470．

［73］纪月清，顾天竹，陈奕山，徐志刚，钟甫宁．从地块层面看农业规模经营——基于流转租金与地块规模关系的讨论［J］．管理世界，2017（7）：65-73．

［74］纪月清，刘迎霞，钟甫宁．中国农村劳动力迁移：一个分析框架——从迁移成本角度解释2003—2007年农民工市场的变化［J］．农业技术经济，2009（5）：4-11．

［75］冀县卿，钱忠好，葛轶凡．交易费用、农地流转与新一轮农地制度改革——基于苏、桂、鄂、黑四省区农户调查数据的分析［J］．江海学刊，2015（2）：83-89，238．

［76］冀县卿，钱忠好．中国农地产权制度改革40年——变迁分析及其启示［J］．农业技术经济，2019（1）：17-24．

［77］江立华．农民工的转型与政府的政策选择［M］．北京：中国社会科学出版社，2014．

［78］姜广辉，赵婷婷，段增强，张凤荣，霍荟阁，谭雪晶．北京山区

耕地质量变化及未来趋势模拟 [J]. 农业工程学报, 2010, 26 (10): 304 - 311.

[79] 金松青, Klaus Deininger. 中国农村土地租赁市场的发展及其在土地使用公平性和效率性上的含义 [J]. 经济学 (季刊), 2004 (3): 1003 - 1028.

[80] 孔祥智, 徐珍源. 转出土地农户选择流转对象的影响因素分析——基于综合视角的实证分析 [J]. 中国农村经济, 2010 (12): 17 - 25, 67.

[81] 匡远配, 陆钰凤. 我国农地流转 "内卷化" 陷阱及其出路 [J]. 农业经济问题, 2018 (9): 33 - 43.

[82] 雷利·巴洛维. 土地资源经济学——不动产经济学 [M]. 北京: 北京农业大学出版社, 1989.

[83] 李承桧, 杨朝现, 陈兰, 程相友. 基于农户收益风险视角的土地流转期限影响因素实证分析 [J]. 中国人口·资源与环境, 2015, 25 (S1): 66 - 70.

[84] 李成龙, 周宏. 农户会关心租来的土地吗? ——农地流转与耕地保护行为研究 [J]. 农村经济, 2020 (6): 33 - 39.

[85] 李德锋. 农业弱质性若干表现及原因分析 [J]. 农村经济, 2004 (11): 77 - 78.

[86] 李登旺, 王颖. 土地托管: 农民专业合作社的经营方式创新及动因分析——以山东省嘉祥县为例 [J]. 农村经济, 2013 (8): 37 - 41.

[87] 李谷成, 冯中朝, 范丽霞. 小农户真的更加具有效率吗? 来自湖北省的经验证据 [J]. 经济学 (季刊), 2010, 9 (1): 99 - 128.

[88] 李金宁, 刘凤芹, 杨婵. 确权、确权方式和农地流转——基于浙江省522户农户调查数据的实证检验 [J]. 农业技术经济, 2017 (12): 14 - 22.

[89] 李静. 农地确权、资源禀赋约束与农地流转 [J]. 中国地质大学学报 (社会科学版), 2018, 18 (3): 158 - 167.

[90] 李孔岳. 农地专用性资产与交易的不确定性对农地流转交易费用的影响 [J]. 管理世界, 2009 (3): 92 - 98, 187 - 188.

[91] 李庆海，李锐，王兆华. 农户土地租赁行为及其福利效果 [J]. 经济学（季刊），2012，11（1）：269 – 288.

[92] 李文明，罗丹，陈洁，谢颜. 农业适度规模经营：规模效益、产出水平与生产成本——基于 1552 个水稻种植户的调查数据 [J]. 中国农村经济，2015（3）：4 – 17，43.

[93] 李学永. 农民土地权利流转制度研究——兼评《物权法》的用益物权制度 [J]. 政法论丛，2008（2）：37 – 41.

[94] 林文声，罗必良. 农地流转中的非市场行为 [J]. 农村经济，2015（3）：27 – 31.

[95] 林文声，秦明，苏毅清，王志刚. 新一轮农地确权何以影响农地流转？——来自中国健康与养老追踪调查的证据 [J]. 中国农村经济，2017（7）：29 – 43.

[96] 林文声，王志刚，王美阳. 农地确权、要素配置与农业生产效率——基于中国劳动力动态调查的实证分析 [J]. 中国农村经济，2018（8）：64 – 82.

[97] 林文声，王志刚. 中国农地确权何以提高农户生产投资？[J]. 中国软科学，2018（5）：91 – 100.

[98] 刘芬华. 是何因素阻碍了中国农地流转——基于调研结果及相关观点的解析 [J]. 经济学家，2011（2）：83 – 92.

[99] 刘丽，吕杰. 农户土地流转契约稳定性研究——基于辽宁省农户调查 [M]. 北京：中国农业出版社，2018.

[100] 刘瑞峰，梁飞，王文超，马恒运. 农村土地流转差序格局形成及政策调整方向——基于合约特征和属性的联合考察 [J]. 农业技术经济，2018（4）：27 – 43.

[101] 刘守英，王一鸽. 从乡土中国到城乡中国——中国转型的乡村变迁视角 [J]. 管理世界，2018（10）：128 – 146，232.

[102] 刘守英. 城乡中国的土地问题 [J]. 北京大学学报（哲学社会科学版），2018，55（3）：79 – 93.

[103] 刘同山，孔祥智. 十个一号文件与农村基本经营制度稳定 [J].

现代管理科学，2013（8）：3 - 5.

[104] 刘文勇，张悦. 农地流转中农户租约期限短期倾向的研究：悖论与解释 [J]. 农村经济，2013（1）：22 - 25.

[105] 龙云，任力. 农地流转制度对农户耕地质量保护行为的影响——基于湖南省田野调查的实证研究 [J]. 资源科学，2017，39（11）：2094 - 2103.

[106] 罗必良. 科斯定理：反思与拓展——兼论中国农地流转制度改革与选择 [J]. 经济研究，2017，52（11）：178 - 193.

[107] 罗必良. 农地经营规模的效率决定 [J]. 中国农村观察，2000（5）：18 - 24.

[108] 罗必良. 农地流转的市场逻辑——"产权强度 - 禀赋效应 - 交易装置"的分析线索及案例研究 [J]. 南方经济，2014（5）：1 - 24.

[109] 罗必良. 农地确权、交易含义与农业经营方式转型——科斯定理拓展与案例研究 [J]. 中国农村经济，2016（11）：2 - 16.

[110] 马尔萨斯. 政治经济学原理 [M]. 北京：商务印书馆，1962.

[111] 马贤磊，车序超，李娜，唐亮. 耕地流转与规模经营改善了农业环境吗？——基于耕地利用行为对农业环境效率的影响检验 [J]. 中国土地科学，2019，33（6）：62 - 70.

[112] 马贤磊，仇童伟，钱忠好. 农地产权安全性与农地流转市场的农户参与——基于江苏、湖北、广西、黑龙江四省（区）调查数据的实证分析 [J]. 中国农村经济，2015（2）：22 - 37.

[113] 马贤磊. 现阶段农地产权制度对农户土壤保护性投资影响的实证分析——以丘陵地区水稻生产为例 [J]. 中国农村经济，2009（10）：31 - 41，50.

[114] 马晓河，崔红志. 建立土地流转制度，促进区域农业生产规模化经营 [J]. 管理世界，2002（11）：63 - 77.

[115] 马元，王树春，李海伟. 对农地转租中低地租现象的一种解释 [J]. 中国土地科学，2009，23（1）：25 - 28，24.

[116] 米运生，董丽，邓进业. 互补性资产、双边依赖与要素契约的

内生均衡：理论构念及东进公司的经验证据［J］．中国农村经济，2013（4）：12 - 27．

［117］麦克尼尔．新社会契约论［M］．北京：中国政法大学出版社，1994．

［118］孟召将．交易费用决定了农地流转契约选择——区域比较研究［J］．江西财经大学学报，2012（4）：13 - 20．

［119］戚焦耳，郭贯成，陈永生．农地流转对农业生产效率的影响研究——基于 DEA - Tobit 模型的分析［J］．资源科学，2015，37（9）：1816 - 1824．

［120］钱龙，冯永辉，陆华良，陈会广．产权安全性感知对农户耕地质量保护行为的影响——以广西为例［J］．中国土地科学，2019，33（10）：93 - 101．

［121］钱龙，洪名勇，龚丽娟，钱泽森．差序格局、利益取向与农户土地流转契约选择［J］．中国人口·资源与环境，2015，25（12）：95 - 104．

［122］钱龙，洪名勇．农地产权是"有意的制度模糊"吗——兼论土地确权的路径选择［J］．经济学家，2015（8）：26 - 31．

［123］钱龙，洪名勇．为何选择口头式、短期类和无偿型的农地流转契约——转出户控制权偏好视角下的实证分析［J］．财贸研究，2018，29（12）：48 - 59．

［124］钱龙，缪书超，陆华良．新一轮确权对农户耕地质量保护行为的影响——来自广西的经验证据［J］．华中农业大学学报（社会科学版），2020（1）：28 - 37，162 - 163．

［125］钱忠好，冀县卿．中国农地流转现状及其政策改进——基于江苏、广西、湖北、黑龙江四省（区）调查数据的分析［J］．管理世界，2016（2）：71 - 81．

［126］钱忠好，王兴稳．农地流转何以促进农户收入增加——基于苏、桂、鄂、黑四省（区）农户调查数据的实证分析［J］．中国农村经济，2016（10）：39 - 50．

[127] 钱忠好. 非农就业是否必然导致农地流转——基于家庭内部分工的理论分析及其对中国农户兼业化的解释 [J]. 中国农村经济, 2008 (10)：13 - 21.

[128] 钱忠好. 农村土地承包经营权产权残缺与市场流转困境：理论与政策分析 [J]. 管理世界, 2002 (6)：35 - 45, 154 - 155.

[129] 钱忠好. 农地承包经营权市场流转：理论与实证分析——基于农户层面的经济分析 [J]. 经济研究, 2003 (2)：83 - 91, 94.

[130] 曲颂, 郭君平, 夏英. 确权和调整化解了农地纠纷吗?——基于 7 省村级层面数据的实证分析 [J]. 西北农林科技大学学报 (社会科学版), 2018, 18 (2)：71 - 78.

[131] 任力, 龙云. 农地流转制度对农户耕地保护行为的影响——基于田野调查的研究 [J]. 学习与探索, 2016 (9)：88 - 94, 160.

[132] 任晓娜. 当前农村土地流转的基本特征和政策建议——基于 19 个省市 4719 份农户的问卷调查 [J]. 农业经济, 2016 (3)：98 - 100.

[133] 萨缪尔森. 经济学. 中册 [M]. 北京：商务印书馆, 1981.

[134] 萨缪尔森. 微观经济学 (第 18 版) [M]. 北京：人民邮电出版社, 2011.

[135] 史常亮, 占鹏, 朱俊峰. 土地流转、要素配置与农业生产效率改进 [J]. 中国土地科学, 2020, 34 (3)：49 - 57.

[136] 史常亮. 土地流转对农户资源配置及收入的影响研究 [D]. 北京：中国农业大学, 2018.

[137] 世界银行和国务院发展研究中心联合课题组. 2030 年的中国：建设现代、和谐、有创造力的社会 [M]. 北京：中国财政经济出版社, 2013.

[138] 宋伟. 农地流转的效率与供求分析 [J]. 农村经济, 2006 (4)：34 - 38.

[139] 孙琳琳, 杨浩, 郑海涛. 土地确权对中国农户资本投资的影响——基于异质性农户模型的微观分析 [J]. 经济研究, 2020, 55 (11)：156 - 173.

[140] 孙光林，李庆海，杨玉梅. 金融知识对被动失地农民创业行为的影响——基于 IV – Heckman 模型的实证 [J]. 中国农村观察，2019 (3)：124 – 144.

[141] 陶长琪，陈伟，郭毅. 新中国成立 70 年中国工业化进程与经济发展 [J]. 数量经济技术经济研究，2019 (8)：3 – 26.

[142] 田传浩，方丽. 土地调整与农地租赁市场：基于数量和质量的双重视角 [J]. 经济研究，2013，48 (2)：110 – 121.

[143] 田传浩，贾生华. 农地制度、地权稳定性与农地使用权市场发育：理论与来自苏浙鲁的经验 [J]. 经济研究，2004 (1)：112 – 119.

[144] 田传浩. 农地制度、农地租赁市场与农地配置效率 [M]. 北京：经济科学出版社，2005.

[145] 田先红，陈玲. 地租怎样确定？——土地流转价格形成机制的社会学分析 [J]. 中国农村观察，2013 (6)：2 – 12，92.

[146] 王建英，陈志钢，黄祖辉，Thomas Reardon. 转型时期土地生产率与农户经营规模关系再考察 [J]. 管理世界，2015 (9)：65 – 81.

[147] 王璐，杨汝岱，吴比. 中国农户农业生产全要素生产率研究 [J]. 管理世界，2020，36 (12)：77 – 93.

[148] 王梦婧，吕悦风，吴次芳. 土地退化中性研究的国际进展及其中国路径 [J]. 中国土地科学，2020，34 (2)：64 – 74.

[149] 王倩，任倩，余劲. 粮食主产区农地流转农户议价能力实证分析 [J]. 中国农村观察，2018 (2)：47 – 59.

[150] 王倩，余劲. 农地流转背景下粮食生产效率分析 [J]. 现代经济探讨，2015 (11)：78 – 82.

[151] 王晓兵，侯麟科，张砚杰，孙剑林. 中国农村土地流转市场发育及其对农业生产的影响 [J]. 农业技术经济，2011 (10)：40 – 45.

[152] 王亚华. 什么阻碍了小农户和现代农业发展有机衔接 [J]. 人民论坛，2018 (7)：72 – 73.

[153] 王亚辉，李秀彬，辛良杰，谈明洪，蒋敏. 中国土地流转的区域差异及其影响因素——基于 2003 ~ 2013 年农村固定观察点数据 [J]. 地

理学报，2018，73（3）：487-502.

[154] 王亚辉，李秀彬，辛良杰. 山区土地流转过程中的零租金现象及其解释——基于交易费用的视角 [J]. 资源科学，2019，41（7）：1339-1349.

[155] 王亚楠，纪月清，徐志刚，钟甫宁. 有偿 VS 无偿：产权风险下农地附加价值与农户转包方式选择 [J]. 管理世界，2015（11）：87-94，105.

[156] 王岩. 差序治理、政府介入与农地经营权流转合约选择——理论框架与经验证据 [J]. 管理学刊，2020，33（5）：12-25.

[157] 王颜齐，郭翔宇. 农地流转的制度经济学分析 [M]. 北京：中国农业出版社，2012.

[158] 王玉斌，李乾. 农业生产托管利益分配模式比较研究 [J]. 改革，2019（8）：119-127.

[159] 威廉·配第. 赋税论（全译本）[M]. 武汉：武汉大学出版社，2011.

[160] 夏英，张瑞涛，曲颂. 基于大样本调研的农村土地承包经营纠纷化解对策 [J]. 中州学刊，2018（3）：38-44.

[161] 向超，张新民. "三权分置"下农地流转权利体系化实现——以"内在体系调适"与"外在体系重构"为进路 [J]. 农业经济问题，2019（9）：8-19.

[162] 肖龙铎，张兵. 土地流转与农户内部收入差距扩大——基于江苏39个村725户农户的调查分析 [J]. 财经论丛，2017（9）：10-18.

[163] 谢玲红，张姝，吕开宇. 城郊农村土地承包经营纠纷：基本特点、生成逻辑及化解对策——以北京市为例 [J]. 农村经济，2019（4）：31-39.

[164] 谢文宝，陈彤，刘国勇. 乡村振兴背景下农户耕地质量保护技术采纳差异分析 [J]. 改革，2018（11）：117-129.

[165] 徐建玲，储怡菲，周志远. 农业机械化对玉米生产的影响：促进还是抑制？——基于20个省际面板数据 [J]. 农林经济管理学报，2020，

19（5）：559－568.

［166］徐旭，蒋文华，应风其. 我国农村土地流转的动因分析［J］. 管理世界，2002（9）：144－145.

［167］徐志刚，崔美龄. 农地产权稳定一定会增加农户农业长期投资吗？——基于合约约束力的视角［J］. 中国农村观察，2021（2）：1－19.

［168］许庆，陆钰凤. 非农就业、土地的社会保障功能与农地流转［J］. 中国人口科学，2018（5）：30－41，126－127.

［169］许庆，章元. 土地调整、地权稳定性与农民长期投资激励［J］. 经济研究，2005（10）：59－69.

［170］亚当·斯密. 国民财富的性质和原因的研究［M］. 北京：商务印书馆，1997.

［171］杨华. 中国农村的"半工半耕"结构［J］. 农业经济问题，2015，36（9）：19－32.

［172］杨文杰，刘丹，巩前文. 2001—2016 年耕地非农化过程中农业生态服务价值损失估算及其省份差异［J］. 经济地理，2019，39（3）：201－209.

［173］杨小凯. 中国改革面临的深层问题——关于土地制度改革［J］. 战略与管理，2002（5）：1－5.

［174］杨志海，王雅鹏，麦尔旦·吐尔孙. 农户耕地质量保护性投入行为及其影响因素分析——基于兼业分化视角［J］. 中国人口·资源与环境，2015，25（12）：105－112.

［175］杨志海，王雨濛. 不同代际农民耕地质量保护行为研究——基于鄂豫两省 829 户农户的调研［J］. 农业技术经济，2015（10）：48－56.

［176］杨宗耀，仇焕广，纪月清. 土地流转背景下农户经营规模与土地生产率关系再审视——来自固定粮农和地块的证据［J］. 农业经济问题，2020（4）：37－48.

［177］姚洋. 非农就业结构与土地租赁市场的发育［J］. 中国农村观察，1999（2）：18－23.

［178］姚洋. 农地制度与农业绩效的实证研究［J］. 中国农村观察，

1998（6）：3 - 12.

[179] 姚洋. 土地、制度和农业发展 [M]. 北京：北京大学出版社：2004.

[180] 姚洋. 小农经济未过时，不该背"恶名" [J]. 财经界，2017（3）：84 - 85.

[181] 姚洋. 中国农地制度：一个分析框架 [J]. 中国社会科学，2000（2）：54 - 65，206.

[182] 姚志，文长存. 中国农村承包地确权：政策演进、衍生问题与制度设计 [J]. 经济体制改革，2019（5）：81 - 87.

[183] 姚志. 农地确权后的实施效果考察与衍生问题解密 [J]. 现代经济探讨，2019（7）：104 - 111.

[184] 姚志，郑志浩. 非正规农地市场：人情租流转行为发生的机理与实证 [J]. 财贸研究，2020，31（9）：27 - 39.

[185] 姚志，郑志浩. 土地经济驱动功能减弱的理论解释与数据验证 [J]. 中国土地科学，2019，33（9）：84 - 92，100.

[186] 叶剑平，蒋妍，丰雷. 中国农村土地流转市场的调查研究——基于2005年17省调查的分析和建议 [J]. 中国农村观察，2006（4）：48 - 55.

[187] 叶剑平，丰雷，蒋妍，郎昱，罗伊·普罗斯特曼.2016年中国农村土地使用权调查研究——17省份调查结果及政策建议 [J]. 管理世界，2018，34（3）：98 - 108.

[188] 叶剑平，丰雷，蒋妍，罗伊·普罗斯特曼，朱可亮.2008年中国农村土地使用权调查研究——17省份调查结果及政策建议 [J]. 管理世界，2010（1）：64 - 73.

[189] 叶剑平，田晨光. 中国农村土地权利状况：合约结构、制度变迁与政策优化——基于中国17省1956位农民的调查数据分析 [J]. 华中师范大学学报（人文社会科学版），2013，52（1）：38 - 46.

[190] 应瑞瑶，何在中，周南，张龙耀. 农地确权、产权状态与农业长期投资——基于新一轮确权改革的再检验 [J]. 中国农村观察，2018

（3）：110 – 127.

［191］于海龙，张振．土地托管的形成机制、适用条件与风险规避：山东例证［J］．改革，2018（4）：110 – 119.

［192］俞海，黄季焜，Rozelle，S.，Brandt，L.，张林秀．地权稳定性、土地流转与农地资源持续利用［J］．经济研究，2003（9）：82 – 91，95.

［193］岳意定，刘莉君．基于网络层次分析法的农村土地流转经济绩效评价［J］．中国农村经济，2010（8）：36 – 47.

［194］翟学伟．人情、面子与权力的再生产——情理社会中的社会交换方式［J］．社会学研究，2004（5）：48 – 57.

［195］张红宇．中国农地调整与使用权流转：几点评论［J］．管理世界，2002（5）：76 – 87.

［196］张克俊，黄可心．土地托管模式：农业经营方式的重要创新——基于宜宾长宁县的调查［J］．农村经济，2013（4）：33 – 36.

［197］张连华，尤亮，霍学喜．市场激励、农地确权与农户农地质量保护行为［J］．西北农林科技大学学报（社会科学版），2020，20（4）：99 – 110，120.

［198］张路雄．耕者有其田［M］．北京：中国政法大学出版社，2012.

［199］张曙光，程炼．复杂产权论和有效产权论——中国地权变迁的一个分析框架［J］．经济学（季刊），2012，11（4）：1219 – 1238.

［200］张五常．经济解释：科学说需求［M］．北京：中信出版社，2010.

［201］张五常．佃农理论［M］．北京：商务印书馆，2000.

［202］张晓山．关于农村集体产权制度改革的几个理论与政策问题［J］．中国农村经济，2015（2）：4 – 12，37.

［203］张照新．中国农村土地流转市场发展及其方式［J］．中国农村经济，2002（2）：19 – 24，32.

［204］张忠军，易中懿．农业生产性服务外包对水稻生产率的影响研究——基于358个农户的实证分析［J］．农业经济问题，2015，36（10）：

69 – 76.

[205] 郑志浩, 高杨. 中央"不得调地"政策：农民的态度与村庄的土地调整决策——基于对黑龙江、安徽、山东、四川、陕西5省农户的调查 [J]. 中国农村观察, 2017 (4): 72 – 86.

[206] 中共中央马克思恩格斯列宁斯大林著作编译局. 马克思恩格斯文集（第2卷）[M]. 北京: 人民出版社, 1972.

[207] 钟甫宁, 纪月清. 土地产权、非农就业机会与农户农业生产投资 [J]. 经济研究, 2009, 44 (12): 43 – 51.

[208] 钟甫宁, 王兴稳. 现阶段农地流转市场能减轻土地细碎化程度吗？——来自江苏兴化和黑龙江省寅县的初步证据 [J]. 农业经济问题, 2010, 31 (1): 23 – 32.

[209] 钟怀宇. 农业比较收益与农地流转根本性制约因素 [J]. 经济与管理研究, 2009 (3): 87 – 91.

[210] 钟文晶, 罗必良. 禀赋效应、产权强度与农地流转抑制——基于广东省的实证分析 [J]. 农业经济问题, 2013, 34 (3): 6 – 16, 110.

[211] 钟文晶, 罗必良. 契约期限是怎样确定的？——基于资产专用性维度的实证分析 [J]. 中国农村观察, 2014 (4): 42 – 51, 95 – 96.

[212] 钟文晶. 禀赋效应、认知幻觉与交易费用——来自广东省农地经营权流转的农户问卷 [J]. 南方经济, 2013 (3): 13 – 22.

[213] 钟涨宝, 汪萍. 农地流转过程中的农户行为分析——湖北、浙江等地的农户问卷调查 [J]. 中国农村观察, 2003 (6): 55 – 64, 81.

[214] 钟真, 胡珺祎, 曹世祥. 土地流转与社会化服务："路线竞争"还是"相得益彰"？——基于山东临沂12个村的案例分析 [J]. 中国农村经济, 2020 (10): 52 – 70.

[215] 周健民. 我国耕地资源保护与地力提升 [J]. 中国科学院院刊, 2013, 28 (2): 269 – 274, 263.

[216] 周力, 王镱如. 新一轮农地确权对耕地质量保护行为的影响研究 [J]. 中国人口·资源与环境, 2019, 29 (2): 63 – 71.

[217] 周泽宇, 余航, 吴比. 农业生产率测度、无效流转与土地再配

置——基于一个"U形"关系的识别 [J]. 经济科学, 2019 (6): 104 - 116.

[218] 朱建军, 郭霞, 常向阳. 农地流转对土地生产率影响的对比分析 [J]. 农业技术经济, 2011 (4): 78 - 84.

[219] 朱文珏, 罗必良. 农地价格幻觉: 由价值评价差异引发的农地流转市场配置"失灵"——基于全国9省 (区) 农户的微观数据 [J]. 中国农村观察, 2018 (5): 67 - 81.

[220] 朱信凯, 夏薇. 论新常态下的粮食安全: 中国粮食真的过剩了吗? [J]. 华中农业大学学报 (社会科学版), 2015 (6): 1 - 10.

[221] 邹宝玲, 罗必良, 钟文晶. 农地流转的契约期限选择——威廉姆森分析范式及其实证 [J]. 农业经济问题, 2016, 37 (2): 25 - 32, 110.

[222] 邹宝玲, 罗必良. 农地流转的差序格局及其决定——基于农地转出契约特征的考察 [J]. 财经问题研究, 2016 (11): 97 - 105.

[223] Abdulai A, Huffman W. The Adoption and Impact of Soil and Water Conservation Technology: an Endogenous Switching Regression Application [J]. Land Economic, 2014, 90 (1): 26 - 43.

[224] Abdulai A, Owusu V, Goetz R. Land Tenure Differences and Investment in Land Improvement Measures: Theoretical and Empirical Analyses [J]. Journal of Development Economics, 2011, 96 (1): 66 - 78.

[225] Adamchik V A, Bedi A S. Wage Differentials between the Public and the Private Sectors: Evidence from an Economy in Transition [J]. Labor Economics, 2000, 7 (2): 203 - 224.

[226] Adamopoulos T, Restuccia D. The Size Distribution of Farms and International Productivity Differences [J]. Working Papers, 2014, 104 (6): 1667 - 1697 (31).

[227] Alan E. Economics, Real Estate and the Supply of Land [M]. Wiley Press (5th edition), 2004.

[228] Alchian A A, Demsetz H. The Property Right Paradigm [J]. Journal of Economic History, 1973, 33 (1): 16 - 27.

[229] Alvarez A, Arias C. Technical Efficiency and Farm Size: A Conditional Analysis [J]. Agricultural Economics, 2004, 30 (3): 241 – 250.

[230] Arrow K J. The Organization of Economic Activity: Issues Pertinent to the Choice of Market versus Non – Market Allocations [C]. Washington D. C. : Joint Economic Committee of Congress, 1969, 1: 1 – 16.

[231] Assunção J J, Braido L H. Testing Household-specific Explanations for the Inverse Productivity Relationship [J]. American Journal of Agricultural Economics, 2007, 89 (4): 980 – 990.

[232] Bardhan P K. Size, Productivity and Returns to Scale: An Analysis of Farm Level Data in Indian Agriculture [J]. Economic and Political Weekly, 1973, 81 (6): 1370 – 1386.

[233] Barrett C B. On Price Risk and the Inverse Farm Size-productivity Relationship [J]. Journal of Development Economics, 1996, 51 (2): 193 – 215.

[234] Barrett C B, Bellemare M F, Hou J Y. Reconsidering Conventional Explanations of the Inverse Productivity-size Relationship [J]. World Development, 2010, 38 (1): 88 – 97.

[235] Barzel Y. Economic Analysis of Property Rights [M]. Cambridge University Press, 1989.

[236] Battese G E. and G. S. Corra. Estimation of A Production Frontier Model: with Application to the Pastoral Zone of Eastern Australia [J]. Australian Journal of Agricultural and Resource Economics, 1977, 21 (3): 169 – 179.

[237] Benjamin D. Brandt L. Property Rights, Labor Markets, and Efficiency in a Transition Economy: The Case of Rural China [J]. Canadian Journal of Economics, 2002, 35 (4): 689 – 716.

[238] Benjamin D. Can Unobserved Land Quality Explain the Inverse Productivity Relationship? [J]. Journal of Development Economics, 1995, 46 (1): 51 – 84.

[239] Berry R A, Cline W R. Agrarian Structure and Productivity in Developing Countries [M]. Baltimore: Johns Hopkins University Press, 1979.

［240］Besley T. Property Rights and Investment Incentives: Theory and Evidence from Ghana ［J］. Journal of Political Economy, 1995, 103 (5): 903 – 937.

［241］Besley T, Burchardi K B, Ghatak M. Incentives and the De Soto Effect ［J］. Quarterly Journal of Economics, 2012, 127 (1): 237 – 282.

［242］Binswanger H P, Deininger K. Feder G. Distortions, Revolt and Reform in Agricultural Land Relations ［J］. Handbook of Development Economics, 1993, 3 (95): 2659 – 2772.

［243］Birungi P, Hassan R. Poverty, Property Rights and Land Management in Uganda ［J］. African Journal of Agricultural and Resource Economics, 2010, 4 (1): 48 – 69.

［244］Brandt L, Huang J K, Li G, Scott R. Land Rights in Rural China: Facts, Fictions and Issues ［J］. The China Journal, 2002 (47): 67 – 97.

［245］Brandt L, Rozelle S, Turner M A. Local Government Behavior and Property Rights Formation in Rural China ［J］. Journal of Institutional and Theoretical Economics, 2002, 160 (4): 627 – 637.

［246］Cai H L. Yan T Y. Technology Efficiency or Allocation Efficiency: The Inverse Relationship in China's Cereal Production ［J］. China Agricultural Economic Review, 2018, 11 (4): 237 – 252.

［247］Cao Y, Bai Y, Zhang L X. The impact of farmland property rights security on the farmland investment in rural China ［J］. Land Use Policy, 2020, 97: 104 – 116.

［248］Carletto C, Savastano S, Zezza A. Fact or Artifact: the Impact of Measurement Mrrors on the Farm Size-productivity Relationship ［J］. Journal of Development Economics, 2013, 103 (1): 254 – 261.

［249］Carter M R, Olinto P. Getting Institutions "Right" for Whom? Credit Constraints and the Impact of Property Rights on the Quantity and Composition of Investment ［J］. American Journal of Agricultural Economics, 2003, 85 (1): 173 – 186.

[250] Carter M R, Yao Y. Property Rights, Rental Markets, and Land in China [J]. Department of Agricultural and Applied Economics, Working Paper, University of Wisconsin – Madison, 1998.

[251] Carter M R, Yao Y. Local versus Global Separability in Agricultural Household Models: The Factor Price Equalization Effect of Land Transfer Rights [J]. American Journal of Agricultural Economics, 2002, 84 (3): 702 – 715.

[252] Carter M R. Identification of the Inverse Relationship between Farm Size and Productivity: An Empirical Analysis of Peasant Agricultural Production [J]. Oxford Economic Papers, 1984, 36 (1): 131 – 145.

[253] Chamberlin J, Ricker – Gilbert J. Participation in Rural Land Rental Markets in Sub – Saharan Africa: Who Benefits and By How Much? Evidence from Malawi and Zambia [J]. American Journal of Agricultural Economics, 2016, 98 (5): 1507 – 1528.

[254] Chen C R. Untitled Land, Occupational Choice, and Agricultural Productivity [J]. American Economic Journal: Macroeconomics, 2017, 9 (4): 91 – 121.

[255] Chen Z, Huffman W E. and S. Rozelle. Farm Technology and Technical Efficiency: Evidence from Four Regions in China [J]. China Economic Review, 2009, 20 (2): 153 – 161.

[256] Chen Z, Huffman W E, Rozelle S. Inverse Relationship Between Productivity and Farm Size: The Case of China [J]. Contemporary Economic Policy, 2011, 29 (4): 580 – 592.

[257] Cheng S, Zheng Z H, Shida H. Farm Size and Use of Inputs: Explanations for the Inverse Productivity Relationship [J]. China Agricultural Economic Review, 2019, 11 (2): 336 – 354.

[258] Cheung S N S. Transaction Costs, Risk Aversion, and the Choice of Contractual Arrangements [J]. Journal of Law and Economics, 1969, 12 (1): 377 – 399.

[259] Cheung S N S. The Structure of a Contract and the Theory of a Non-

exclucsive Resource [J]. Journal of Law and Economics, 1970, 13 (1): 49 – 70.

[260] Coase R H. The Nature of the Firm [J]. Economica, 1937, 4: 386 – 405.

[261] Coase R H. The Problem of Social Cost [J]. Journal of Law and Economics, 1960, 3: 1 – 44.

[262] Deininger K, Jin S. The Potential of Land Rental Markets in the Process of Economic Development: Evidence from China [J]. Journal of Development Economics, 2005, 78 (1): 241 – 270.

[263] Deininger K, Jin S. Securing Property Rights in Transition: Lessons from Implementation of China's Rural Land Contracting Law [J]. Journal of Economic Behavior & Organization, 2007, 70 (1): 22 – 38.

[264] Deininger K, Binswanger H. The Evolution of the World Bank's Land Policy: Principles, Experience, and Future Challenges [J]. The World Bank Research Observer, 1999, 14 (2): 247 – 276.

[265] Deininger K, Jin Q S. Tenure Security and Land-related Investment: Evidence from Ethiopia [J]. European Economic Review, 2006, 50 (5): 1245 – 1277.

[266] Deininger K, Jin Q S. The Impact of Property Rights on Households' Investment, Risk Coping, and Policy Preferences: Evidence from China [J]. Economic Development & Cultural Change, 2003, 51 (4): 851 – 882.

[267] Deininger K, Ali D A, Alemu T. Impacts of Land Certification on Tenure Security, Investment, and Land Market Participation: Evidence from Ethiopia [J]. Land Economics, 2011, 87 (2): 312 – 334.

[268] Deininger K, Feder G. Land Registration, Governance, and Development: Evidence and Implications for Policy [J]. The World Bank Research Observer, 2009, 24 (2): 233 – 266.

[269] Deininger K, Jin S, Nagarajan H K. Efficiency and Eequity Impacts of Rural Land Rental Restrictions: Evidence from India [J]. European Economic

Review, 2008, 52 (5): 892 –918.

[270] Demsetz H. Toward a Theory of Property Rights [J]. The American Economic Review, 1967, 57 (2): 347 –359.

[271] Eswaran M, Kotwal A. A Theory of Contractual Structure in Agriculture [J]. The American Economic Review, 1985, 75 (3): 352 –367.

[272] Evansa R, Mariwahb S, Antwib K B. Struggles over Family Land? Tree Crops, Land and Labour in Ghana's Brong – Ahafo Region [J]. Geoforum, 2015, 67 (12): 24 –235.

[273] Feder G, Lau L J, Lin J Y et al. The Determinants of Farm Investment and Residential Construction in Post-reform China [J]. Economic Development and Cultural Change, 1992, 41 (1): 1 –26.

[274] Feder G, Nishio A. The Benefits of Land Registration and Titling: Economic and Social Perspectives [J]. Land Use Policy, 1998, 15 (1): 25 –43.

[275] Feder G, Feeny D. Land Tenure and Property Rights: Theory and Implications for Development Policy [J]. World Bank Economic Review, 1991, 5 (1): 135 –153.

[276] Fleisher B M, Liu Y. Economies of Scale, Plot Size, Human Capital, and Productivity in Chinese Agriculture [J]. Quarterly Review of Economics & Finance, 1992, 32 (3): 112 –123.

[277] Foster A, Rosenzweig M R. Are Indian Farms Too Small? Mechanization, Agency Cost and Farm Efficiency [J]. Economic Growth Center, Yale University New Haven CT, 2011.

[278] Galiani S, Schargrodsky E. Property Rights for the Poor: Effects of Land Titling [J]. Journal of Public Economics, 2010, 94 (9 – 10): 700 – 729.

[279] Gao L, Huang J. Rental Markets for Cultivated Land and Agricultural Investments in China [J]. Agricultural Economics, 2012, 43 (4): 391 –403.

[280] Gaynor M, Putterman L. Productivity Consequences of Alternative Land Division Methods in China's Decollectivization an Econometric Analysis [J].

Journal of Development Economics, 2004, 42 (2): 357 – 386.

[281] Gebremedhin B, Swinton S M. Investment in Soil Conservation in Northern Ethiopia: The Role of Land Tenure Security and Public Programs [J]. Agricultural Economics, 2003, 29 (1): 69 – 84.

[282] Ghose A K. Farm Size and Land Productivity in Indian Agriculture: A Reappraisal [J]. The Journal of Development Studies, 1979, 16 (1): 27 – 49.

[283] Gibbs H K, Salmon J M. Mapping the World's Degraded Lands [J]. Applied Geography, 2015, 57: 12 – 21.

[284] Gong B L. Agricultural Reforms and Production in China: Changes in Provincial Production Function and Productivity in 1978 – 2015 [J]. Journal of Development Economics, 2018, 132: 18 – 31.

[285] Gonzalez-roglinch M, Zvoleff A, Noon M, Linigerb H, Fleinerb R, Hararib N, Garciac C. Synergizing Global Tools to Monitor Progress towards Land Degradation Neutrality: Trends, Earth and the World Overview of Conservation Approaches and Technologies Sustainable Land Management Database [J]. Environmental Science & Policy, 2019, 93: 34 – 42.

[286] Gorton M. Agricultural land reform in Moldova [J]. Land Use Policy, 2001, 18 (3): 269 – 279.

[287] Grossman S J, Hart O D. The Costs and Benefits of Ownership: A Theory of Vertical and Lateral Integration [J]. Journal of Political Economy, 1986, 94 (4): 691 – 719.

[288] Grout P. Investment and Wages in the Absence of Binding Contracts: a Nash Bargaining [J]. Approach. Econometrica, 1984, 52 (2): 449 – 460.

[289] Hart O, Moore J. Property Rights and the Nature of the Firm [J]. Journal of Political Economy, 1990, 98 (6): 1119 – 1158.

[290] Hart O, Moore J. Contracts as Reference Points [J]. Quarterly Journal of Economics, 2008, 123 (1): 1 – 48.

[291] Hayami Y, Otsuka K. The Economics of Contract Choice: An Agrar-

ian Perspective [J]. American Journal of Agricultural Economics, 1994, 76 (2).

[292] Hayami Y, Quisumbing M A R, Adriano L S. Toward an Alternative Land Reform Paradigm [J]. Journal of Asian Studies, 1990, 50 (4).

[293] Heckman J J. Sample Selection Bias as a Specification Error [J]. Econometrica, 1979, 47 (1): 153 – 161.

[294] Heltberg R. Rural Market Imperfections and the Farm Size—Productivity Relationship: Evidence from Pakistan [J]. World Development, 1998, 26 (10): 1807 – 1826.

[295] Holden S T, Deininger K, Ghebru H. Impacts of Low-cost Land Certification on Investment and Productivity [J]. American Journal of Agricultural Economics, 2009, 91 (2): 359 – 373.

[296] Holden S, Yohannes H. Land Redistribution, Tenure Insecurity, and Intensity of Production: A Study of Farm Households in Southern Ethiopia [J]. Land Economics, 2002, 78 (4): 573 – 590.

[297] Holden S T, Deininger K, Ghebru H. Tenure Insecurity, Gender, Low-cost Land Certification and Land Rental Market Participation in Ethiopia [J]. Journal of Development Studies, 2011, 47 (1): 31 – 47.

[298] Holden S T, Deininger K, Ghebru H. Impacts of Low – Cost Land Certification on Investment and Productivity [J]. American Journal of Agricultural Economics, 2010, 91 (2): 359 – 373.

[299] Ito J. Inter-regional Difference of Agricultural Productivity in China: Distinction between Biochemical and Machinery Technology [J]. China Economic Review, 2010, 21 (3): 394 – 410.

[300] Jacoby H G, Li G, Rozelle S, Hazards of Expropriation: Tenure Insecurity and Investment in Rural China [J]. American Economic Review, 2002, 92 (5): 1420 – 1447.

[301] Jin S, Deininger K. Land Rental Markets in the Process of Rural Structural Transformation: Productivity and Equity Impacts from China [J].

Journal of Comparative Economics, 2009, 37 (4): 629 –646.

[302] Jin S, Jayne T S. Land Rental Markets in Kenya: Implications for Efficiency, Equity, Household Income, and Poverty [J]. Land Economics, 2013, 89 (2): 246 –271.

[303] John K, Chang. Industrial Development in Pre – Communist China [M]. Edinburgh: Edinburgh University Press, 1969.

[304] Ju X, Gu B, Wu Y, Galloway J N. Reducing China's Fertilizer Use by Increasing Farm Size [J]. Global Environmental Change, 2016, 41: 26 – 32.

[305] Kawasaki K. The Costs and Benefits of Land Fragmentation of Rice Farms in Japan [J]. Australian Journal of Agricultural and Resource Economics, 2010 (4): 509 –526.

[306] Kevane M. Agrarian Structure and Agricultural Practice: Typology and Application to Western Sudan [J]. American Journal of Agricultural Economics, 1996, 78 (1): 236 –245.

[307] Kimhi A. Plot Size and Maize Productivity in Zambia: Is There an Inverse Relationship? [J]. Agricultural Economics, 2006, 35 (1): 1 –9.

[308] Klein B, Crawford R, Alchian A. Vertical Integration, Appropriable Rents and the Competitive Contracting Process [J]. Journal of Law and Economics, 1978, 21 (2): 297 –326.

[309] Kreps D M, Wilson R. Reputation and imperfect information [J]. Journal of Economic Theory, 1982, 27 (2): 253 –279.

[310] Kung J K. Common Property Rights and Land Reallocations in Rural China: Evidence from a village Survey [J]. World Development, 2000, 28 (1): 701 –719.

[311] Kung J K. Equal Entitlement versus Tenure Security under a Regime of Collective Property Rights: Peasants Performance for Institutions in Post-reform Chinese Agriculture [J]. Journal of Comparative Economics, 1995, 21 (2): 82 –111.

［312］Kung J, Berkowitz D. and G. Roland. Off – Farm Labor Markets and the Emergence of Land Rental Markets in Rural China ［J］. Journal of Comparative Economics, 2002, 30 (2): 395 – 414.

［313］Lamb R L. Inverse Productivity: Land Quality, Labor Markets and Measurement Error ［J］. Journal of Development Economics, 2003, 71 (1): 71 – 95.

［314］Lanjouw J O L. Information and the Operation of Markets: Tests Based on a General Equilibrium Model of Land Leasing in India ［J］. Journal of Development Economics, 1999, 60 (2): 497 – 527.

［315］Li G, Rozelle S, Brandt L. Tenure, Land Rights, and Farmer Investment Incentives in China ［J］. Agricultural Economics, 2014, 19 (1 – 2): 63 – 71.

［316］Li G, Feng Z, You L, Fan L. Re – Examining the Inverse Relationship Between Farm Size and Efficiency: The Empirical Evidence in China ［J］. China Agricultural Economic Review, 2013, 5 (4): 473 – 488.

［317］Lin J Y. Rural Reforms and Agricultural Growth in China ［J］. American Economic Review, 1992, 82 (1): 34 – 51.

［318］Lovo S. Tenure Insecurity and Investment in Soil Conservation. Evidence from Malawi ［J］. World Development, 2016, 78: 219 – 229.

［319］Lyu K, Chen K, Zhang H Z. Relationship between Land Tenure and Soil quality: Evidence from China's soil Fertility Analysis ［J］. Land Use Policy, 2019, 80: 345 – 361.

［320］Ma X, Heerink N, Ierland E. and X. Shi. Land Tenure Insecurity and Rural-urban Migration in Rural China ［J］. China Agricultural Economic Review, 2013, 5 (2): 281 – 307.

［321］Macmillan D C. An Economic Case for Land Reform ［J］. Land Use Policy, 2000, 17 (1): 49 – 57.

［322］Macneil I R. Contracts: Adjustment of Long – Term Economic Relations under Classical, Neoclassical and Relational Contract Law ［J］. Northwestern University Law Review, 1978, 72 (6): 854 – 905.

[323] Masten S E, Crocker K J. Efficient Adaptation in Long-term Contracts: Take-or – Pay Provisions for Natural Gas [J]. American Economic Review, American Economic Association, 1985, 75 (5): 1083 – 1093.

[324] Moges D M. Taye A A. Determinants of Farmers' Perception to Invest in Soil and Water Conservation Technologies in the North – Western Highlands of Ethiopia [J]. International Soil & Water Conservation Research, 2017, 5 (1): 56 – 61.

[325] Newell A, Pandya K, Symons J. Farm Size and the Intensity of Land Use in Gujarat [J]. Oxford Economic Papers, 1997, 49 (2): 307 – 315.

[326] Nguyen T, Cheng E, Findlay C. Land Fragmentation and Farm Productivity in China in the 1990s [J]. China Economic Review, 1996, 7 (2): 169 – 180.

[327] North D C. Institutions, Institucional Change and Economic Performance [M]. Cambridge University Press, 1990.

[328] North D C. Institutions and Credible Commitment [J]. Journal of Institutional and Theoretical Economics, 1990 (149): 11 – 23.

[329] Otsuka K, Guisunbing A, Payongayong E, Aidoo J. Land Tenure and the Management of Land and Tree: The case of Customary Land Areas of Ghana [J]. Environment and Development Economics, 2003. 8 (1): 77 – 104.

[330] Pender J L, Kerr J M. The Effects of Land Sales Restrictions: Evidence from South India [J]. Agricultural Economics, 1999, 21 (3): 279 – 294.

[331] Pierce J L, Kostova T, Dirks K T. The State of Psychological Ownership: Integrating and Extending a Century of Research [J]. Review of General Psychology, 2003, 7 (1): 84 – 107.

[332] Rada N E, Wang C, Qin L. Subsidy or Market Reform? Rethinking China's Farm Consolidation Strategy [J]. Food Policy, 2015 (57): 93 – 103.

[333] Ricker – Gilbert J, Chamberlin J, Kanyamuka J, Jumbe C B L,

Lunduka R, Kaiyatsa S. How Do Informal Farmland Rental Markets Affect Smallholders' Well-being? Evidence from a Matched Tenant-landlord Survey in Malawi [J]. Agricultural Economics, 2019, 50 (5): 595 –613.

[334] Saint – Macary C, Keil A, Zeller M, Heidhues F, Dung P T M. Land Titling Policy and Soil Conservation in the Northern Uplands of Vietnam [J]. Land Use Policy, 2010, 27 (2): 617 –627.

[335] Schaffer M E, XTIVREG2: Stata Module to Perform Extended IV/ 2SLS, GMM and AC/HAC, LIML and k-class Regression for Panel Data Models [J]. Statistical Software Components, 2012.

[336] Sen A K. An aspect of Indian agriculture [J]. Economic Weekly, 1962, 14 (6): 243 –246.

[337] Song A, Li Z, Liao Y, Liang Y C, Wang E Z, Wang S, Li X, Bi J J, Si Z Y, Lu Y H, Nie J, Fan F L. Soil Bacterial Communities Interact with Silicon Fraction Transformation and Promote Rice Yield after Long-term Straw Return [J]. Soil Ecology Letters, 2021, 2 (5): 1 –14.

[338] Tanaka T, Camerer C F, Nguyen Q. Poverty, Politics, and Preferences: Field Experiments and Survey Data from Vietnam [J]. Economic review, 2010, 100 (1): 557 –571.

[339] Tirole J. Incomplete Contracts: Where Do We Stand? [J]. Econometrica, 1999, 67 (4): 741 –781.

[340] Tirole J. Procurement and Renegotiation [J]. Journal of Political Economy, 1986, 94 (2): 235 –259.

[341] Tobin J. Estimation of Relationships for Limited Dependent Variables [J]. Econometrica, 1958, 26 (1): 24 –36.

[342] Tversky K A. Prospect Theory: An Analysis of Decision under Risk [J]. Econometrica, 1979, 47 (2): 263 –292.

[343] Wen G J. The Land Tenure System and its Saving and Investment Mechanism: The Case of Modern China [J]. Asian Economic Journal, 1996 (3): 233 –259.

[344] Williamson O E. Comparative Economic Organization: The Analysis of Discrete Structural Alternatives [J]. Administrative Science Quarterly, 1991, 36: 269 – 296.

[345] Williamson O E. The Mechanisms of Governance [J]. Oup Catalogue, 1996, 44 (1): 799 – 802.

[346] Williamson O E. The Vertical Integration of Production: Market Failure Considerations [J]. The American Economic Review, 1971, 61 (2): 112 – 123.

[347] Williamson O E. Transaction – Cost Economics: The Governance of Contractual Relations [J]. Journal of Law & Economics, 1979, 22 (2): 233 – 261.

[348] Yan X, Huo X. Drivers of Household Entry and Intensity in Land Rental Market in Rural China: Evidence from North Henan Province [J]. China Agricultural Economic Review, 2016, 8 (2): 345 – 364.

[349] Yao S, Liu Z. Determinants of Grain Production and Technical Efficiency in China [J]. Journal of Agricultural Economics, 2010, 49 (2): 171 – 184.

[350] Zaibet L T, Dunn E G. Land Tenure, Farm Size, and Rural Market Participation in Developing Countries: The Case of the Tunisian Olive Sector [J]. Economic Development and Cultural Change, 1998, 46 (4): 831 – 848.

[351] Zhu J, Simarmata H A. Formal Land Rights Versus Informal Land Rights: Governance for Sustainable Urbanization in the Jakarta Metropolitan Region, Indonesia [J]. Land Use Policy, 2015, 43: 63 – 73.

附　　录

附表 1 - 1　　　　　　　租金形态、契约期限与契约形式

租金形态	契约期限			租金形态	期约特征			契约期限	期约特征		
	长期	短期	总计		口头	书面	总计		口头	书面	总计
人情租	101	31	132	人情租	128	4	132	短期	129	36	165
货币租	64	92	156	货币租	40	116	156	长期	39	84	123
总计	165	123	288	总计	168	120	288	总计	168	120	288

资料来源：2017~2018 年的调查数据。

附表 1 - 2　　农地流转对土地生产率的影响（IV 估计：第一阶段回归结果）

变量	解释变量	被解释变量：是否流转			
		2SLS		LIML	
		系数	稳健标准误	系数	稳健标准误
工具变量	村流转率与农地确权交互项	0.307 ***	0.066	0.307 ***	0.066
经营规模	经营面积的对数	0.234 ***	0.021	0.234 ***	0.021
	经营面积	- 0.016 ***	0.005	- 0.016 ***	0.005
地块特征	地块数量对数的平方	0.013 ***	0.002	0.013 ***	0.002
	地块坡度	0.026	0.042	0.026	0.042
	地块距离	0.010 *	0.006	0.010 *	0.006
	地块肥力	0.003	0.016	0.003	0.016
户主特征	户主年龄	0.000	0.002	0.000	0.002
	户主文化程度	0.007	0.016	0.007	0.016
	经营年限的对数	0.011	0.022	0.011	0.022
	风险偏好	- 0.011	0.027	- 0.011	0.027

变量	解释变量	被解释变量：是否流转			
		2SLS		LIML	
		系数	稳健标准误	系数	稳健标准误
家庭特征	家庭非农收入	0.003	0.019	0.003	0.019
	家庭老龄化人数	-0.029*	0.017	-0.029*	0.017
	是否为示范户	-0.081*	0.046	-0.081*	0.046
投入要素	化肥投入	0.000	0.008	0.000	0.008
	种子投入	-0.012	0.019	-0.012	0.019
	机械投入	-0.007	0.013	-0.007	0.013
	劳动力人数	-0.005	0.006	-0.005	0.006
时间效应	2018 年	0.034	0.048	0.034	0.048
区域效应	江西省	-0.012	0.030	-0.012	0.030
其他变量	常数项	0.067	0.136	0.067	0.136
	样本量	891		891	
	F 值	93.760 [0.000]		93.760 [0.000]	
	R^2	0.494		0.494	

注：*、**、*** 分别表示 10%、5%、1% 的显著性水平；( ) 中表示稳健标准误；[ ] 为相应检验的概率 P 值。

资料来源：2017~2018 年的调查数据。

附表 1-3　　租金形态与转入地块生产率关系的稳健性检验结果

变量	模型（1）	模型（2）	模型（3）	模型（4）
	总的地块生产率	总的地块生产率	总的地块生产率	总的地块生产率
租金形态	0.093*** (0.035)	0.096*** (0.037)	0.094*** (0.036)	0.091** (0.041)
契约期限×租金形态 (0, 1)	0.101*** (0.038)	0.105** (0.042)	0.109*** (0.041)	0.109*** (0.040)
契约期限×租金形态 (1, 0)	-0.085*** (0.030)	-0.087*** (0.031)	-0.083*** (0.030)	-0.078** (0.030)

续表

变量	模型（1）	模型（2）	模型（3）	模型（4）
	总的地块生产率	总的地块生产率	总的地块生产率	总的地块生产率
契约特征	-0.015 (0.030)	-0.013 (0.030)	-0.012 (0.029)	-0.008 (0.033)
转入地面积的对数	0.035 (0.022)	0.034 (0.022)	0.034 (0.023)	0.032 (0.021)
转入地面积对数平方	-0.006 ** (0.003)	-0.006 * (0.003)	-0.006 * (0.003)	-0.006 * (0.003)
转入地块肥力	-0.017 (0.019)	-0.015 (0.019)	-0.015 (0.019)	-0.015 (0.021)
转入地坡度	-0.093 ** (0.037)	-0.095 ** (0.038)	-0.098 ** (0.039)	-0.098 ** (0.042)
转入地距离	0.002 (0.002)	0.002 (0.002)	0.002 (0.002)	0.002 (0.003)
户主年龄	-0.003 (0.002)	-0.003 (0.002)	-0.003 (0.002)	-0.003 (0.002)
户主文化程度	-0.006 (0.018)	-0.003 (0.019)	-0.000 (0.019)	-0.000 (0.020)
风险偏好	-0.054 ** (0.022)	-0.048 ** (0.022)	-0.048 ** (0.022)	-0.048 ** (0.024)
家庭非农收入	0.000 (0.004)	-0.000 (0.004)	-0.001 (0.004)	-0.001 (0.004)
家庭人数	-0.005 (0.009)	-0.004 (0.009)	-0.005 (0.009)	-0.005 (0.010)
家庭老龄化	-0.014 (0.017)	-0.015 (0.017)	-0.012 (0.017)	-0.012 (0.018)
农地确权	-0.124 ** (0.061)	-0.113 * (0.061)	-0.126 ** (0.063)	-0.126 * (0.071)

变量	模型（1）总的地块生产率	模型（2）总的地块生产率	模型（3）总的地块生产率	模型（4）总的地块生产率
转入地化肥投入对数	-0.004 (0.007)	-0.005 (0.007)	-0.004 (0.007)	-0.004 (0.007)
转入地种子投入对数	0.003 (0.015)	-0.017 (0.024)	-0.013 (0.023)	-0.013 (0.026)
机械投入对数	-0.015 (0.011)	-0.023 ** (0.010)	-0.024 ** (0.010)	-0.024 ** (0.012)
劳动力投入对数	0.002 (0.006)	0.000 (0.006)	-0.002 (0.006)	-0.002 (0.007)
常数项	6.124 *** (0.048)	6.213 *** (0.118)	6.208 *** (0.123)	6.187 *** (0.141)
时间/区域	已控制	已控制	已控制	已控制
地块样本数	288	288	288	288
R^2	0.082	0.091	0.095	0.108
F 值/Wald 值	26.83 [0.008]	30.01 [0.026]	35.25 [0.019]	39.17 [0.026]
Bootstrap 次数	500	500	500	500

注：*、**、*** 分别表示10%、5%、1%的显著性水平；括号中表示 Z 值对应的稳健标准误。

资料来源：2017~2018 年的调查数据。

附表 1-4　　　　变量的分组 T 检验结果

变量	未发生流转户的承包地块			发生流转户的转入地块	
	承包地	均值	转入地	均值	均值差异
经营面积	603	3.648	288	16.716	-13.068 ***
地块肥力	603	2.313	288	2.576	-0.263 ***
地块坡度	603	0.209	288	0.153	0.056 **
地块距离	603	0.601	288	2.078	-1.478 ***
户主年龄	603	59.37	288	54.549	4.821 ***

续表

变量	未发生流转户的承包地块		发生流转户的转入地块		
	承包地	均值	转入地	均值	均值差异
户主文化程度	603	2.426	288	2.642	-0.216 ***
经营年限	603	36.04	288	28.059	7.981 ***
户主健康	603	2.635	288	2.882	-0.247 ***
风险偏好	603	0.602	288	0.729	-0.127 ***
家庭收入	603	3.47	288	3.159	0.311
非农收入	603	3.135	288	2.832	0.303
家庭人数	603	5.043	288	4.878	0.165
家庭老龄	603	1.149	288	0.948	0.201 ***
示范户	603	0.075	288	0.24	-0.165 ***
农地确权	603	0.833	288	0.889	-0.056 **

注：*、**、***分别表示10%、5%、1%的显著性水平。
资料来源：2017~2018年的调查数据。

附表1-5　契约期限、租金形态对自有地复合配方肥用量的影响

变量	模型（1）	模型（2）	模型（3）	模型（4）
	自有地	自有地	自有地	自有地
	OLS	OLS	Tobit	Tobit
契约期限	-0.142 ** (0.061)	-0.172 ** (0.069)	-0.172 ** (0.075)	-0.173 ** (0.076)
契约期限×租金形态 (0, 1)	-0.164 (0.114)	-0.178 (0.114)	-0.189 ** (0.082)	-0.181 ** (0.083)
契约期限×租金形态 (1, 0)	-0.001 (0.093)	0.060 (0.095)	0.022 (0.103)	0.061 (0.104)
自家地经营规模的对数		0.195 (0.161)	0.190 (0.137)	0.195 (0.138)
自家地经营规模 对数的平方项		-0.085 (0.056)	-0.081 * (0.042)	-0.086 ** (0.042)

续表

变量	模型（1）自有地 OLS	模型（2）自有地 OLS	模型（3）自有地 Tobit	模型（4）自有地 Tobit
自有地块肥力		− 0.013 (0.044)	− 0.010 (0.036)	− 0.014 (0.037)
自家地坡度		− 0.175 (0.127)	− 0.182 ** (0.091)	− 0.176 * (0.091)
自家地距离		0.008 (0.018)	0.007 (0.016)	0.008 (0.016)
户主年龄		− 0.008 (0.005)		− 0.008 (0.005)
户主文化		− 0.025 (0.037)		− 0.026 (0.037)
经营年限		0.002 (0.002)		0.002 (0.003)
户主健康		0.003 (0.028)		0.003 (0.028)
风险偏好		0.010 (0.054)		0.010 (0.060)
家庭收入对数		0.007 (0.023)		0.008 (0.022)
家庭老龄化		− 0.009 (0.030)		− 0.009 (0.035)
自有地种子投入对数		0.073 (0.061)		0.074 * (0.045)
机械投入对数		0.000 (0.000)		0.000 (0.000)
劳动力对数		− 0.021 (0.066)		− 0.022 (0.068)

续表

变量	模型（1）	模型（2）	模型（3）	模型（4）
	自有地	自有地	自有地	自有地
	OLS	OLS	Tobit	Tobit
常数项	3.679 *** （0.039）	3.887 *** （0.375）	3.665 *** （0.155）	3.891 *** （0.354）
年份/省份固定	已控制	已控制	已控制	已控制
Sigma 常数项	—	—	0.215 *** （0.019）	0.207 *** （0.018）
地块样本量	288	288	288	288
调整的 R^2/伪 R^2	0.040	0.110	0.055	0.083
Wad 值/LR 值	15.27 ［0.084］	22.97 ［0.079］	19.74 ［0.038］	29.93 ［0.026］
Log likelihood	—	—	-170.050	-164.954

注：*、**、***分别表示10%、5%、1%的显著性水平；括号中表示 Z 值对应的稳健标准误，［ ］表示对应的 P 值。

资料来源：2017～2018 年的调查数据。

附表 1-6   契约期限、租金形态对转入地有机肥用量的影响

变量	模型（1）	模型（2）	模型（3）	模型（4）
	转入地块	转入地块	转入地块	转入地块
	Tobit	Tobit	Tobit	Tobit
契约期限	26.835 ** （11.856）	35.359 *** （13.028）	20.619 * （12.269）	29.460 ** （13.268）
租金形态	—	22.256 * （12.919）	—	25.653 * （13.184）
转入面积对数			-2.600 （11.870）	-3.631 （12.064）
转入面积对数方项			1.146 （1.649）	1.432 （1.677）

续表

变量	模型（1）转入地块 Tobit	模型（2）转入地块 Tobit	模型（3）转入地块 Tobit	模型（4）转入地块 Tobit
转入地块肥力			2.468 (6.725)	1.256 (6.811)
转入地坡度			-6.498 (16.730)	-3.995 (16.956)
转入地距离			-0.268 (0.803)	-0.177 (0.809)
户主年龄			-0.614 (0.860)	-0.647 (0.866)
户主文化			3.514 (7.081)	3.605 (7.142)
经营年限			0.273 (0.550)	0.431 (0.561)
户主健康			-4.048 (5.519)	-3.059 (5.584)
风险偏好			1.937 (11.565)	1.924 (11.639)
家庭收入的对数			-6.597* (3.953)	-7.244* (4.004)
家庭老龄化			-5.140 (6.857)	-5.364 (6.917)
转入地种子投入对数			4.053 (8.226)	5.230 (8.381)
机械投入对数			0.013 (0.047)	0.012 (0.047)

续表

变量	模型（1）转入地块 Tobit	模型（2）转入地块 Tobit	模型（3）转入地块 Tobit	模型（4）转入地块 Tobit
劳动投入对数			− 5. 121 (13. 599)	− 3. 820 (13. 736)
常数项	− 53. 606 *** (10. 997)	− 48. 108 *** (11. 306)	− 45. 671 *** (29. 007)	− 46. 008 *** (29. 786)
Sigma 常数项	6383. 93 *** (997. 145)	6439. 89 *** (1008. 534)	6005. 78 *** (935. 981)	6051. 69 *** (945. 317)
时间固定	已控制	已控制	已控制	已控制
省份固定	已控制	已控制	已控制	已控制
地块样本量	288	288	288	288
LR 值	7. 69 [0. 53]	10. 77 [0. 029]	17. 15 [0. 058]	21. 09 [0. 092]
伪 R^2	0. 006	0. 008	0. 013	0. 016
对数似然值	− 667. 165	− 665. 628	− 662. 438	− 660. 465

注：*、**、*** 分别表示10%、5%、1%的显著性水平；括号中表示 T 值对应的稳健标准误；[ ] 表示对应的 P 值。

资料来源：2017 ~ 2018 年的调查数据。

附表 1 – 7　　　　契约期限、租金形态对自有地有机肥用量的影响

变量	模型（1）有机肥施用量 Tobit	模型（2）有机肥施用量 Tobit	模型（3）有机肥施用量 Tobit	模型（4）有机肥施用量 Tobit
契约期限	70. 479 *** (23. 72)	63. 620 *** (23. 57)	60. 693 ** (25. 491)	67. 390 ** (27. 493)
租金形态			7. 428 (25. 570)	22. 681 (33. 449)
契约特征				− 24. 643 (35. 508)

续表

变量	模型（1）有机肥施用量 Tobit	模型（2）有机肥施用量 Tobit	模型（3）有机肥施用量 Tobit	模型（4）有机肥施用量 Tobit
自家地面积对数		−11.900 (47.945)	−12.989 (48.028)	−10.705 (48.282)
自家地面积对数的平方项		1.913 (15.032)	2.641 (15.210)	1.714 (15.320)
自有地块肥力		−6.893 (12.855)	−6.445 (12.945)	−5.839 (12.936)
自家地坡度		−19.266 (32.648)	−19.962 (32.716)	−17.928 (32.671)
自家地距离		−7.136 (9.755)	−7.167 (9.745)	−6.763 (9.578)
户主年龄		−1.098 (1.743)	−1.070 (1.745)	−0.977 (1.749)
户主文化		12.871 (13.446)	12.935 (13.451)	13.393 (13.451)
经营年限		−0.139 (1.041)	−0.160 (1.044)	−0.251 (1.054)
户主健康		−1.623 (10.585)	−1.845 (10.620)	−1.382 (10.645)
风险偏好		−6.500 (22.451)	−6.179 (22.449)	−5.230 (22.431)
家庭收入对数		−13.222* (7.189)	−13.151* (7.187)	−12.823* (7.187)
家庭老龄化		−11.384 (14.263)	−11.274 (14.272)	−11.619 (14.248)
自有地种子投入对数		35.264* (18.156)	34.696* (18.241)	35.742* (18.378)

续表

变量	模型（1）有机肥施用量 Tobit	模型（2）有机肥施用量 Tobit	模型（3）有机肥施用量 Tobit	模型（4）有机肥施用量 Tobit
机械投入对数		−0.015 (0.087)	−0.014 (0.087)	−0.012 (0.087)
劳动力对数		−6.604 (26.938)	−6.980 (26.978)	−5.813 (26.997)
常数项	−165.13*** (29.63)	−142.740 (130.705)	−145.744 (131.082)	−162.036 (133.488)
年份固定	−32.966 (23.032)	−106.435 (74.197)	−105.913 (74.254)	−110.164 (74.707)
省份固定	38.161* (22.895)	56.801** (25.255)	56.091** (25.335)	56.179** (25.300)
Sigma 常数项	14589.905*** (3700.887)	12975.067*** (3269.831)	12967.455*** (3267.978)	12896.134*** (3248.477)
地块样本量	288	288	288	288
伪 R^2	0.018	0.041	0.041	0.042
LR 值	12.11 [0.007]	27.55 [0.092]	27.64 [0.011]	28.12 [0.013]
Log likelihood	−328.979	−321.256	−321.214	−320.973

注：*、**、*** 分别表示 10%、5%、1% 的显著性水平；括号中表示 T 值对应的稳健标准误；[ ] 表示对应的 P 值。

资料来源：2017~2018 年的调查数据。

附表 1−8　　契约期限、租金形态对转入地秸秆还田行为的影响

变量	模型（1）转入地块 OLS	模型（2）转入地块 OLS
契约期限	0.022*** (0.008)	0.014** (0.006)

续表

变量		模型（1） 转入地块 OLS	模型（2） 转入地块 OLS
租金形态		0.010 （0.040）	0.012 （0.037）
契约期限×契约特征	(0, 1)	− 0.034 （0.055）	—
	(1, 0)	0.102 * （0.055）	—
	(1, 1)	− 0.084 （0.057）	—
契约特征		—	− 0.034 （0.044）
转入面积对数		− 0.208 *** （0.040）	− 0.206 *** （0.037）
转入面积对数平方项		0.044 *** （0.007）	0.044 *** （0.006）
转入地块肥力		0.022 （0.019）	0.022 （0.020）
转入地坡度		− 0.065 （0.043）	− 0.065 （0.041）
转入地距离		− 0.002 （0.004）	− 0.002 （0.002）
户主年龄		0.003 （0.002）	0.002 （0.003）
户主文化		− 0.001 （0.018）	− 0.001 （0.020）
经营年限		− 0.001 （0.002）	− 0.001 （0.002）

续表

变量	模型（1）转入地块 OLS	模型（2）转入地块 OLS
户主健康	0.005 (0.015)	0.004 (0.014)
风险偏好	0.080 (0.055)	0.077 (0.062)
家庭收入的对数	−0.008 (0.013)	−0.007 (0.012)
家庭老龄化	−0.021 (0.022)	−0.024 (0.020)
转入地种子投入对数	0.003 (0.018)	0.006 (0.016)
机械投入对数	0.000 (0.000)	0.000 (0.000)
劳动投入对数	0.010 (0.046)	0.014 (0.040)
时间固定	已控制	已控制
省份固定	已控制	已控制
常数项	1.066 *** (0.199)	1.066 *** (0.226)
Wald 值	136.60 [0.000]	147.58 [0.000]
地块样本量	288	288
调整的 R^2	0.492	0.487
Bootstraps 次数	200	200

注：*、**、*** 分别表示10%、5%、1%的显著性水平；括号中表示 T 值对应的稳健标准误；[ ] 表示对应的 P 值。
资料来源：2017~2018 年的调查数据。

附表 1－9　　契约期限、租金形态对自有地秸秆还田行为的影响

变量		模型（1）	模型（2）
		自有承包地块	自有承包地块
		Tobit	Tobit
契约期限		0.007 * (0.004)	0.012 ** (0.006)
租金形态		0.023 (0.034)	0.021 (0.034)
契约特征		－0.020 (0.034)	—
契约期限×契约特征	(0, 1)	—	0.020 (0.044)
	(1, 0)	—	－0.042 (0.044)
	(1, 1)	—	－0.056 (0.042)
自家地面积对数		0.375 *** (0.049)	0.383 *** (0.049)
自家地面积对数的平方项		－0.026 (0.016)	－0.027 * (0.016)
自有地块肥力		－0.038 *** (0.014)	－0.038 *** (0.014)
自家地坡度		－0.250 *** (0.033)	－0.245 *** (0.033)
自家地距离		0.020 *** (0.007)	0.019 *** (0.007)
户主年龄		－0.000 (0.002)	－0.000 (0.002)
户主文化		－0.012 (0.014)	－0.006 (0.014)

续表

变量	模型（1）自有承包地块 Tobit	模型（2）自有承包地块 Tobit
经营年限	0.001 （0.001）	0.001 （0.001）
户主健康	0.004 （0.011）	0.005 （0.011）
风险偏好	−0.032 （0.023）	−0.023 （0.024）
家庭收入的对数	−0.004 （0.008）	−0.004 （0.008）
家庭老龄化	0.005 （0.013）	0.008 （0.014）
自有地种子投入对数	—	−0.011 （0.015）
机械投入对数	—	−0.000 （0.000）
劳动投入对数	—	−0.015 （0.028）
常数项	0.876*** （0.132）	0.873*** （0.137）
Sigma 常数项	0.037*** （0.003）	0.036*** （0.003）
时间固定	已控制	已控制
省份固定	已控制	已控制
Wald 值/LR 值	289.70 ［0.000］	296.49 ［0.000］
地块样本量	288	288
伪 R^2	0.415	0.0448
对数似然值	−42.476	−45.871

注：*、**、*** 分别表示10%、5%、1%的显著性水平；括号中表示 T 值对应的稳健标准误；［ ］表示对应的 P 值。

资料来源：2017～2018 年的调查数据。

后　记

　　非正式流转市场上的口头约定、期限较短和零租金流转行为往往容易诱发大量流转纠纷、流转价格扭曲、流转市场发育畸形阻碍规模经营、长期投资缺乏危害农地可持续发展等重大问题。规范非正式农地流转市场、推进正规租赁市场发育作为解决纠纷、健全流转价格机制、推动规模经营、保障农地的可持续利用与发展的"核心路径"，已然成为一个重要的科学命题。本书基于博士毕业论文的主要内容，从非正式流转市场这一独特的视角，以传统农户流转行为切入点开始审视这种可能，选题具有重大的现实意义。本书从土地流转视角入手，促进小农户和现代农业发展有机衔接，也为"处理好农民与土地的关系、深化农村土地改革"提供重要决策参考。地力恢复与保护、土地的生态安全一直是政府与学者广为重视的话题，本书通过理论推导、地块数据论证了非正式农地流转行为损害了农地投资，估计了具体损害程度，提出了如何规范非正式农地流转行为的有效办法，对于保护我国耕地资源具有重要意义。

　　在"农地流转→规模经营→农业现代化→农业强国"的发展路径中，既需要土地的集中连片经营，也需要考虑受限制的产权约束下如何实现地块的集中经营，本书聚焦于非正式农地流转市场的相关问题的讨论，均是为解决农村实际问题建言献策。作为农业经济的研究者，我们深感自己的责任和担子；我们学习借鉴了众多前人已有成果，充分听取了各方意见，完成了本书的撰写工作。由于社会变化迅速、经济发展迅猛，写作时间仓促，人员和经费受限，本书提出的一些观点和问题，难免会随着时间的推移存在一定的争议和不足，还需要在后续的研究中不断更新与完善，也希望广大读者和专家批评指正。

　　本书的完成，得到了博导郑志浩教授的悉心指导、谆谆教诲，在此深表感谢；还要感谢南京农业大学的周力老师、中国农业科学院的吕开宇老师、中国人民大学的仇焕广老师、浙江省农业科学院的文长存师姐给予的数据支持和帮助；感谢中国农业大学的司伟老师、武拉平老师、樊胜根老师、白军飞老师、朱俊峰老师、穆月英老师，北京大学的王金霞老师、刘承芳老师，对外经贸大学的杨军老师，中国农业科学研究院的王济民老师，东北农业大学郭翔宇老师对本书内容提出的宝贵建议和意见，在本书主要内容的形成与完善方面具有重要意义，再次表示感谢！在写作过程中，还得到了中国农业大学经济与管理学院 2017 级博士群体的帮助，在此表示感谢！

姚　志

2023 年 3 月